武汉大学政治与公共管理学院学术丛书
政治学系列

欧洲共同外交的结构与功效分析

冯存万 著

中国社会科学出版社

图书在版编目（CIP）数据

欧洲共同外交的结构与功效分析／冯存万著．—北京：中国社会科学出版社，2009.9
（武汉大学政治与公共管理学院学术丛书）
ISBN 978－7－5004－7976－5

Ⅰ．欧… Ⅱ．冯… Ⅲ．欧洲联盟－对外政策 Ⅳ．D814.1

中国版本图书馆 CIP 数据核字（2009）第 111832 号

责任编辑　田　文
责任校对　王雪梅
封面设计　李尘工作室
技术编辑　王炳图

出版发行　中国社会科学出版社
社　　址　北京鼓楼西大街甲 158 号　　邮　编　100720
电　　话　010－84029450（邮购）
网　　址　http：//www.csspw.cn
经　　销　新华书店
印　　刷　北京奥隆印刷厂　　装　订　广增装订厂
版　　次　2009 年 9 月第 1 版　　印　次　2009 年 9 月第 1 次印刷
开　　本　880×1230　1/32
印　　张　10.125　　插　页　2
字　　数　258 千字
定　　价　28.00 元

凡购买中国社会科学出版社图书，如有质量问题请与本社发行部联系调换

序

当今一体化进程中的欧洲对外关系与共同外交，既是一个学术界需要认真研究的问题，又是一个欧洲各国决策者在制定外交政策时必须慎加对待的实际问题。虽然国内外对此进行了不少研究，相关成果也陆续问世，但严格说来，这方面的研究还处于初步阶段。

本书全力研究一体化进程中的欧洲共同外交，以其结构和功效为分析着眼点，从历史、现状和理论分析结合的高度，揭示了共同外交的系统、发展规律和主要问题。平心而论，本书所研究的是一个难度很大的前沿性课题，本书的问世无疑把该领域的研究向前推进了一步，从而也显示出欧洲外交关系是一个多么令人神往的广阔研究空间。

依我之见，本书中值得重视的主要观点和地方在于：

第一，欧洲共同外交是欧洲一体化的终极目标之一。作者认为，欧洲一体化不是为联合而联合，而是有其“外向型”之特殊目的的，即通过国家集团方式来维护与提升欧洲在国际社会中的地位，谋求成为多极世界中的“一极”。作者特别指出：欧洲共同外交的行为主体是欧洲国家与欧洲一体化组织结合而成的二元综合行为体，其行为准则是按照平等原则彼此协调、相互合作。

第二，欧洲共同外交是囊括共同外交与安全政策（CFSP）在内的对外关系一体化的系统进程。CFSP 是冷战结束后欧洲联盟所施行的较为宏观的对外政策，由于政策本身定位与行为主体众多的缘故，一度成为欧洲对外关系的代名词。作为伴随欧洲一体化发展而不断修订的一个过渡性政策，CFSP 又是构成欧洲共同外交宏观体系中的政策安排支柱。

第三，作者深度发掘了联邦主义、（新）功能主义、结构现实主义等理论的内涵，认为这些理论对欧洲共同外交所依存的政治体制、发展途径、发展模式等都做了各有特色的论述，尽管它们未必能对欧洲共同外交具有直接的指导意义，但其间接的启迪意义是不可忽视的。我以为，作者如此重视对不同于一国外交的一种多国集团外交即欧洲共同外交的理论分析，是很有道理的，因为这种理论分析对构建科学合理的欧洲共同外交研究模式实为重要。

第四，有关欧洲共同外交结构的支柱配合协调以及各支柱的建设问题。作者指出：欧洲共同外交的整体结构由三大支柱组成，由于发展条件有限，各支柱的功能定位还存在一定的冲突，支柱之间的功能搭配亦存在缺陷。欧洲共同外交需要进行系统综合的调整，制宪进程是其中的重要工作内容之一。此外，作者特别提到独立防务建设以及文化外交建设，并以共同外交结构的完善为背景对其进行了定位分析。可以说，这是作者从学术层面对当前欧洲外交所做的系统整理工作，而这是以往学术界所不曾密切关注的。

总体而言，本书以大量事实为基础，客观深入地总结了欧洲共同外交的发展逻辑，揭示了欧洲共同外交这一宏观体系的总体结构，因而从一个侧面反映了一体化的欧洲对外关系的特点、共同外交发展的复杂性和长期性。本书的研究思路与见解，有助于人们拓宽学术视野和冷静分析欧洲对外关系，也能为人们探讨对欧外交策略提供一些新的启迪。看来，这正是本书的主要学术价值和现实意义之所在。

本书独辟蹊径地以共同外交为出发点来剖析欧洲对外关系，可以说是一次具有探讨性质的可贵学术尝试。但由于研究视角和研究途径较新增大了研究难度，加上一些主客观条件的限制，本书自然不免存在一定的缺憾，并非无懈可击。书中的部分观点仍有待进一步斟酌，如将欧洲成员国家划分为“主流核心成员”与“非主流核心成员”之提法；部分章节虽提出具有一定新意的见解，但也许受篇幅所限而未能充分展开论述，令人有语焉不详或意犹未尽之感。此外，“功效分析”一章在内容安排和分析力度上也有欠妥之处。然而，瑕不掩瑜，本书仍是一部颇见功力的创新性专著，或将有益于读者，因而值得一读。同时，我也希望它在学术界产生良好的反响，并获得学者们的宝贵指正。

冯存万博士一直致力于欧洲一体化与对外政策研究。在此研究领域，他已经写出和发表了多篇质量较高的学术论文，这显示了其可观的学术潜力。本书是在作者博士学位论文的基础上修改而成的。在作者攻读博士学位期间，我有幸担任他的导师；在他留校任教后，我又与他共事一室。多年来，我深切感受到他在撰写和修改本书过程中付出的艰辛劳动，他在事业上的执著求真和好学深思的精神，也使我很受感动。

最后，在草就是序就要搁笔之时，我猛然感到充满生机的春天已悄然而至，由此又不由感到刚过而立之年的本书作者似乎也已迎来他学术上的春天。

罗志刚

2009 年 2 月武昌珞珈山

目　录

第一章　绪论

自第二次世界大战结束以来，为谋求欧洲的和平与稳定，恢复并壮大发展欧洲的国际影响力，欧洲国家展开了声势浩大的一体化运动。一体化的重要目标之一，是整合各种外交力量与资源，实现欧洲各国对外政策的整体协调，提升欧洲的国际地位，使欧洲再次赢得崇高的国际社会地位。围绕这一目标，欧洲各国在推进经济一体化的同时，从多方面入手，努力建设体系合理、行之有效的欧洲共同外交。历时数十年之后，欧洲共同外交不仅初现雏形，并且对欧洲一体化、地区局势乃至整个国际关系都产生了广泛而深入的影响。笔者认为，鉴于欧洲共同外交在欧洲一体化中的重要地位，为正确认识欧洲共同外交的组成结构以及发展脉络，有必要把握其内在本质，了解其发展过程以及各阶段特征。

第一节　欧洲共同外交的内涵

了解欧洲共同外交的内涵，对我们认识其本质有直接的影响。从字面来看，欧洲共同外交由“欧洲”、“共同”、“外交”这三个基本概念构成。其中，核心概念为“外交”，而“欧洲”、“共同”则是对“外交”的范围限定或修饰。根据《牛津英文词典》的解释，外交具有三种含义：（1）用谈判的方式来处理国家之间的关系；（2）是一种大使或者使节调整处理国际关系的方法；(3）是外交官的业务和技术。而根据英国资深外交家萨道义的解释，外交是运用智力和机制来处理各个独立国家政府之间的官方关系。[①] 以上两种观点代表了西方学术界对外交的认识。我国学者对外交也作出了较为科学而客观的解释。其中，谢益显的解释具有一定的代表性。他认为，外交是代表国家和政府部门的官员，为了执行一定的对外政策，向有关的国际组织，从政治上对有关问题进行明示、表明态度和传递信息的非军事行为，以及由此而构成的国家和国家之间的关系及其状况。[②] 此外，我国学者鲁毅认为，外交是以主权国家为主体，通过正式代表国家的机构和人员的官方行为，使用交涉、谈判和其他和平方式对外行使主权，以处理国家关系和参与国际事务，是一国维护本国利益与实施其对外政策的重要手段，不同的外交政策形成不同形态和类别的外交。[③] 上述有关外交的定义明确指出，外交是由国家采用和平方式行使的官方职能，且在不同环境中有不同的表现形式。据此解释，笔者认为，欧洲共同外交范畴中的“外交”，应是由欧洲范围内的相关行为主体实施的，针对欧洲以外的国家、地区以及国际组织等客体交往的和平式行为，它代表着欧洲政治领导层的意愿，以维护欧洲整体利益为出发点。

一 欧洲共同外交的内涵解析

这里，有必要将“欧洲”与“共同”这两个基本概念联系在一起加以认识。“欧洲”是对欧洲共同外交的外延界定，特指欧洲共同外交产生、发展的地域范围。它需要回答的问题是，在欧

---

① ［英］萨道义：《外交实践指南》，上海译文出版社 1984 年版，第 91 页。

② 谢益显：《外交智慧与谋略》，河南人民出版社 1993 年版，第 163 页。

③ 鲁毅：《外交学概论》，世界知识出版社 1997 年版，第 5 页。

洲大陆上，存在怎样的行为体，它们的性质如何定位，互相之间是怎样的关系？只有在对这个问题有充分认识的基础之上，才能分析“共同”所指的具体含义。

从欧洲一体化进程来看，欧洲范围内的行为主体呈现逐渐多元化的趋势，因此，欧洲共同外交的行为主体也逐渐地向多元化组合方向变化。首先，民族国家是构成欧洲共同外交最基本的行为体，它们依照其实力差异以及对欧洲一体化的实际贡献大小而自行分化成不同层次，其中处于第一层次并履行核心推动作用的是英、法、德等大国，其他国家由于规模和影响较小的原因，大多成为核心成员国家的追随者。其次，欧洲范围内的行为体还包括在欧洲一体化进程中建立起来的相关组织，例如欧共体、欧洲联盟、欧洲议会等。从其所具有的功能来看，它们负责对某个具体领域的事务作出安排，以保证欧洲一体化事业的总体进程发展顺利；与欧洲一体化的涵盖范围从局部向整体迈进的演化过程相类似，一体化组织也是最初在某个具体领域内得以建立的，但其功能具有明显的建设性和开放性的特点。因此，当一体化事业对政治、经济、军事、文化各方面均有涉及之时，主导性的、协调欧洲一体化宏观事务的欧洲联盟得以组建产生。相对于其他的欧洲一体化组织来说，“欧盟涉及到经济、政治和现在的安全事务问题，所以欧盟的重要意义在于囊括或试图囊括大多数欧洲组织提出的问题”①。从另外一个角度来看，“欧盟代表的是欧洲人整体的利益”②。这说明欧盟是对个别的欧洲国家（或欧盟成员国）在国际社会中代表欧洲公民这一功能的延展与补充。因此，一体化的“欧洲”实际上是成员国家和欧洲一体化组织这两类行为体

① 姚勤华：《欧洲联盟集体身份的建构（1951—1995）》，上海社会科学院出版社2003年版，第284页。

② 欧盟驻华大使赛日·安德烈·安博谈欧盟和欧中关系的新起点，http://www.chinamission.be/chn/sbgx/zogx/t312009.htm。

依据其规模和影响力而组成的多元复合层次体系。特别需要强调的是，正因为欧盟具有如上所述的功能，它与其他的成员国一样都成为公认的国际行为主体，享有国际法上的主体和国际主体的地位，它同世界上一百多个国家和地区有着正式的外交关系是它享有合法性国际地位的强有力的证明。[①] 但是，必须看到，欧盟只是欧洲在世界范围内最具代表性的一体化组织，正因为如此，欧盟成为欧洲在国际关系范畴中的代名词。欧洲的政治家也特意多用欧洲联盟来指代“一体化的欧洲”。这是当今国际社会欧洲联盟与欧洲同时出现并在称呼频率上有取代欧洲之势的原因所在，但客观而言，真正在国际社会中体现其影响力的仍然是欧洲这一综合体系本身。欧洲是欧盟的立命之所在、根本之源。欧盟是一体化的欧洲在国际舞台上最为合适的代言人，但绝对不是代表欧洲的唯一角色。欧盟不可能将欧洲取而代之。为此，本书着力强调欧洲而非欧盟是欧洲共同外交行为主体。本书在引述资料以及展开论述时所提及的欧盟开展的对外关系与欧洲共同外交并不矛盾，实际上，欧盟的外交行为恰恰是欧洲共同外交的一个表现方面而已。

在确定欧洲范围内的行为主体以及相互之间的关系之后，“共同”的概念分析就显得更为重要。推进欧洲一体化事业的发展，客观上要求组建相关的一体化组织，且这些组织与欧洲民族国家之间存在功能互补的关系。民族国家推动了欧洲一体化组织的形成，并赋予其存在的合法性。一体化组织在相关领域弥补了国家功能之不足，协调解决欧洲各国之间以及欧洲整体对外关系的各项事务。在一体化的大背景之下，欧洲国家与一体化组织相互协调处理外交事务行为，既是欧洲对外关系的

---

① 胡瑾等：《欧洲早期一体化思想与实践研究》，山东人民出版社 2000 年版，第 220 页。

表现形式，也是其必然的内在要求。因此，对于一体化进程中的欧洲而言，“共同”是指民族国家与一体化组织不仅同时存在，而且要在相互协调、互为补充的原则之下联合执行相关功能。从价值取向和利益取向的角度来说，“共同”并不要求取消民族国家的独特性与个别国家的对外关系，而是在强调和尊重个别特色以及个体利益的前提之下，创造共有价值，维护并提升共有利益。对于这一点，欧盟委员会在解释作为欧洲共同外交体系政策安排支柱的欧盟共同外交与安全政策时也有明确的表示，“共同外交与安全政策这一称谓是经过精心选择的，它反映并承认各国在历史的、地缘政治位置的和对形势评估的不一致，它的恰当性在于，根据平等这一基本原则，每个国家的意见都在考虑之列”①。

根据对构成欧洲共同外交的三个基本概念的简要分析，本书认为，欧洲共同外交的内涵应作如下界定：欧洲共同外交是一体化进程中的欧洲各国为维护并提升自身与欧洲整体的地位与利益，与相关的一体化组织依照平等原则彼此协调，相互合作，联合处理欧洲对外关系的行为。

二 欧洲共同外交和欧盟共同外交与安全政策的关系辨析

经1991年《马斯特里赫特条约》确立了欧盟共同外交与安全政策，1997年《阿姆斯特丹条约》对该政策机制进行了改革并正式界定了欧盟共同外交与安全政策的目标：“①根据《联合国宪章》的原则捍卫欧盟的共同价值、根本利益、独立和完整；②使用一切手段加强联盟的安全；③根据《联合国宪章》的原则与《赫尔辛基最后文件》的原则以及《巴黎宪章》所制定的包括

① Juliet Lodge and Val Flynn, “The CFSP after Amsterdam: The Policy Planning and Early Warning Unit”, *International Relations*, Vol. XTV, No. 1 April 1998, pp. 7 - 8.

外部边界原则在内的目标，维护和平，加强国际安全；④促进国际合作；⑤发展和巩固民主与法治、尊重人权和基本自由。”① 从这些目标来看，欧盟共同外交与安全政策的运作范围非常广泛，几乎涵盖了欧洲对外关系领域的一切内容。而欧洲实现这些目标的任务，必须通过建立成员国之间的系统合作来完成。与此同时，欧盟共同外交与安全政策的目标的广泛性以及它所依赖的欧盟在欧洲范围内强大的代表性，很容易使我们产生这样一种错觉，以为欧盟共同外交与安全政策是欧洲国家在欧洲联盟的推动下抛弃独立的国家外交，转而寻求建立“集团式”外交的一种尝试。这个错觉，直接导致我们对欧盟共同外交与安全政策的定位、本质和功能发生误解，认为该政策所指向的欧盟对外关系与欧盟成员国的外交关系是相互排斥的，或认为虽然该政策当前是基于政府间主义而设立的一种外交协调机制，但它的未来目标则是发展成为超国家主义的制度安排。由于这一误解，也使得我们对欧盟共同外交与安全政策的期望过高，但欧洲一体化的现实以及欧洲国家的政要却以种种方式昭示：虽然这一政策目标宏伟而宽泛，但它并不足以成为欧洲联盟框架中处理对外关系的排他性的对外政策。

国际社会的最基本特征是“无政府状态”。欧洲经历了两次世界大战的浩劫，对分裂割据还是联合求强的国际交往方式及相关利害关系有深刻体会，因此，欧洲国家选择一体化来谋求重新塑造欧洲的强大国际地位。一体化的推进，带来的是欧洲范围内有序状态的出现，然而在不同领域所实现的有序状态也有差别，经济一体化的超国家机制是最高程度的有序状态，而欧盟共同外交与安全政策的出台和实施只能说明“政治外交领域正在向有序

① 林甦、张茂明、罗天虹主编：《欧盟共同外交和安全政策与中国—欧盟关系》，法律出版社2002年版，第271页。

状态过渡”①。

如何理解这一过渡过程中的有序状态？笔者认为，这里的“序”一方面意味着欧盟共同外交与安全政策本身具有一定的历史属性，即该政策只是欧洲一体化过程中的一个阶段性政策安排；另一方面，它还意味着该政策所涉及的行为体之间（欧洲联盟、欧盟成员国以及其他一体化组织）在欧洲对外交往过程中具有不同的位序排列，而非前面所提的误解所认为的那样，欧盟共同外交与安全政策是欧盟框架下排他性的对外政策，欧洲联盟对该政策享有排他性的主导权。实际上，已经有学者指出：“欧盟是成员国个体和欧盟机构合在一起的一种结构，这种结构根据功能和问题的不同在欧盟与成员国之间分配权力。”②欧盟不是欧盟共同外交与安全政策的唯一行为主体，而欧盟共同外交与安全政策也绝不是欧洲对外关系的全部。欧洲学者贝娅特认为，必须从整体的角度去考察欧洲外交和安全政策体系的变化情况，“在共同外交与安全政策和欧洲共同完全与防务政策之外还有国家的政策。如果不指出各个成员国在国际政治中依然具有什么样的分量，而只是集中在欧盟身上，就会产生一种歪曲的形象”③。

未来欧洲联盟权力建构和成员国权益分配格局的构建过程，也就是所有成员国之间矛盾协调的过程。欧洲联盟的“大欧洲”建设本身就是一种将成员国之间原有的矛盾关系协调一致、最终达成妥协的过程。“大欧洲”中有个核心欧洲或者先锋队，只要它是有透明度的、开放的、不排他的、不自私的，这个过

① 姚勤华：《欧洲联盟集体身份的建构（1951—1995）》，上海社会科学院出版社2003年版，第287页。

② 同上书，第278页。

③ ［德］贝娅特·科勒·科赫、托马斯·康策尔曼、米勒歇·克诺特：《欧洲一体化与欧盟治理》，中国社会科学出版社2004年版，第305页。

程就可能持续下去。[①] 由此可知，欧洲一体化未来发展依然存在诸多的可能甚至不确定性，所有的一体化事业均无法摆脱其“过程性”的约束，同样，欧洲共同外交也可以看作是伴随并依附于欧洲一体化之中的发展过程，它的目标是寻求建立一种欧洲范围内各行为体之间的一致的对外关系机制，而欧盟共同外交与安全政策就属于这个过程类型的政策，这一政策所包含的确切范围和内容都将随着时间的推移、欧洲一体化的发展以及国际形势的演变而发生变化。成员国之间合作程度的提高以及合作范围的扩展，欧洲一体化的进一步深化，都将推动欧盟共同外交与安全政策的内涵和形式不断地丰富和扩大。因此，欧洲共同外交和欧盟共同外交与安全政策并不是对等的关系，而是一种从属关系，欧盟共同外交与安全政策是为建立和发展欧洲共同外交而提出的一种阶段性措施。也正因为如此，本书将在随后提及欧盟共同外交与安全政策的过程中，不厌其烦地标注“欧盟”这一限定性词汇，以表明两者的内涵差别。在以后的篇章中，本书将通过对欧洲共同外交的结构、本质的详细分析，明确阐述两者之间的联系与区别。

第二节 欧洲共同外交的发展阶段及其特征

欧洲共同外交是伴随并依附于欧洲一体化进程而向前发展的，欧洲共同外交的结构建设与完善，外交功能的丰富与扩展，与欧洲一体化的发展阶段密切相关。从整体来看，共同外交经历了三个发展阶段，不仅每个阶段都有新的内容与特征，而且不同阶段之间表现出一定的逻辑递进关系。

---

① 伍贻康：“欧盟东扩与机构改革进程评析”，载胡荣花《走向新世纪的欧洲联盟》，上海财经大学出版社 2003 年版，第 308 页。

第一阶段为20世纪50年代初欧洲一体化开始到70年代以前。以经济一体化为先导，欧洲开始在煤炭钢铁领域进行初步的经济外交合作。煤炭钢铁联营的成功实现，使欧洲人看到了一体化所带来的巨大希望。于是，前期所取得的成功机制开始得以在其他经济领域中推广。1958年，《罗马条约》生效并规定首先在经济合作当中最重要的环节——对外贸易——方面开展国家间合作，至此，一体化对外贸易合作关系的确立，这一举措标志着欧洲经济外交的主体结构已经基本形成。此后，欧洲经济外交的体系与规模不断深化并扩大，为欧洲共同外交的进一步发展奠定了物质基础。但由于欧洲防务共同体计划无法成功实现，外交合作和防务一体化被暂时搁置，共同外交在这一时段主要体现为经济外交。

第二阶段是从20世纪70年代初"欧洲政治合作"机制设立开始到《阿姆斯特丹条约》生效，集中体现为以政策方式确定并推进共同外交的发展。直到70年代初，欧洲各国外交合作的机制设想才以"欧洲政治合作"的形式在政府间主义基础上缓慢形成。"欧洲政治合作"机制起初游离于共同体机制之外，不仅形式松散、层次较低，而且缺乏共同体法律架构的支持，所以是一种单纯政府间主义的外交政策合作机制。1986年，《欧洲单一法令》第一次赋予"欧洲政治合作"机制以法律地位。1991年，《马斯特里赫特条约》决定创设欧盟共同外交与安全政策并将其置于欧洲联盟的单一体制结构之下，从而再次突出了欧洲共同外交的政策机制。制定和实施"欧盟共同外交与安全政策"是欧洲联盟在《马斯特里赫特条约》中首次提出来的，但是由于欧洲联盟在包括外交和防务等政治领域的一体化属于成员国"政府间合作"范畴，真正落实这个规定面临巨大的困难。近年来，情况发生了一些变化。一方面，受到统一货币的鼓舞，欧洲联盟内部，特别是法国和德国要求加强政治联合的呼声日渐高涨；另一方面，欧洲联盟多数成员国希望欧洲联盟能够成为世界一极，在国际事务中有效维护自身利益，因而积极推动欧洲联盟实施真正的“共同外交与安全政策”。

第三阶段是从《阿姆斯特丹条约》开始生效至今，主要特征为在业已确定的政策框架内对共同外交进行整体的升级改造。《阿姆斯特丹条约》对“共同外交与安全政策”的内容作了具体的规定，即制定共同外交与安全政策的基本原则以及指导方针；制定共同战略，采取共同行动，确立共同立场；强化各成员国之间在执行对外政策方面的制度化合作。同时，决定在欧盟机构内增设共同外交与安全政策“高级代表”一职，代表欧盟成员国在国际舞台上“用一个声音说话”。这是《阿姆斯特丹条约》在加强“共同外交与安全政策”方面所作的最重要的贡献。1998 年英法联合发表《圣马洛宣言》后，欧洲联盟又走上了军事化道路，决心建立欧洲自有的军事指挥机构。1999 年 5 月 1 日《阿姆斯特丹条约》正式生效，欧盟随即任命当时任期将满的北约秘书长索拉纳为首任共同外交与安全政策“高级代表”。进入 21 世纪之后，欧洲又致力于推进《欧盟宪法》的确立，设置欧盟外交部长，同时，欧盟开始大力推进文化外交支柱的建设，试图以此来树立欧洲在世界舞台上的良好形象。总之，欧盟作为目前欧洲一体化最广泛、最深入的组织，力图通过一系列的宪政和军事举措使整个欧洲成为一个重要国际行为体，以求在更高层次上稳固欧洲共同外交的存在与发展。

欧洲共同外交从其产生以来，历经三个阶段近 60 年的发展，既表现出与每个发展阶段所处的特定发展时期相适应的内容与形式特征，又表现出由低级阶段局部功能到高级阶段整体功能，由经济外交到政治、经济、防务综合外交并在实践过程中逐步完善的演变特征。

第三节　国内外学术界对于欧洲共同外交的研究

欧洲共同外交的产生与发展引起了国内外学术界的广泛关注。自1990年以来，我国学术界发表关于欧洲共同外交的科研论文两百余篇，相关的科研著作也有数十部。与中国相比，国外尤其是欧美国家学术界有关欧洲共同外交的研究更是硕果累累。这些论文和著作分别从研究模式、参照因素、整体影响以及历史沿革等多个角度探讨了欧洲共同外交的产生与发展的时代背景、具体构成及其与欧洲一体化实践的关系。概括起来，国内外学者对欧洲共同外交的研究主要集中于以下几个方面。

一　关于欧洲共同外交研究模式的争论

欧洲各国为应对世界形势变化而提出建立共同外交，显然是希冀借群体之力量增强自身之影响。但是，欧洲各国自身（个体）与群体（共同组织）在开展共同外交之时如何协调彼此之间的关系呢？针对这个问题，中西方学者普遍认为，必须采取一个合理的研究模式来加以分析。但在采用何种研究模式方面，存在一定的分歧。有的学者认为，固有的外交分析模式如果应用于现有的欧洲共同外交研究，虽然不一定能够对欧洲共同外交研究起到开创性的作用，但是对于外交分析模式自身的发展和变革，依然有相当的借鉴意义。[①] 而另外一些学者指出，原有的以国家为中心的外交分析模式已经过时，不能够适应于当前欧洲国家外交环境和外交手段的分析。[②] 正如马丁·霍兰所说，我们批评欧盟

---

① Brian White, *Understanding European Foreign Policy*, Palgrave Ltd. 2001, p. 35.

② Anthony Forster and Alasdair Blair, *The Making of Britain's European Foreign Policy*, Pearson Education Limited 2002, p. 33.

在对外关系中迟钝无能、反应不迅速、举措乏力，与欧洲的经济实力及外界的期望有很大差距。但实际上这些评判所依据的是我们对某一个国家对外行为的观察经验。实际上，不应该按照现成的民族国家对外行动的分析框架来考察、评判欧盟的对外行为，我们应该发展出一套自成一体的国家集团的行为理论来审视欧盟。①

从传统意义上来说，外交研究的既定前提就是以国家为核心，而我们今天面对的是一个全然不同于以往的外交实体，同时，我们所研究个案的变化程度已经远远超越了以往的研究模式所能达到的程度。欧洲一体化过程既涉及经济领域，也涉及政治、法律和文化等多方面事务，甚至可以说，欧洲一体化是整个社会的融合，是政治、经济、法律、社会、文化的一种全面互动过程，② 而共同外交就是这些因素进行宏观而缜密的融合之后的外在反映。由于它涉及的是主权实体间的融合，并以在世界上突出外交实体地位为目标，因而它不同于一般意义上的国家间合作。作为一种主权意义上的融合过程，它的基本特性在于自愿性、平等性和主权让渡，其核心是国家主权的自愿让渡，而其关键之处则是传统国家权力之外的权力组织对各国让渡出来的主权进行协调与分配使用。也可以说，传统外交研究的是以民族国家权力为中心的、单边的、自助式的外交行为；而共同外交研究的客体是民族国家权力与一体化组织权力并存而形成的多边的、互助式的外交行为。正是在这个意义上，研究民族国家对外政策的机制相对容易，而描述联邦国家式政体的外交机制相对来说则要复杂一些。“因为这些国家在既捍卫自己国家利益的同时，也利

---

① Martin Holland, “European Foreign Policy Transition in Theory and Practice”, *International Relations*, Vol. XIII, No. 3, December 1996, pp. 1 – 17.

② 林甦、张茂明、罗天虹主编：《欧盟共同外交和安全政策与中国—欧盟关系》，法律出版社 2002 年版，序言。

用一些共同的能量来面对外部世界，以追求一种共同的外交和防务政策"[①]，这使得研究对象变得复杂而烦琐。因此，欧洲共同外交研究首先必须具备一个全新的、解释分析能力较强的外交研究模式。

不过，尽管学术界普遍认为需要面对欧洲共同外交建立一个合理而且有创新意义的研究模式，但从总体来看，现有的外交政策分析模式仍然主要采用"国家中心主义"。这种外交模式往往有三个既定的理论前提：第一，国家居于中心地位。国家是国际关系体系里最为重要的行为体，只有凭借国家的外交政策行为才能构成外交政策分析的兴趣点与基本点。第二，国家是理性行为体。国际关系体系中的国家是统一的、理性的行为体。第三，在主流的研究理论特别是现实主义理论看来，国家总是将对国际关系实质的考察与现实主义的假设联系在一起，特别是在认定国家关系无政府状态的假设之下，国家的对外行为被认为总是优先考虑军事安全与其他安全相紧密联系的安全议题。[②] 正是因为传统的外交模式仍旧占据主要地位，当前有关欧洲共同外交的著述，大多只关注其政治与军事层面，而对经济、文化等方面鲜有涉及，因此并不能全面认识共同外交的本质。

二　关于欧洲共同外交影响因素的认识

"欧洲的一体化源于欧洲民族国家普遍的文化认同感，它通过其语言、伦理、习俗、精神价值的认同，将把欧洲国家的命运紧密地联系在一起。"[③] 在这浩瀚复杂的历史背景之下构建欧洲共同外交，必然牵涉到众多的影响因素。中西方学者在分析欧洲共同外交

① Christophor Hill, ed., *The Actors in the Europe's Foreign Policy*, Routledge Publishing Ltd. 1995, p. 1.

② Brian White, *Understanding European Foreign Policy*, Palgrave Ltd. 2001, p. 33.

③ 计秋枫、冯梁：《英国文化与外交》，世界知识出版社2002年版，第449页。

的同时，虽然对这些影响因素给予了相应的关注，但研究工作依然有待深入。总体来看，这些因素可以归纳为以下几大类。

（一）哲学与政治观念对欧洲共同外交的影响

1. 欧洲哲学观念及其影响

欧洲哲学观念围绕“欧罗巴”公主的形象展开，描述了一位受到欧洲人普遍尊崇的女性形象，这个形象一直被当作欧洲得以成为世界体系中独特一员的典型符号。也正因为如此，由“欧罗巴”这一形象符号引发的诸多思维，指导着欧洲各国思想家与政治家开展对欧洲联合的思考。与现实世界中的政治观念相比，哲学观念虽然易于激发欧洲公民内心的历史荣耀感，却不能有效解决现实生活中的诸多难题。

2. 欧洲政治观念及其影响

欧洲一体化本身是一个涉及因素繁多、发展目标与方式不断革新的过程。为使该发展过程更为有效，欧洲乃至世界范围内的诸多观察家提出了相关政治观念来分析并指导欧洲一体化进程的发展。这些政治观念或多或少地切中了欧洲一体化进程的关键问题，但因其所提倡的发展目标与方式存在较大差异，由此也引发了诸多争论。比如，联邦主义与邦联主义论及欧洲整合的远景目标；功能主义以及其后续的新进展——新功能主义——则阐述了怎样推进欧洲一体化的方式与途径。值得注意的是，虽然这些政治观念并非直接谈及本书所研究的欧洲共同外交，但却对其所处的背景与基本环境作了详细的分析，因为在某种程度上，这些观念已成为影响欧洲各国对共同外交的建设力度以及选择模式的重要因素。

（二）国家因素对共同外交的影响

1. 国家力量对比差异及其影响

西方学者曾对参与欧洲一体化的国家进行了详细的分类对比研究，以便认识不同国家对共同外交所产生的影响。他们认为，这种因素对成员国针对欧洲联盟以及其他成员国而实施的政策具有非常关键的影响。欧洲一体化是由欧洲国家推动的一个历史进程，而不同国家在其中所起的作用层次是有明显区别的。西方学者指出，分析欧洲共同外交，就必须分析了解那些起到主要推动作用的成员国家的外交动向以及它们对欧洲共同外交的支持和参与，相比之下，那些影响微弱甚至于一直扮演中庸角色的国家，则不在重点分析之列。

2. 国家内部决策过程因素及其影响

中西方学者普遍认为，国内问题对欧洲共同外交非常重要。克里斯托弗等学者在20世纪70年代曾关注此问题，他们认为，外交政策与国内政策是同一个政治博弈的组成部分，外交政策与国内政治之间的关系相当重要，是密不可分的两个联系体。[①] 从欧洲一体化过程来看，成员国之间的外交政策制定以循序渐进的方式成为欧盟多边政治体系的组成部分。而与此同时，国内制定政策的行政层级之间的优先性问题也受到来自一体化的严重挑战，因此必然激发一系列国内因素对国家间政策合作施加影响。欧洲环境中的这种双层行为机制好比一个双行道的互动游戏，一方面，国内因素的变化，比如政府的更迭与政策机制的转换，会产生国际影响；另一方面，欧盟作为一个国际组织所实施的实践行为，例如对外经济关系法令的颁布，也会对成员国家内部环境产生影响。学者们对这一因素的考虑，给共同外交研究提供了一个新的分析视角，即从国内政治势力的角度来分析共同外交的发展变化。此外，这个分析视角还丰富了共同外交研究的角度。在某种程度上，该分析视角促使我们考虑一系列的相关问题，比如国家宪法怎样推动国内政治势力以影响外交政策？政府权力的“分层化”会对共同外交产生什么影响？再者，国内层面的诸多

---

① Roy H. Ginsberg, *The European Union in International Politics*, Rowman & Littlefield Publishers, Inc. New York, 2001, p. 33.

非国家行为体，如跨国公司、贸易联盟以及其他利益团体等对共同外交如何发挥影响？

（三）国际力量对比变化及其影响

中西方学者普遍认为，第二次世界大战所造成的两强对峙格局，是促成欧洲一体化乃至欧洲共同外交开始发展的最重要的外部因素。欧洲遭受战争重大削弱这一前提使得欧洲处于战争的阴影之下，个别国家微弱的力量不足以抵挡外界巨大的压力，由此，欧洲国家谋求联合以求得强大的国际地位。外部环境在一定程度上决定了欧洲一体化以及共同外交的合法性基础，也就是说，国家间联合应对严酷的国际环境挑战的客观要求，是欧洲共同外交得以存在的合法性基础，外部环境的变化也必将对成员国的外交政策产生重大影响。虽然外部世界变化趋势并非绝对地决定着欧洲一体化以及共同外交的发展方向，但它给予欧洲共同外交的推动性作用却是不容忽视的。由此，学者们思考了以下一系列问题。比如，冷战结束对于共同外交进程有什么影响？冷战结束后签订的《马斯特里赫特条约》和《阿姆斯特丹条约》对欧洲一体化乃至欧洲共同外交会产生怎样的作用？冷战结束与欧洲联盟的成员国资格认定之间是否有联系，等等。

三 关于欧洲共同外交研究侧重点的理解

从20世纪90年代以来，中国学者开始密切关注欧洲一体化进程的种种现象并加以分析，出版了相当数量的论著。有的学者从欧洲内部融合角度出发分析了欧洲对外关系，例如陈志强、关信平的《欧洲联盟的政治与社会研究》、郇庆治的《多重管治视角下的欧洲联盟政治》；有学者直接关注了欧洲的各项联合政策以及过程分析，如刘文秀等的《欧洲联盟政策及政策过程研究》；也有学者直接瞩目欧洲对外经济关系中的具体领域，如杨昌举、宋国军的《技术性贸易壁垒：欧盟的经验及对中国的启示》。上述若干具体领域的研究工作，有利于强化对欧洲共同外交的深刻认识，从而防止欧洲共同外交研究工作流于表面化。

值得一提的是，国内学者陈志敏博士与比利时自由大学的古斯塔夫·盖拉茨教授合著的《欧洲联盟对外政策一体化——不可能的使命?》一书，较为全面地论述了欧洲共同外交的整体结构以及功效。该书认为：欧盟对外政策一体化是“欧盟国家在对外政策的各个领域以及在对外政策的形成、决策和实施的各个阶段发展联合决定的机制或将其超国家化的过程”①。该书对欧洲联盟对外政策的一体化领域也作出了相应的表述，指出，对外政策应该包括欧共体的对外经济关系、欧盟的共同外交与安全政策和包括新近发展起来的欧洲安全与防务政策以及欧盟的扩大政策。对外政策的政策过程应分解为政策形成、决策和实施三个阶段，以便深入分析对外政策的一体化在各个政策阶段中的不同表现。由于该书着眼于欧盟层次的对外政策一体化，因此，作者特别指出了超国家因素的具体内涵，认为超国家因素是指欧洲议会和欧盟委员会这类超国家机构在对外政策中的地位和作用，以及特定多数表决程序在决策过程中的作用。② 从整体来看，该书所研究的内容仍旧与本书所指向的欧洲共同外交的客观内涵存在一定的差距。该书所关注的是，欧洲联盟层次的超国家外交体系，而不是同时包含欧盟及其成员国在内的复合性共同外交体系。这种研究思路所包含的一个既定假设是欧洲联盟在其发展过程中，已经分别在各个领域建立起了具备一定实力与影响力的外交体系，但是，这些外交体系之间的联系程度不强，呈现出较为明显的松散状态。比如，欧洲共同体在其发展过程中建立了经济领域的外交

① ［比］古斯塔夫·盖拉茨、陈志敏：《欧洲联盟对外政策一体化——不可能的使命?》，时事出版社2003年版，第9页。

② 同上。

体系，虽然该体系具备一定的影响能力，但未能对在其之后所发展的政治外交体系形成理应具备的支撑。这种松散的结构状态导致欧洲一体化无法实现其所要求的外交目标，也使得欧洲联盟这个准联邦国家组织不能有效实现其对国际事务的影响能力。

本书认为，欧洲共同外交不仅是欧洲联盟这一个层次的共同外交，同时还包括更为重要的欧洲联盟各个成员国各自的对外交往体系。欧洲联盟的建立以及欧洲联盟层次的外交体系的建立，并不是以消除欧洲各成员国的国家外交体系为前提的，而且在可预见的一段时间内，作为欧盟成员国的欧洲民族国家，它们的国家外交关系将与欧盟层次整体对外关系共生共存，相互补充。从政策领域来看，欧共体的对外经济关系已经属于超国家层次的范畴，欧盟成员国在该领域的作用自由度已经大大低于以往。欧盟的共同外交与安全政策以及后来发展起来的安全与防务政策，实际上属于一种政策的试验阶段，且该政策属于欧洲联盟自身的外交政策范畴，不能在最高程度上代表欧盟成员国的外交政策。而且，将欧盟共同外交与安全政策列为欧洲政策一体化的组成部分，虽然并非不可，但不能体现该政策的阶段性与调配性。实际上，欧盟共同外交与安全政策的目的不仅在于其相关法律条文中所体现的创造与维护共同立场和价值等，更在于对各个民族国家的外交政策的协调。虽然当前各民族国家的外交政策未能完全实现本国民族立场的放弃（或曰民族特性的放弃），并由此形成对欧盟共同外交与安全政策的牵制，但是从现实来看，各个民族国家的外交政策，已经在欧洲共同外交的引导下出现了“欧洲化”的发展趋势。不过，各个国家的动机不同，立场不一，因此它们所体现的对欧洲共同外交的支持程度和参与程度存在相当的差异。欧洲共同外交之所以能发展到目前程度，必然与部分国家积极有力的支持与促进密切相关。同样，欧洲共同外交在某些领域内受到的牵制与挫折，也必然与内部某些国家偏离共同外交方向的举措有关。因此，我们探讨欧洲共同外交，应该着重分析欧洲一体化过程中的民族国家外交以及它们对共同外交的支持作用。

四 关于欧洲共同外交功效的分析

作为欧洲对外政策一体化的具体表现，欧洲共同外交的功效是政治领导层与学术界关注的焦点。鉴于欧洲共同外交本身的结构模型依然处于发展变化之中，其产生的功效也不断发生新的变化，且分析其供销的着眼点也不能墨守成规，因此，应该采取多角度观察的方法。总体而言，最为重要的是从欧洲共同外交的内部与外部两个角度来分析其总体框架的建设效应以及它对外部世界所产生的影响。

（一）共同外交政治框架的成效

西方学者认为，欧洲一体化的进展，是各种力量不断推进的结果，在该进程每个发展阶段中所签署的条约既是代表该阶段的制度成果，又是推动下一阶段发展任务的制度力量。这些条约构成了欧洲一体化向前发展的必要的政治框架，成为一体化进程的标志与依托，对一体化进程的每个发展阶段起着相当大的指导作用，而对参与一体化进程的各成员国则起着规范与引导的作用。各成员国意识到各项条约所构成的政治框架对自己形成的权利与义务的约束，在权衡本国利益得失的同时，也必然对已有的政治框架进行调整，包括对已经确定的各项条约进行修订改革，对即将产生效力的各项条约积极施加压力，力争促使其朝着对己方有利的方向发展。当某项条约对己方利益形成强大压力，甚至与本国当前状况形成较大冲突时，则有可能采取更大力度的退避或者反击措施，以阻止该条约生效。欧洲共同外交属于一种高级政治合作体系，受政治条约的影响程度最大，一旦在条约方面受到负面冲击，则共同外交发展的步伐与方向必然受到一定程度的挫败。

（二）世界格局变化与欧洲共同外交的互动效应

学者们普遍认为，欧洲共同外交对世界格局变化并非消极应对，相反，由众多具有丰富国际事务经验的欧洲国家参与组建的欧洲共同外交，对渐进变化的国际格局有一定的观察与应对能力。此外，国际格局变化所产生的众多新情况，也促使欧洲共同外交内部的各组成力量产生某种变动，从而推动整个共同外交发生转变。当然，由于国际格局是一定时期内国际社会各种力量对比所形成的一种相对稳定的态势与结构，这使得欧洲共同外交所处的环境不会在短期内发生巨大而激烈的变化。但另一方面，往往看似稳定的过程与状态中，也蕴涵着诸多不稳定的因素。简而言之，主要是由于欧洲共同外交本身依然未能达到成熟而稳固的程度，因而容易受到外部环境的制约与影响。

国内外学术界对欧洲共同外交的研究已经有较长的一段时间，就整体的研究现状来看，既有值得肯定的成果，也存在一些亟待解决的问题。其肯定之处在于，学术界对欧洲共同外交的影响因素、组成部分、研究重点以及整体功效均有不同程度的涉及，这在一定程度上拓展了我们的研究视野，为进一步全面研究欧洲共同外交奠定了基础，但由于当前的研究模式仍然未能脱离以国家为核心的传统外交研究模式，不能真正体现欧洲共同外交行为主体多元化的客观本质，所以使欧洲共同外交的研究无法进一步深入。可见，正确的研究角度以及合理而科学的研究模式，是对欧洲共同外交开展研究必须解决的首要问题。

第二章　欧洲共同外交的相关概念与理论

欧洲各国之间外交政策的协调与发展，是欧洲一体化进程中不可分割的一部分。在一体化进程的缔造者与推动者看来，由于长年战乱削弱了欧洲各国实力，加之昔日殖民帝国衰落造成欧洲内外普遍利益受损，欧洲的国际地位遭受了重大损害，这种局面必须从此得到扭转。[①] 而扭转这一局面，则依赖于欧洲各国在各个领域的共同努力，其中包括欧洲国家如何在外交领域协调各自的对外政策，以维护欧洲整体利益。因此，在欧洲一体化的建设过程中，各国对于外交政策协调的关注无处不在。

在开展各国对外政策的协调之前，加强对该协调工作的认同感以及协调方式的理解程度是一个必经阶段，且其中包含了对外交政策协调的诸多思考与分析，比如，外交政策协调的背景——一体化的起因以及进程，外交政策协调的目标（建立高度统一的超国家集权还是开展政府间主义的多国合作），外交政策协调的方式与步骤（是从低级政治部门开始合作还是直接进行外交合作），等等。在相关的研究理论之外，经由历代欧洲哲人与思想

---

① Elfriede Reglesberger, Philippe de Schoutheete de Tervarent, Wolfgang Wessels, *Foreign Policy of European Union*, *from EPC to CFSP and Beyond*, Lynne Rienne Publishers, London, 1997, p. 1.

家传承的感性认知与历史观念假设，也对欧洲一体化进程给予更深层次的规范与引导。不论是针对具体问题的研究理论，还是存在于欧洲民族精神层面的感性认知，都对欧洲共同外交具有直接或间接的指导作用。因此，研究欧洲共同外交的首要任务，是确定并分析这些理论与认知的具体内涵和功能。

第一节　欧洲共同外交的历史观念与哲学思维

现代欧洲人的思维方式、理性观点以及他们对国与国之间关系的认知体验，都可以追溯到历史上曾经出现过的哲人或宗教领袖的思想。正是这些精神资源滋养了欧洲民族文化，并最终决定了欧洲文化区别于其他民族文化的显著特征。同时，欧洲人的精神实质又决定了他们理解改造客观世界的特殊运作方式。

欧洲统一的思想最早可以追溯到罗马主教利奥一世（Leo，公元440—461年）。由于他十分热衷宗教统一，被人们尊称为“第一个教皇”，即所有信徒的“父亲”。利奥一世在世之时，竭力维护罗马主教对其他天主教会主教的最高权威，强制所有主教遵从主教会议作出的决定，力图凭借罗马的威信把天主教会联合起来。这可以算作在宗教领域内整合欧洲的一个尝试性举措。宗教在欧洲的政治经济和文化领域里有着非常明显的突出地位，它超越了语言与地域的障碍，突破了国家与民族的界限，欧洲联合的思想就萌生在这种大一统的宗教文化氛围之内。

公元8世纪末，法兰克国王查理大帝也做了统一欧洲的尝试。在打败了各个种族的野蛮人之后，查理大帝挺进意大利，在圣徒彼得之墓前由教皇利奥三世加冕为“罗马人伟大而和平的皇帝”。在欧洲联合思想的指导下，通过查理大帝和利奥三世的合作，诞生了基督教的罗马帝国，这一方面说明了古罗马帝国的复兴，另一方面也说明了这一历史事实具有欧洲意义。公元16世纪的查理五世和公元 17 世纪的路易十四也梦想着建立一个统一的欧洲帝国；法国大革命中，拿破仑皇帝也竭力追求建立一个统一的欧洲政权，但未能如愿以偿。

欧洲联合思想的发展也受到外部世界变化的影响与促进。18 世纪，美洲大陆人民以“美利坚合众国”的形式将“统一”的思想付诸实践。这个成功的创举触动了欧洲人民，使得他们意识到欧洲几个世纪以来所憧憬的事物正在其他地区变成现实。于是，欧洲大陆上的“统一”思潮空前高涨。法国的孔斯当、比舍、勒南，意大利的焦贝蒂、卡塔内奥、马志尼，德国的康德，英国的潘恩、霍布森、洛里默等哲学家、历史学家、思想家、政治家都通过他们的著作表达了共同的美好愿望——建立“欧罗巴合众国”，实现欧洲的统一，其中康德的影响最为突出。作为这种愿望的实践体现，19 世纪中叶，欧洲人在欧洲大陆上为反对战争发起了和平运动。和平运动的重要内容就是把欧洲的统一同欧洲未来的命运联系作整体考虑。和平运动是康德的“永久和平论”的继续，不仅其中所贯穿的思想沿袭康德有关欧洲的思维理念，而且在康德的认识基础上进一步强化了欧洲和平的外向作用。康德认为，对文明民族的最大灾祸就是战争，建立一个普遍和持久的和平，不只是纯粹理性范围内的法理论的一部分，还是整个理性之最高目标。康德主张建立自由国家的联邦，即各个国家在自愿的基础上联合，并使所有成员的权利都得到保证。所谓自由国家的联邦，是国家间的一种和平的、协调的状态。正像人们订立国家契约的情形一样，彼此只是放弃了自己的一小部分权利，因而不仅不会失去独立性，而且还会使得国家的独立获得切实的保障。康德思想的承袭者菲希特进一步发展了康德的理论。菲希特认为，这种国际联合将逐渐扩大，一旦推广到全球范围，便可以建立永久和平。永久和平是各国之间的唯一合法关系。此外，菲希特还特别说明，国际联合只是建立在国际法基础之上的国家间的秩序，而不是一个中央集权的世界国。① 康德及其思想继承者的理性思考，从某种程度来说，在欧洲民族精神层面上确立了欧洲自身发展与外部世界变化的有机联系。更准确地说，菲希特已经指出，欧洲国家应该用一种达成普遍共识的和平方式在确保欧洲和平的同时，对欧洲以外的世界施加影响，创立一种为世界所公认的国际关系模型。同样在 19 世纪中叶，法国大文豪雨果在巴黎举行的世界和平大会上满怀激情地勾画着未来的“欧洲合众国”，“总有一天，到那时……所有的欧洲国家，无须丢掉你们各自的特点和闪光的个性，都将紧紧地融合在一个高一级整体里；到那时，你们将构筑欧洲的友爱关系……”可以说，这一段两个世纪的时期内，欧洲各国的有识之士对欧洲未来的期待，也成为一幢指导欧洲思想的精神灯塔。欧洲统一的观念已经不可避免地成为欧洲历史观念的重要组成部分。

值得注意的是，由于欧洲各国在近现代以来经历了诸多战乱，各国政治元首对如何消除战争隐患、维系欧洲和平的努力很早就进行了尝试，其中，拿破仑战争结束后出现的“欧洲协作”就是一个鲜明的例证。“欧洲协作”是在遭受拿破仑战争的重创后，欧洲列国以会议方式协商处理欧洲重大问题的多边外交机制。尽管这种外交接触方式体现了浓烈的大国协调与强权政治的色彩，但与昔日各国发动战争、以武力一争胜负的方式相比毕竟是一种进步。“欧洲协作”对维持欧洲近百年的大国均势和相对稳定的局面起到了重要作用。首先，“欧洲协作”的主要目的在于调整封建君主之间国际关系的各个方面，包括政治、经济、宗教、少数民族等，范围非常广泛；其次，在“欧洲协作”期间，

---

① ［德］伊·康德：《康德历史哲学论文集》，李明辉译，台湾联经出版公司 2002 年版，第 167—229 页；［德］汉斯·约阿西姆·李伯尔：《古今政治理论》，德国联邦政治教育中心 1991 年版，第 612—615 页。

定期或者不定期的会议使得多边外交成为一种比较稳定的外交接触体制。在这些会议中，大国处于一种特殊的霸主地位，是协商的中心；再次，在这一时期的一系列大型国际会议中，根据实际的需要形成了众多的议事规则，对稳定欧洲各国的外交协商有一定的促进保障作用。

从 17 世纪以后，包括康德在内的许多欧洲政治家和思想家已经为欧洲的和平与统一提出了众多理论设想与实践方法，其中不乏某些以武力统一欧洲的偏激观点，显然，崇尚理性的和平主义与激进的武力统一思想形成了尖锐的冲突，这种冲突使得关于欧洲联合的思想竞争更加激烈，也给欧洲各民族带来了观念选择上的矛盾与困难。而随后的两次世界大战，则使得武力统一欧洲的思想痼疾不攻自破，与之相反，和平主义的欧洲联合思想最终在纠缠不休的观念政治中逐渐上升到优势地位。从 19 世纪上半叶到第二次世界大战，欧洲统一思想有了进一步的发展。第一次世界大战后，原来具有乌托邦色彩的欧洲统一构想，开始有了地理、经济和政治上的具体轮廓。1923 年，法籍奥地利人理查德·考登霍夫-卡勒基（Richard Coudenhove-Kalergi）率先发动了“泛欧运动”，主张建立一个通过合作和协商采取一致行动的联邦性质的集合体，以实现欧洲的统一，重现欧洲昔日的威望和影响。第二次世界大战后的惨痛教训，再次强化了和平主义之下的欧洲联合思想的优势地位。欧洲统一思想的发展再次进入一个新的高潮，开始从单纯的观念形态向具体的结构形态发展。具体到欧洲与外部世界的关系而言，欧洲各国已经将其建设的目标降低到了最具现实意义的实践层次——欧洲自身和平状态的恢复与实力的增强，这是开展对外交往的先决条件。实际上，欧洲之所以从这一步开始建设对外关系的能力与机制，是历史将欧洲的各种思想拉回到现实状况中来的结果。这对于欧洲而言，既是惨痛的教训，也是历史的必然，更可以说是世界的庆幸。

纵观欧洲的发展历史，不难看出，欧洲的古希腊文化、古罗马文化以及宗教改革和文艺复兴等对欧洲历史发展都曾经起过深远的启蒙作用，即使在欧洲各国陷于战争之时，产生于任何一个欧洲国家的科学成果与社会意识也必然成为欧洲的共同财富，而不是仅仅隶属于某一个国家和地区。正因为如此，政治家和思想家才能借助丰厚文化底蕴的力量来宣传欧洲统一的必要性和可行性，以表明"欧洲统一"是一个必须完成的历史命题。不过，正因为欧洲的发展具有这样的历史遗产，才使得欧洲的各项事业都具有"欧洲共享欧洲成果"的色彩，这也使得欧洲一体化进程中的每个领域都带有超然于个别国家之上的姿态。前英国首相丘吉尔在第二次世界大战后发表的关于欧洲统一的演说中提到："这个神圣的大陆，总体上包括地球上最美丽和最富饶的地区，有着温和而稳定的气候，是西方世界一切伟大民族的故乡，它既是基督教信仰和基督教道德的发源地，也是古代和现代多数文化、艺术、哲学和科学的发源地。欧洲一旦统一，共享有共同的遗产，其三四亿人将会享有无限的幸福、繁荣和辉煌。"①

第二节 欧洲共同外交的相关概念界定

欧洲共同外交对于欧洲各民族国家是一种渐进摸索过程中逐步明朗化的发展目标，对于学术界而言，则仍是一种亟待普遍确定的研究术语。当前学术界对该问题的研究状态，只能说是模糊地界定了欧洲共同外交的研究范围，在确定研究主题方面还远未达成一致意见。比如，相对于本书所采用的"欧洲共同外交"一词而言，我国学者陈志敏采用的是"对外政策的一体化"，西方

---

① ［英］丘吉尔："欧洲的悲剧"，载李巍、王学玉《欧洲一体化理论与历史文献选读》，山东人民出版社2001年版，第4页。

学者怀特采用的则是“欧洲对外政策”，更有甚者，将欧盟自身的对外政策挪用为欧洲的对外关系行为。研究主题的不确定必然带来研究工作的重大混乱。比如，我国众多的新闻评论甚至科研文章常将欧盟与欧洲相互借用，而“实际上这是一个常识性的错误”①。欧盟是欧洲一体化发展到一定阶段后出现的一个国家间组织，而欧洲则是一个明确的具有数千年历史渊源与明确地理范围的国家群。虽然欧盟的出现与存在代表了欧洲一体化进程的最高成果，但欧盟并不能代替欧洲本身。可见，研究欧洲共同外交，则必须对其本身的范围界定与特性进行明确的分析和判断。

一　“欧洲”的范围与特性

正如本章第一节所言，欧洲大陆具有不同于世界其他区域的独特性质，该性质同样具有历史观念传承和现实政治发展的双重内涵。正确辨析欧洲的独特性质，一方面，有助于我们了解欧洲共同外交乃至欧洲一体化的内在动因，从而理解为何欧洲能够率先在世界范围内以区域联合的方式开展对外交往这一问题；另一方面，则可以界定欧洲一体化所涉及的地域范围，从而确定欧洲共同外交行为主体的地域范围，因为这个地域范围在很大程度上决定着欧洲一体化进程以及欧洲共同外交的成败功效。

意大利学者玛丽娅·格拉齐娅·梅吉奥妮是较为系统且明确地研究了欧洲自身特性的代表人物之一。她认为：“欧洲不仅表现在地理上统一的概念，还具有明显的历史特征，无论它的政治历史如何复杂，而这种复杂性又导致它们相互依存而又不均衡的发展。但是，在欧洲文明的共同背景下，欧洲确实存在着统一的根本因素。这种因素有着共同的、根深蒂固的古代文化和犹太基

---

① ［德］法布里斯·拉：“欧洲一体化如何运作——分析框架之设想”，《欧洲研究》2003 年第 3 期。

督教的背景。它们在同异族文化接触后，既显示出它们之间的差异性，又表示出了欧洲文明的普遍性和统一性，使得欧洲能够屹立在世界文明之林，同中国、印度、埃及、巴比伦、伊斯兰等古老文明并驾齐驱。”① 梅吉奥妮的分析解释，突出了欧洲古老文明的统一性，从文化的角度阐明了欧洲一体化进程乃至创立共同外交的历史根源。从梅吉奥妮的解释也可以看出，欧洲文明是划定欧洲区域界限的标准。西欧各国是典型的欧洲文明的直接继承者，理所当然地被包括在欧洲范围之内。而从历史上来看，欧洲文明核心区域以外的国家，如其能逐渐转化并接受欧洲文明的熏陶与普及，也可能成为欧洲的一员，但是欧洲文明的涵盖并非可以无限地扩大。可见，欧洲的文明不止限于它的地理位置，“欧洲地理的四围和它文明的四围是不完全重合的”②。由此可以得出结论，传承或接纳欧洲历史文明的国家是欧洲本身的组成部分，但各部分之间有层次差别，英、法、德等西欧国家居于核心地位，其他国家则居于非核心地位。与欧洲文明相异的文明区域将成为欧洲交往的客体与对象。虽然梅吉奥妮对于欧洲的界定并非完美，但把握了其最关键的核心成分。实际上，利用历史文明来划分区域，也是人类社会发展所带来的必然结果。美国学者亨廷顿也曾指出应以历史文明划分国际社会，但其突出强调文明之间冲突是国际冲突的主要构成因素，则是对民族文化的一种重大认知错误。

对欧洲民族特性与范围的认识和界定，关系到欧洲的发展前途和未来命运。同时，对欧洲民族特性的认识，与欧洲长久以来经历的战争以及欧洲自身的地理特性是分不开的。资本主义开始

① ［意］玛丽娅·格拉齐娅·梅吉奥妮：《欧洲统一 贤哲之梦：欧洲统一思想史》，陈宝顺、沈亦缘译，世界知识出版社2004年版，第7页。

② 陈乐民：“欧洲文明的源头”，《博览群书》2003年第1期。

在欧洲发端后，逐渐增多的人口、相对稀缺的地理面积和经济资源形成了愈益尖锐的冲突，而历次战争则不过是争夺更多经济资源的一种极端恶性竞争。如何消除战乱根源，实现和平而稳定的欧洲局面，成为欧洲必须面对的首要问题。对此，库坦霍夫·卡纳吉指出："除非欧洲人民将他们的民族国家塑造为一个紧密的联邦，（否则）欧洲不会有和平、繁荣和民族和谐。"[①] 因为战争与贫困之间的恶性循环使得欧洲各民族尖锐对立，甚至危及欧洲民族特性的存在与发展，而当战争与贫困毁坏欧洲的发展道路时，欧洲文明也就失去了其本质意义。由此，通过联合来寻求欧洲的和平与发展，不仅成为欧洲必然完成的任务，同时也成为欧洲自身的民族特性之一，化解昔日夙敌之间的仇恨并创造和平，已经成为欧洲各国维护欧洲民族特性的必然要务。早在 1942 年，英国首相丘吉尔在一封给外交大臣艾登的信中就表达了此种认识，而战后初期他在苏黎世大学接受名誉学位时的演讲则再次强调："对这个生灵涂炭，民穷财尽的欧洲大陆的兄弟公民们，我能向他们提出什么最好的建议呢？我向欧洲提出的建议可以概括为一句话，联合起来！"不仅如此，丘吉尔还认为联合的欧洲应该以某种政治联合方式固定下来，他说："为了重建欧洲大家庭，我们必须建立某种形式的欧洲合众国，要完成第一步，就是设立一个欧洲委员会。"

二　欧洲一体化的本质与内涵

欧洲一体化与欧洲共同外交之间存在双向辩证关系，而这种辩证关系的关键之处则在于欧洲一体化本身的性质为何。客观而言，欧洲一体化是欧洲为求得强大国际地位，借以影响世界体系

---

① Carl H. Pegg, *Evolution of the European Idea, 1914 - 1932*, the University of North Carolina Press, 1983, p. 28.

而开展的多领域、多部门联合进程。也就是说，欧洲一体化是欧洲为达到欧洲国际地位的提高和巩固这一终极目标而采取的方式，而欧洲共同外交则是这种行为方式中的一个组成部分，它采用最直接的方式来构建欧洲对外关系，而其他领域的一体化则属于间接的构建。因此，了解欧洲一体化的本质与内涵，有助于我们了解欧洲共同外交的相关特征。

迄今为止，学术界对一体化究竟是怎样的一种合作过程这一问题尚无定论。西方学者罗纳德·瓦茨曾把一体化分为政治一体化、经济一体化、社会一体化和国家一体化，在具体领域内分析了一体化的内涵与本质。他认为："政治一体化指把不同的团体、共同体或地区联合成能起作用的、有生命力的政治组织。"在他看来，国家一体化、经济一体化都会促进政治一体化，但是它们的含义各不相同。国家一体化是指联合一个国家各个部分的状态和过程，而国家是指生活在一定领土之上，分享着共同的历史、符号、主观感受的共同体。政治一体化与国家一体化有交叉之处，尤其是谈到民族国家的时候，但它也可以局限于较小的次国家单位的时候，或者采取更广阔的、多国家的政治组织形式。经济一体化则指将经济更加紧密地联系在一起的自由贸易区、共同市场和经济联盟。这三者在创建政治一体化组织的程度上会有所不同。社会一体化指家庭、宗族、志愿团体以及所有其他经济和政治组织等各种社会机制相互联系，以实现互相凝聚和依赖的过程或者状态。政治一体化指把各种政治机制联合成一个内在的一致的整体过程，或者是一种政治凝聚的过程。其实，将一体化区分为政治、经济、文化、国家等具体领域，其意义只在于所分析问题的特殊性，而对一体化本身的认知与理解并无实质意义。因为在国际关系范围内，任何一体化的决定事实上都是一种政治决定，因而一体化本身都是一种国家之间所开展的国际合作行为。而任何一方面的一体化进展，最后也必然影响并从属于政治一体化。对欧洲一体化而言，不论是最初阶段的煤炭钢铁行业等基础领域的经济一体化，或是最后的涉及更多国家主权的货币一体化；不论是20世纪70年代开始推进的国家外交领域的信息共享，或是最后所要努力达到的欧洲共同防务的建设，究其动因，都是经过国家层面的政治推动而出现的。也就是说，任何一个领域内的一体化进展，都是关于该领域的各国“政治意愿一体化”的结果。正是从这个层面上来看，欧洲共同外交本身就是欧洲各国政治一体化实践过程中追求的目标之一。

欧洲一体化与欧洲共同外交之间的辩证关系，最明显地表现于一体化开展之初欧洲所面临的国际形势与其认识方面。第二次世界大战结束以后，西欧国家与美国的关系变得异常复杂。出于对苏联核力量的恐惧以及对自身薄弱力量的担忧，西欧要求美国力量驻留在欧洲，以保证其安全。同时，因为依靠美国力量可以减轻自己的防务开支，因而欧美关系有依赖美国的一面。但是，西欧国家作为昔日世界的主要力量，在无奈接受美国控制的同时，又强烈希望通过联合自强来摆脱对美国的军事与经济依赖。在美苏争夺世界霸权的过程中，西欧成了东西方冷战的前沿阵地，安全得不到有效保证，德国问题依然存在，这使得欧洲潜伏着相当多的不稳定因素，更有可能发生新的国际冲突；美苏在亚洲、非洲和拉丁美洲的争夺，直接影响着西欧国家的原料能源供应以及海外市场。所有这些国际现象，促使欧洲领导人认识到，西欧只有联合自强，方能摆脱困境。正如前德国领导人阿登纳在《阿登纳回忆录》中所说：“如果我们欧洲人不想在起了根本变化的世界里走下坡路的话……欧洲的联合是绝对迫切需要的。没有政治上的一致，欧洲各国人民将会成为超级大国的附庸。”① 阿登纳的言论非常清晰地表明，欧洲所进行的一切联合，都是为了在

---

① 转引自罗建国《欧洲联盟政治概论》，四川大学出版社2001年版，第39页。

世界上能够保证其强大的地位，在与超级大国的争夺中获得优势。其中的深刻含义就是，欧洲一体化进程中所开展的任何一项工作，其目的都是为了增强欧洲在国际社会的重要地位与利益，因此，不论这些工作属于哪种领域，也不论这些工作的规模如何，它们实际上都服务于欧洲的对外战略与国际利益。

第三节 欧洲共同外交的理论分析及其启示

正如本书“序言”部分所述，由于学术界在欧洲共同外交研究上的学术进展与现实世界里欧洲共同外交行为方式的发展演化存在着脱节现象，有关共同外交的研究理论迄今未能完整成型。尽管西方学者白里安·怀特（Brian White）等人已经明确表述了欧洲共同外交对外交研究模式带来的变革性挑战，并初步设计出了在他看来较为合理的欧洲共同外交研究模式（简称欧洲外交研究模式），① 但绝大多数的外交学术研究仍旧遵循传统的以国家为中心的研究模式，因此，真正意义上的欧洲共同外交研究理论还远未形成，截至目前，至多只是形成了基本合理的研究思路。不过，20世纪中期以来在西方逐渐兴起的各种国际关系理论，尤其是一体化理论，却或多或少地涉及有关共同外交研究的某些层面。必须注意的是，这些理论的自身发展阶段与欧洲共同外交的发展过程并非严密吻合，甚至部分理论并非先于实践产生并引导实践的发展，而是后发于实践并补充解释实践的现象与本质。总体来看，这些研究理论，与白里安·怀特所设计的研究模式，基本上形成了这样一种互补关系——欧洲国际关系理论（一体化理论）谈及共同外交的各具体领域，而欧洲外交研究模式则整合前

---

① Brian White, “The European Challenge to Foreign Policy Analysis”, *European Journal of International Relations*, Vol. 5, No. 1, 1999, pp. 37–66.

者的各类研究成果，并形成总体研究框架。

一　联邦主义与欧洲共同外交

（一）联邦主义的政治内涵

联邦主义是发展过程较为久远的一体化理论，其研究思想有两个主要来源。第一个思想来源是欧洲 17 世纪和 18 世纪战争中产生的各种和平计划。这些计划与第二次世界大战结束后产生的各种和平计划相结合，催生了欧洲民族国家彼此之间消除战争并建立某种全欧政治组织的思路，其中最为著名的是康德（Kant）的《永久和平论》（1795 年），提出了通过建立泛欧洲的政治组织以实现欧洲和平的思想。联邦主义的第二个思想来源是美国革命特别是美国宪法的影响。美国宪法被视为典型的联邦主义制度安排的范式，制宪会议被看作是实现联邦制最理想的手段。而且，围绕宪法的批准产生了维护和解释联邦政府形式的思想结晶——《联邦党人文集》。与其他一体化的政治理论不同，联邦主义的一体化的最终目标比实现这一目标的手段更为重要。联邦主义的最终目标是建立一个联邦国家。作为一种国际一体化理论，它希望用一个全球联邦代替松散的联合国，但现实情况只能始于并限定为建立区域性联邦。有关联邦国家的界定很多，其核心是权力在不同层次政府组织中的分配。麦凯（R. W. G. Mackay）在欧洲一体化背景下给出了联邦主义的如下定义：联邦主义是一种分配政府权力的方法，以使中央和地方政府在一个有限范围内保持既独立又相互合作的关系。检验这项原则是否实施的方法是看中央和地方权威是否相互独立。恩尼斯特·维斯蒂里希（Ernest Wistrich）提出了一个多层次而不是两层化联邦的可能性。重新定义联邦制的原则对欧洲联盟在当代的发展有着重要意义，因为从联邦分权原则演绎出的“权力分散”原则，是《马斯特里赫特条约》的核心。权力分散不是侵犯或是对联邦主义理论的修正，而是承认联邦原则内在逻辑的政治实践。雷金纳德·哈里森（Reginald Harrison）指出了这种联系，他认为，真正的联邦主义是权力在许多层次不同的经济、社会、文化利益之间的极端的分散和再分配。因此，联邦主义在欧洲一体化的实践中发展起来，但欧洲联盟的这种权力分散的形式不能称之为典型的联邦，因为权力将以各种形式分散到联盟内的不同层次上。

（二）联邦主义对共同外交的启示

联邦主义对欧洲共同外交具有一定的理论指导意义。首先，联邦主义在国际经验比较及借鉴方面，对欧洲共同外交所依存的欧洲政治合作框架设定进行了有益探索。联邦主义在美国、加拿大和澳大利亚等国的成功实践使欧洲的联邦主义者受到启发，试图将美、加等国的联邦模式应用于欧洲各民族国家间的地区一体化实践。联邦主义者主张在欧洲应采取较为激进的方式，通过建立一个具有“超国家”性质的联邦国家，“自上而下”地将欧洲国家统一起来。联邦国家一方面应拥有足够的政治权力与强制力，以满足成员国集体防卫、内部安全和经济发展的需要；另一方面，允许各成员国之间存在差别，保持各自特点，并在某些政策领域行使自治。就一体化进程的次序而言，联邦主义者认为政治一体化应先行，理由是政治一体化可促进经济一体化，而经济一体化却不一定能促成政治一体化。总之，在联邦主义者看来，建立一个超国家的中央机构对一体化建设至关重要。第二次世界大战期间意大利著名反抗派领袖、战后曾任欧洲联邦运动主席、欧共体委员会委员及欧洲议会议员的斯皮奈利（ALTIERO Spinelli）是联邦主义理论的主要代表人物之一。他认为，由于各国对欧洲统一的态度不尽相同，如果缺乏超国家权威，各国在相互合作过程中所享有的否决权将大大降低合作的效果，一体化也将因此难以实现。基于这一考虑，他主张先建立欧洲民主政治机构，将各国的行政、立法和司法机关的某些权力，转移并授予超国家的欧洲机构；这些机构运作的法律基础将来自具有欧洲人民民意基础的议会，而不是各国政府，因此各国无权干涉。在他看来，在欧洲一体化过程中，欧洲联邦主义的倾向是否明显，将取决于超国家组织功能的强弱，或欧洲议会民意基础的深浅和功能的大小。

其次，联邦主义对欧洲政治合作框架提出了增强其公民政治基础的建议。联邦主义认为，特定的宪法对联邦政体具有非常重要的意义，它既是联邦赖以存在的公民政治基础的体现，同时又是进一步增强联邦政治体制约束力的手段，因而实现一体化的手段中必然包含着起草并通过某种形式的宪法。联邦主义者穆特默（Mutimer）认为，联邦主义者有两种方法来实现其施行欧洲宪法的目标。但从其论述来看，联邦主义者对宪法实现方法的认识并非完全明朗，甚至对宪法创立机构的确定都存在一定的争议，不过这也如实反映了欧洲一体化起步阶段各种理论研究的状况，说明一体化进程没有完整的既定理论可以遵循，而理论本身也处于不断演化与修订的发展与争论阶段。不过，尽管理论研究存在不明朗的缺憾，但其对欧洲一体化的现实指导意义还是不容忽视的。在联邦主义看来，实现联邦一体化的第一种方法是制宪会议。这种方法以美国经验为模式，认为应该由一个经过选举产生的制宪大会起草联邦宪法。受此启示，战后初期的欧洲联邦主义运动选择了制宪会议的方法，并试图通过欧洲委员会实行制宪会议的功能并制定宪法。由于欧洲委员会未能达此目标，欧洲议会便被寄予希望行使制宪会议的功能并起草欧洲联盟条约。尽管条约并未被成员国批准，但它促进了《欧洲单一法令》和后来的《马斯特里赫特条约》的产生。实现联邦一体化的第二种方法是政府间协定。这种联邦主义的一体化过程意味着直接通过政府间的讨价还价来实现联邦式的联盟，联邦国家的建立要求成员国向中央政府分割主权。因此持这种观点的联邦主义者集中关注欧洲理事会和部长理事会而非欧洲议会。政府间主义的方法为20世纪80年代欧洲一体化的几项重要条约进展所证实：《欧洲单一法令》和《马斯特里赫特条约》以及《阿姆斯特丹条约》，像早期的《罗马条约》一样，它们都是政府间会议的结果。从战后西欧国家一体化的实践过程来看，欧共体的设计者们最初试图以联邦作为最终发展目标的，但实践证明“以联邦主义”来实现欧洲统一的阻力太大，因为它对成员国来说，意味着将要丧失部分主权，并且在很大程度上意味着民族国家功能的终结，所以从共同体产生之初就受到了各成员国政府和相当数量民众的反对。事实上，即使在经历了40多年的努力之后，1992年2月7日签署的《马斯特里赫特条约》中仍未使用“联邦”一词，而采用的是“联盟”，这充分说明了联邦主义在欧洲一体化中的地位。

总体而言，联邦主义关注的是欧洲一体化进程的政治体制选择，且该政治体制选择决定着欧洲共同外交的政治体制选择。体制选择是国家间合作过程中一个永恒的话题，也是必须完成的环节之一，由此，联邦主义是迄今为止伴随欧洲一体化发展全过程的重要理论之一，它所涉及的众多体制设想与评价都与欧洲一体化的各个发展环节密切相关。时至今日，联邦主义关于如何实现国家间联合思路的论述，仍不断出现在众多欧洲一体化的具体事务中。比如欧洲试图通过一部欧盟宪法来增强欧洲联盟执行能力，但由于诸多国家对该宪法的机制表示怀疑，因而它在法国、荷兰等国家的全民公决未能获得通过。相对欧洲在外交政策领域的一体化而言，宪法公决受阻带来的一个直接后果是，宪法中初步设定设立欧盟外交部长的机制也受到阻滞，进而使欧洲共同外交执行能力的进一步发展受到阻碍。

二　功能主义、新功能主义与欧洲共同外交

功能主义与新功能主义是战后欧洲一体化理论的另一流派。如果说联邦主义的理论侧重点是对欧洲一体化未来目标的设计以及欧洲联合模式的终极选择，那么（新）功能主义的理论侧重点

则是对欧洲一体化进展的动力机制以及联合步骤的解释，它强调首先应该加强各国间的“功能”合作，然后逐步实现一体化的最终目标。在某种程度上，（新）功能主义成为旧的联邦主义的一种理论替代。

（一）功能主义

功能主义是在反对联邦主义者建立世界政府的主张中出现的。与联邦主义“自上而下”完成一体化的政治主张相反，功能主义者视一体化为一个过程，认为只有从各成员国的共同利益出发，通过不断加强相互间的合作，一体化才有可能“自下而上”地逐步完成，公众对一体化的态度也才会日趋积极。功能主义的创始人是戴维·米特兰尼（David Mitrany），其代表作是于1943年出版的《有效的和平制度》一书。米特兰尼为国际一体化提出了另一种替代方法，即所谓的“功能化选择”（functional alternative），从而建立一个基于解决“共同性问题”所需要的“与国际性问题相一致的国际政府”。在他看来，国家间联盟组织的形式太松散难以完成这一使命，而区域化联邦又过于紧密而难以真正实现。因此，必须敢于冲破旧有的法律观念并尝试新的和平，最终实现既定目标，这就是功能主义的方法。功能主义选择的实质内涵是，区域一体化不是要消除主权国家的所有权力去实现一个统一的政治联盟，而是允许它们继续保持其权威，以便在较小的范围内实现相应的管理与服务职责。一体化的最终结果是按照功能分别组织起来的技术化管理的国际社会。这也许会最终发展为某种形式的世界性联邦，但它既不是必然的也不是必要的。传统的国家权力以及固有的民族文化认同基础将被腐蚀，原有的基于意识形态和区域等标准的政治划分观念将被一个技术化的社会界定观念——以满足世界人民需要为目标的国际市民社会——所取代。

功能主义的一个重要观点是合作自动扩展。所谓合作自动扩展，是指某一部门的功能合作将会推动其他部门的合作，亦即一个部门的合作是另一部门合作的结果，同时也是第三部门合作的动因。比如，当几个国家建立了共同市场后，就会产生一种内在压力与要求，推动它们在价格、投资、运输、保险、税收、工资、社会保障、银行以及货币政策等方面进行合作。最后，这些功能部门的合作将会形成一种功能性的互联网，逐渐渗透到政治部门。从根本上说，经济统一将为政治统一打下基础。

在功能主义设想中，面对日益增长的功能性机构所带来的收益，人们会将针对国家的忠诚转移到国际共同体方面，也就是说，一体化会促使人们将原来对祖国的忠诚转变为对功能性组织的效忠。因此，开展功能性合作有利于一体化的完成。功能主义理论对莫内、舒曼等欧共体创始人产生了十分重要的影响，20 世纪 50 年代初期“欧洲煤钢共同体”的建立就是按照这种方式进行的。不仅如此，当代政治一体化理论家的思想在很大程度上得益于“功能主义”概念 。功能主义的方法开始体现为一种和平的革新方法，对国际组织和一体化研究而言，其后的贡献在于代表着一种走向现代全球政治并且具有较为广泛认同度的理论方向。

（二）新功能主义

新功能主义作为 20 世纪 50—60 年代发展起来的一体化理论，是从功能主义理论中派生出来的，可以称之为一种介于联邦主义和功能主义之间的“折中”理论，它在很大程度上是对联邦主义和传统功能主义的融合。

新功能主义的主要代表人物有美国布鲁金斯学会会长厄恩斯特·哈斯（Ernest Haas）。以哈斯为代表的新功能主义者采纳了功能主义的路径，以社会多元论和利益集团之间的竞争为前提，把社会因素和超国家机构视为一体化进程中两个最重要的组成部分，并强调社会精英和政治家在这一进程中发挥着十分重要的作用，其基本分析单位是以领土为基础的国家体系。与功能主义相比，哈斯对欧洲一体化的研究重点是政治一体化进程。他认为：“政治一体化是一个进程，通过这一进程，几个处在不同国家环境中的政治行为体被说服将其忠诚、期望与政治行动转向一个新的中心，该中心的机构拥有或要求拥有对现存民族国家的管辖权。”利昂·林德伯格（Leon Lindberg）则更进一步地论述了欧洲各国开展外交合作的理论前景。在哈斯研究的基础上，林德伯格进一步指出，一体化是一个“各国放弃独立推行对外政策和关键性国内政策的愿望和能力，转而寻求制定共同决策或将决策活动委托给新的中央机构的过程”。但是，新功能主义与传统功能主义相比，其缺陷也显而易见。它低估了不同功能领域之间存在的本质差别，认为高级政治领域和低级政治领域只有程度上的分别，而没有本质上的不同。关于哈斯所谓的效忠转移和政治共同体的建立，20 世纪 60 年代中期以后出现的是戴高乐为代表的民族主义的重新高涨，国民对国家的忠诚并没有向共同体转移，甚至出现了相反的方向。超国家机构的权限没有得到加强，更不能奢望扩张至军事防务这样的高级政治领域了。至于超国家机构推动一体化发展的理论设想也没有得到实践的支持。可以说，经典的新功能主义对欧洲政治合作和共同外交的理论解释是颇具争议的。[①]

总体而言，两种功能主义都较为明确地论述了欧洲共同外交可能发生的政治背景，但也各有其理论侧重点。功能主义强调共同外交创立的前提是某些经济部门的功能整合，而新功能主义在强调经济领域一体化的同时，也指出各国间外交行为逐渐融合的重要性和必要性，因而较功能主义的论述更为全面与系统。此外，新功能主义还指出了欧洲共同外交发展过程中一个至为关键的问题——各国政治一体化可能导致的“超国家性”（super - nationality）。超国家性的本质在于国家主权的“共享”而不是主权

① 参见［比］古斯塔夫·盖拉茨、陈志敏《欧洲联盟对外政策一体化——不可能的使命?》，时事出版社 2003 年版，第 89 页。

的转移。外溢过程表明，一体化是一个导致政治共同体创立的过程，越来越多的国家主权将以国家间合作的方式被共享。因此，新功能主义较为准确地表明了共同外交的本质是一种权力的共享，这对共同外交的研究理论而言是具有重大意义的，尤其对共同外交的制度发展起到了积极的启迪作用。

三 政府间主义、自由政府间主义与欧洲共同外交

（一）政府间主义

从20世纪60年代中期起，政府间主义继承了大量现实主义传统，作为新功能主义的主要竞争对手出现在欧洲一体化的理论群中。到70年代初期，政府间主义已经获得了长足的发展。

政府间主义主要是关于国家间“讨价还价”的理论。在政府间主义对欧洲一体化的分析中，最具代表性的是斯坦利·霍夫曼的有关论述。该理论在分析欧洲一体化时，把成员国尤其是成员国政府当作首要的行为体，强调政府的优先选择和政府间的谈判。通过分析成员国政府采取的决策和行动，政府间主义对欧洲一体化进程的方向和速度作出了解释。政府间主义遵循现实主义的“国家中心论”传统，明确坚持以主权国家作为分析单位。其基本理论假定是：国际体系的本质是以民族国家为核心的自助式行为体系；在现实国际体系中只有国家是占主导地位的行为体，民族国家在欧洲国际关系中发挥着核心作用；一体化只有在符合参与这一过程的国家之利益条件下才能获得推动，而一体化的每一次实际进展都决定于成员国之间讨价还价的交易结果。

政府间主义认为国家的权力依然关系重大。一体化反映了政府的意愿，服务于国家利益并受到各国权力机构的控制。换言之，国家利益决定一体化进程的范围和深度，各国政府保持着对一体化进程及相关机构的控制。政府的主要目的是保护其地缘政治利益，比如国家安全与国家主权。在政府间主义看来，一体化既不是经由学

习和溢出效应而开始的自然生长过程，也不是各种制度安排约束下的螺旋式发展过程，相反，一体化是各民族国家博弈过程的结果。根据政府间主义者的看法，共同体层次的决策过程是典型的政府间政治活动，成员国政府和非政府组织在共同体框架下的活动实际上也是成员国国内政治活动的延伸，其目的在于通过对共同体决策施加影响而使其为本国国内政治服务。政府间主义还认为，聚合中的国家利益、政府间讨价还价以及欧盟进一步改革所受的各种限制，将在很长一段时间内决定欧洲一体化的发展速度和发展方向。在此过程中，民族国家的领导人的作用将至为关键。从总体来看，政府间主义主要揭示出这样一个客观事实，欧洲一体化的发展过程关键在于各民族国家之间的讨价还价，因而最终达成的结果只能是各国政策的最小公分母。政府间主义的这一理论要点同样对欧洲共同外交具有一定的理论启示。目前，诸多欧洲共同外交的研究开始关注欧盟成员国外交政策与欧洲共同外交之间的互动，试图发现后者发展过程屡遭挫折的症结所在，这种研究视角在相当程度上得益于政府间主义的启示。

（二）自由政府间主义

自由政府间主义的创始人是美国哈佛大学教授安德鲁·穆拉弗切克（Andrew Moravcsik）。他对欧洲一体化较为系统的解释始于他对《欧洲单一法令》谈判的思考。1991 年，穆拉弗切克在《国际组织》杂志上发表了“欧洲单一法令的谈判：欧洲共同体内的国家利益和日常管理”一文。1993 年，他又发表了“欧洲共同体中的优先选择与权力：一种自由政府间主义路径”一文，1998 年，他还发表了“欧洲的选择：从墨西拿到马斯特里赫特的社会目标和国家力量”。穆拉弗切克将其理论称为自由政府间主义，把关于优先选择形成的自由主义理论同对成员国之间艰难讨价还价的政府间主义关注进行了全新的综合，对斯坦利·霍夫曼等人的政府间主义进行了一定修正，以解释在欧盟框架下进行的政府间谈判的性质和欧盟的发展演变过程。

自由政府间主义有三个基本理论假设。

（1）在政治体系中，基本行为体是理性的、自主的个人和集团，这些个人和集团在自利和规避风险的基础上相互作用；

（2）政府代表的只是国内社会中的一部分人，在国际交往中这些人的利益决定着国家的利益和身份；

（3）国家利益的性质与结构决定了国家行为以及冲突与合作的模式选择。

在此理论假设的基础上，穆拉弗切克将自由政府间主义拓展为多层次研究欧洲一体化的理论体系。同时，这些理论假设也直接决定了自由政府间主义的核心内容。从这些基本理论出发，自由政府间主义的核心内容包括三个方面：一是关于理性国家行为的假定。理性国家行为并不意味着固定的优先选择，而是对国内政体以及政治过程的动态反映。理性行为意味着国家会采取最适宜的方式来实现其目标，其中，经济相互依存的成本和收益是国家优先选择的首要考虑因素。二是国家优先选择的形成取决于国内政治因素。只有通过国内政治路径才能解释国家的目标如何受到国内压力和相互作用的影响，而这经常要受到与经济相互依存密切相关的制约因素的影响。为此，穆拉弗切克提出了一系列的论点，例如，他认为理解欧共体成员国的优先选择和权力是对欧洲一体化进行分析的逻辑起点，而“理解国内政治是分析国家间战略互动的前提条件而绝不仅仅是补充”，“优先选择和战略机遇的需求与供给之间的相互作用影响了国家的对外政策行为”①。三是对国家间谈判的政府间主义分析。穆拉弗切克认为，成员国政

① Andrew Moravcsik, “Negotiating the Single European Act: National Interests and Conventional Statecraft in the European Community”, *International Organization*, Vol. 45, No. 1, 1991, pp. 651 – 688.

府在国家间关系中发挥着核心作用，欧洲一体化即是在成员国政府间交易的推动下进行的动态过程。穆拉弗切克运用交易成本理论和非合作博弈理论对指引国家间进行谈判的政府间主义分析所得出的论点是，一体化不是自动成长的过程，而是成员国政府理性选择和相互交易的结果。

相对于政府间主义而言，自由政府间主义关注到了国家之间相互博弈过程中非国家因素的相关作用，并指出一体化组织也是决定一体化进程的发展方向与发展速度的重要原因之一。它对欧洲共同外交理论的启示在于：共同外交的创建实则是各国之间对外政策经由相互博弈后所导致的协调性成果，且由于国家的理性行为，该成果也同样存在相当程度的理性。另一方面，共同外交的发展过程中将永远伴随国家之间的平等参与以及相互影响，其发展的程度将取决于各国之间协调的程度。

当然，自由政府间主义也存在一些理论不足。首先，自由政府间主义对一体化进程中许多重要因素没有给予应有的重视。这主要表现在：

一是穆拉弗切克没有充分注意欧盟对外战略选择的影响，也没有把安全政策包括进去，这使得有关共同对外行为内涵的论述受到一定限制。

二是在解释欧洲一体化时，穆拉弗切克仅仅注意到了经济相互依存这一促动因素，而忽视了来自政治方面的影响，这与欧洲一体化乃至欧洲共同外交的政治推动因素不甚吻合。

三是自由政府间主义过于重视正式的、最后阶段的决策，而忽视了非正式的一体化及其对正式决策者施加的限制。

其次，自由政府间主义不适当地强调了国家的以及国家理性的作用。实际上，国家的行为并不总是理性的，国家的政策形成过程中时常会有“黑箱”操作，而且目标的形成、战略的追求以及所采取的最后立场如同国内的政策制定一样存在无序的可能和不可预测性。

再次，自由政府间主义的理论体系缺少了反馈这一必要环节，未能论述欧盟系统中作为决策之后果的政策反馈的重要意义。对于行为体的利益和优先选择是否受到欧盟机构和一体化进程本身的影响，该理论几乎没有涉及。

最后，穆拉弗切克在对欧盟决策过程的分析中虽然涉及制度的作用，但仅仅把欧盟的制度结构视作依赖变量，没有研究欧盟的特性，未重视超国家组织和跨国行为体在政策制定过程中的重要性，其分析无法充分反映欧盟制度实际发挥的影响。与此相关，该理论低估了欧洲一体化进程中超国家行为体（比如欧盟委员会、欧洲法院）和跨国行为体（如欧洲跨国公司）所施加的影响。但值得注意的是，尽管政府间主义以及自由政府间主义存在诸多缺憾，但它着重指出了欧洲一体化的重要本质是各国平等博弈主导之下的一体化，这一点是应该值得肯定的。

四 结构现实主义与欧洲共同外交

自肯尼斯·沃尔兹 1979 年出版了《国际政治理论》一书之后，结构现实主义成为西方国际关系研究的一个主流理论。在结构现实主义的基础上，又分流出了两个支脉，即防御现实主义和进攻现实主义，但无论是防御现实主义还是进攻现实主义，都没有对欧洲共同外交的问题进行过专门的系统讨论。不过，我们仍然能够从它们的著述中找到相关的论述，并可发掘出它们对欧洲共同外交的理论启示或解释。总体而言，结构现实主义着重分析欧洲共同外交发展过程中的国际体系（格局）转换对欧洲共同外交的影响，同时对共同外交发展动力的相关影响因素也给予了一定的关注。

（一）防御现实主义与欧洲共同外交

沃尔兹是防御现实主义的代表人物，他所阐释的理论从多个侧面谈及欧洲共同外交发生的背景以及特性。首先，他在《国际政治理论》一书中，就已经从结构理论的角度分析了第二次世界大战后西欧一体化的成因，这是较为明确地论述欧洲共同外交之所以产生的背景原因。① 在他看来，西欧一体化的出现主要是多极体系向两极体系转变的结果。在战前的多极体系中，欧洲国家还是世界大国，大国根深蒂固的竞争观念使得在各国之间创造联合只能是一种不切实际的梦想，即使某些大国偶尔走向合作，也只是为了反对其他更大的强国。此外，各国对合作带来的绝对收益不感兴趣，相反，它们优先关注相对收益问题，并视相对收益为本国收益的最关键部分。苏联和美国两个超级大国的出现，导致战后世界格局形成两极体系，这种国际体系的变化为西欧国家开展大范围的国际合作创造了环境。在两极体系中，欧洲国家的主要安全威胁来自华约集团，而其最重要的安全保障来自美国。在这种背景下，欧洲国家对苏联威胁的安全忧虑取代了它们相互之间的安全忧虑；对合作所产生的绝对收益的追求取代了对相对收益的关注。欧洲国家无须担心合作带来的不均衡收益分配会增强另一个国家的实力，也不必担心他国实力的增强必然会对本国造成威胁。当然，欧洲共同体国家之间的安全忧虑的消失，并不意味着冲突烟消云散，但安全忧虑的消解的确改变了国家间冲突的原有本质。

其次，防御现实主义指出了国家之间政治合作动因与结构的复杂特性。沃尔兹认为，国家最根本的动机是获得安全，而不是一味地追求权力，这是新现实主义与摩根索为代表的传统

① 包括肯尼斯·沃尔兹在内的众多国际关系学者都没有直接提及欧洲共同外交或者其他更为明确的描述类术语，毕竟“欧洲共同外交”一词是在冷战结束后通过《马斯特里赫特条约》进入研究人员视野的新名词。但是，这并不妨碍国际关系理论发展过程中对欧洲共同外交发展过程的关注与分析。相反，正是诸多理论的争鸣造就了欧洲一体化进程中制度创新的理论基础。

现实主义的一大差别。与把权力视为目的的传统现实主义有所不同，防御现实主义把权力看作是一个可供选择的手段。国家拥有的权力过大或者过小都会产生一定的风险，权力太小会招致攻击，权力太大则有可能刺激其他国家，使它们增加军备并联合起来对付一国。因此，各国最关注的不是最大限度地增加自己的权力，而是维护它们在系统当中的地位。从国家追求安全的假定出发，沃尔兹认为，国际结构引起国家之间的相互制衡行为，或通过增强本国实力的内部制衡，或通过和其他国家结盟的外部制衡，各国实力一旦落后于别国，就会努力提高自己的实力，或者与其他国家携手。因为，没有一个国家希望任何其他国家取胜；各大国中没有一个希望它们当中的一员一跃而成为领袖，各国在相互之间的制衡中获得了安全保障，整个系统变成了一个存在内部制衡机制的稳定器。防御现实主义认为，进攻——防御之间的平衡往往严重偏向防御一方，这使得征服行为变得更加不可能实现。有效的平衡再加上防御要比进攻带来的利益多，必然会使强国不愿意采取攻击性战略。防御现实主义较为明确地解释了迫使欧洲国家发展共同外交的客观条件。更进一步来说，防御现实主义的理论解释比较适合于欧洲战后的实际情况。战后的欧洲各国，尤其是英、法、德三国，既欲恢复战前各自所拥有的强大国际地位与国家实力，却又无法凭借各自被战争严重削弱的国家力量来实现这一目标，因此转而寻求实现共同联合。但联合过程中的各国间竞争，导致国家间合作关系的多样性，英国促进法德和解与欧洲联合，却又极力超越于联合范围之外，以防止自身的特殊地位受到联合关系的破坏；法德之间则通过煤炭钢铁等重要经济基础领域的合作来增进共同利益，并有效牵制对方；而整个西欧又作为一个联合的团体在与美国的关系中形成了互助与竞争的局面。

最后，防御现实主义在某种程度上揭示了欧洲一体化进程乃至欧洲共同外交发展过程中所遭遇的合法性问题和发展潜力问题。1990年，沃尔兹多次引用并加以称道的两极格局突然崩溃。沃尔兹在1993年发表的“形成中的国际政治结构”这一篇文章中，对后两极系统之下的欧洲一体化的未来趋势作了深入探讨。他认为，欧洲一体化也许不会开倒车，但是，因为“它已经走得那么远，以致它不能走得更远”。显然，这个论调表达了沃尔兹对一体化进一步发展的高度怀疑。他认为，经济统一和政治统一是两件不同的事情，后者远比前者困难。一体化如果要继续前进，就需要实行共同外交与安全政策，不过要做到这一步，还需要克服重重困难。同时，沃尔兹也指出，有三个因素可能会促使欧洲走上政治统一或者对外政策一体化的道路：对统一后德国强大的忧虑，与美国竞争的需要，与日本竞争的需要。[①] 此后，沃尔兹进一步加强了对这一点的关注。在2000年发表的“冷战后的结构现实主义”一文中，沃尔兹把国际结构看成是一个单极系统，其中美国占据了唯一霸权国的位置。他认为单极系统是最不稳定的结构，这首先是因为，唯一的主导大国在境外承担了太多的使命，从长期来看，这种超负荷的使命会削弱霸权国家的主导能力。第二个原因是，即使唯一的主导大国行为收敛、节制或忍让，但是其他国家还是会担心霸权国家将来可能采取受约束的行为。就像人们在自然生活中害怕出现真空一样，国际政治也非常担心没有受到平衡的大国。所以，大国将试图促使国际力量分布恢复到均势状态。对于欧洲各国是否会出于平衡美国力量的考虑而加强联合趋势的问题，沃尔兹也表现出了一定的理论关注。他指出，在冷战时期，即使欧共体只有6个或者9个国家并且面临苏联军事威胁的情况

---

① Kennth N. Waltz, “The Emerging Structure of International Politics”, *International Security*, Fall 1993, p. 70.

时，也不愿意去制定共同外交与安全政策，那么，在比过去较少威胁以及有更多成员国的今天，更不能指望欧盟能有一个有效的一致对外政策。[①] 所以，尽管单极系统存在着推动欧洲一体化的结构要求，但这种要求似乎还没有达到促使各个国家放弃外交与防务主权，并能够推进欧洲对外政策一体化的程度。[②] 沃尔兹的理论分析已关注到欧洲共同外交与美国冷战后霸权的相互关系，但没有明确指出两者之间的互动关系。而现实情况是，尽管欧洲共同外交在其合法性以及发展潜力方面受到诸多阻碍，但欧洲各国依然尽力寻求促进共同外交进一步发展的途径。

（二）进攻现实主义与欧洲共同外交

进攻现实主义的代表人物是美国芝加哥大学教授约翰·米尔斯海默。在2001年出版的《大国政治的悲剧》一书中，米尔斯海默较为系统地阐述了进攻现实主义理论。如同防御现实主义一样，进攻现实主义也是国际政治的结构理论，强调国际政治的无政府状态，力量分布的重要性，无政府状态下的国家生存焦虑和自助原则，以及国家之间合作的困难。两者的不同之处在于，在防御现实主义看来，国际结构几乎不为国家提供任何寻求权力增生的诱因，相反，它促使国家维持现有的均势，守住权力而不是增加它才是国家的首要目标；而在进攻现实主义看来，“国际政治中几乎看不到维持现状的国家，原因是国际体系为国家牺牲对手以获得权力创造了巨大的诱因，当利益超过成本时，它们就会努力抓住这个机会，可以说，一个国家的中心目标是成为世界的霸主”。此外，虽然进攻现实主义和传统现实主义都强调权力的最大化，但它和传统现实主义不同的是，进攻现实主义认为国家

① Kenneth N. Waltz, “Structural Realism after the Cold War”, *International Security*, Summer 2000, p. 31.

② Ben Tonra, *The Europeanisation of National Foreign Policy, Dutch, Danish and Irish Foreign Policy in the European Union*, Ashgate, Burlington, 2001, p. 23.

对权力的追逐不是因为人类恶的侵略本性所造成的，而是一个无政府状态的国际政治结构所导致的结果。

进攻现实主义认为，在一个相互畏惧和奉行自助原则的体系中，“确保自己生存的最佳方式是成为体系中最强大的国家”，一个国家的实力越是强于对手，对手攻击和威胁其生存的可能性就越小。在对权力的追逐过程中，一国只有在获得霸权后，才会停止追求权力。同时，国家会采取各种各样的手段对均势进行有利于自己的改造，即使这种做法会使得其他国家产生怀疑甚至产生敌意。①

1990 年，约翰·米尔斯海默在《国际安全》杂志发表“回到未来，冷战后欧洲的不稳定”一文，就两极格局的终结对欧洲的影响描绘了一幅暗淡的前景。米尔斯海默认为，苏联实力从中欧退出后，将使欧洲从两极格局退回到多极格局。这个多极格局将和以往的多极格局一样成为地区不稳定的根源。就欧洲一体化而言，米尔斯海默认为，两极格局时代欧洲一体化的发展主要是两方面结构影响的产物：一是均势逻辑，一个强大和具备潜在危险的苏联迫使西欧民主国家联合起来对付共同威胁，使相互之间绝对收益的考虑压倒了相对收益的关注；二是美国霸权，美国通过北约对西欧提供安全保证，不但为西欧国家提供了对抗苏联的保护，而且还保证了西欧国家之间不会相互为敌。米尔斯海默举例论证了这一观点，他认为美国在西欧地区的存在，确保了德国能够重新武装而不致引起法国对德国再次发动侵略的担忧。美国霸权的存在既缓解了欧洲的无政府状态，又减轻了西欧国家之间对相对收益的关注，从而使得欧洲国家合作变得比较容易实现。在米尔斯海默看来，冷战结束

① ［美］约翰·米尔斯海默：《大国政治的悲剧》，上海人民出版社 2003 年版，第 46—47 页。

后，来自苏联的威胁也不复存在，这同时也意味着西欧通过联合以平衡苏联的需要也失去了意义；而且，一旦美国力量撤出欧洲，势必使得欧洲失去最后一个裁决人，欧洲国家将再次担心合作所带来的收益会产生分配不均和自主性丧失的问题，从而导致又一轮的国家恶性竞争。

与防御现实主义对欧洲一体化以及欧洲共同外交较为全面的启示相比，进攻性现实主义着重关注欧洲各层面合作在冷战后进一步发展的可能性。尽管这种关注较为单一，但却从两个方面给欧洲共同外交的发展前景提供了启示。第一，进攻现实主义揭示了冷战后国际格局转变的不确定性，既可能向单一格局转变，但更有可能向多极格局转变；这一点揭示出，未来欧洲必须面对的国际环境是一种各个行为体之间彼此制约的多极环境，而欧洲为应对来自这一多极环境的挑战必须作出新的选择——继续选择紧密的合作还是放弃合作方式来依靠单边力量参与多极格局的竞争？第二，进攻现实主义根据美欧之间关系的特征预测了欧洲政治合作的悲观前景。进攻现实主义认为，美国的参与以及压力是保证欧洲合作存在的重要条件，当美国的力量消失之后，欧洲的合作也可能失去进一步发展的动力。这一预测的潜在含义是，美国保持对欧洲的压力不变是包括欧洲共同外交在内的政治一体化建设的前提条件。应该说，进攻现实主义较为客观地指出了国际格局变化对欧洲共同外交的多重影响，也更加突出了欧洲共同外交中的美国因素。

五 建构主义与欧洲共同外交

冷战结束后，一种着重从社会学角度解释世界政治的理论——建构主义开始出现，并逐渐在西方国际关系研究领域中占据一席之地。1999 年亚历山大·温特通过《国际政治的社会理论》系统地提出建构主义国际关系理论体系，确立了建构主义理论在国际关系理论群中的重要地位。建构主义在此后的发展中分化为若干流派，主要以激进派与主流派为主要代表。

（一）建构主义的理论内涵

建构主义认为国家行为体是国际政治理论的重要分析单位。[①]民族国家关于身份的观念决定了国家利益的观念，而这样的利益观念又以决定性的作用影响着国家对外政策和行为。身份的观念是国家通过社会性实践活动中习得、在国际体系文化中产生的认识。身份观念分为四种类型：团体身份（corporate identity）（指国家作为客观存在的意识认知）、类属身份（type identity）（意指"政权类型"或"国家形式"等标签式的意识判别）、角色身份（role identity）（基于自我和他者之间关系的意识）和集体身份（collective identity）（一种群体中的自我意识）。[②]建构主义认为国家的这四种身份会在相关的国际合作中有所体现并决定国家间合作的方式和内容。

与现实主义不同，建构主义认为国际体系的本质是基于对物质力量意义认知的观念分配。观念建构了国际政治领域的利益和权力，没有观念的利益和权力就是没有意义的物质。文化观念的选择将会引发国际体系的变更，因为不同的国家在彼此互动的过程中，经由复杂的社会学习而形成新的集体认同，这将导致他们在群体中作出选择，由此推动国际体系发生改变。集体认同对于相关区域的国家是否开展合作以及以何种方式进行合作、合作的程度等起着决定性的作用。此外，建构主义还认为，认同不仅仅包括国家间的合作，还包括个人对国家间合作这样的国际体系变化的认可。从社会能否构成性地影响个人的思维，可以直观地推

---

① Matha Finnemore, *National Interests in International Society*, Ithaca: Cornell University Press, 1996, Chapter 1.

② ［美］亚历山大·温特：《国际政治的社会理论》，秦亚青译，上海世纪出版集团2000年版，第282—290页。

导出文化结构对于国家行为体认同的构成影响，因为后者是前者在国际层次上的相应扩大。建构主义部分地借鉴了马克思主义，对国家行为体的"主观能动性"作了充分的预期与肯定。建构主义认为，从"个人"到"国际体系"的跨度看似超越实际，但如果从人的意识这一角度出发，这种跨越并非不可能，反而有很强的现实意义。在社会生活中，个体的意识从属并依附于社会，且为社会所塑造。人作为特定的社会地位、特定的社会关系以及某些文化制度的承担者不可避免地成为社会的产物，受到社会因素的影响，并不能独立于社会而存在。在建构主义看来，个人与国家在观念层次上存在一定的相同之处。国际社会中的个体（国家行为体）也是社会动物，它的属性、意识形态也不能脱离于国际社会而独立存在，也必然受到国际社会制度的影响并以之为存在前提。①

集体认同与国家间合作方式的选择是建构主义的主要探讨内容之一。建构主义认为，集体认同形成的主要变量包括相互依存、共同命运、同质性和自我约束等几方面的因素。第一，相互依存是构成集体认同的必要条件。在此基础上，建构主义进一步把相互依存分为客观与主观两大类。客观相互依存是形成集体认同的基础，而只有主观上的相互依存才能建构集体认同。促成国际间合作的关键步骤是把客观相互依存转化为主观相互依存。建构主义认为"行动确定身份"，行为体根据新的身份采取行动，而通过相应的互动机制，与之相关联的他者也会依据新的身份行动；这样，通过复杂的社会学习过程，双方互动的结果不仅仅是制约给定身份行为体的规范，而且也将建构新的身份。② 此外，

① 郭树勇：《建构主义与国际政治》，长征出版社2001年版，第104页。

② 主观相互依存建构新身份的另一种情形是话语效应。［美］亚历山大·温特：《国际政治的社会理论》，秦亚青译，上海世纪出版集团2000年版，第434页。

相互依存向集体认同的转化还受到互动密度的影响。更进一步说，行为体数量的减少能够增强互动密度，提供相互依存，促进集体认同的形成。因为区域合作领域内涉及的行为体数量是有限的，彼此之间的客观依存度与互动密度都比较高，由此易于形成相互间的认同。同时，建构主义也提出，相互依存对集体认同的促进作用并非一成不变，集体认同的程度也并非越高越好。因为彼此之间不断增加的共同点可能让成员增加这样的担忧："如果同其他国家不再有区别，那么国家就没有存在的目的或者理由。"①

第二，建构主义解释了导致国家合作的动因与观念之间的关系。建构主义认为，共同命运可以导致相关国家选择合作，而合作行为的多次重复则会增强彼此的合作者角色的认同，国家原先的利己身份会逐渐被削弱，集体认同中的合作关系将因此而得到内化。因为"反复合作会导致促进行为体合作的思维习惯"②，这种反复合作主要体现为两种形式的相互依赖。一是促成互动的动力密度增加，例如贸易和资本流动；二是共同的外部威胁的出现，无论它是人格化的外部侵略者，还是像核战争那样较为抽象的威胁，抑或生态的毁灭。③

第三，建构主义认为观念引导国际关系变动存在很强的可操作性。在建构主义看来，国际关系在很大程度上是国家行为体互动与实践的产物，是一种"自我证实的预言"。当一种国际规范或集体记忆被假定，预言将呈现某种状态或向某个方向发展时，

---

① ［美］约瑟夫·拉彼德、弗里德里希·克拉托赫维尔主编：《文化和认同：国际关系回归理论》，金烨译，浙江人民出版社 2003 年版，第 82 页。

② ［美］亚历山大·温特：《国际政治的社会理论》，上海世纪出版集团 2000 年版，第 440 页。

③ ［美］约瑟夫·拉彼德、弗里德里希·克拉托赫维尔主编：《文化和认同：国际关系回归理论》，金烨译，浙江人民出版社 2003 年版，第 81 页。

由于有关国家可能按照“语言的逻辑”进行相似的话语实践与外交互动，结果被预言的东西往往就变成了现实。建构主义通过对这种“自我证实的预言”的观点阐释，强调了话语实践与文化因素的独立的甚至是比经济与政治因素更为深刻的作用。① 当然，话语以及文化这类抽象因素与政治和经济的关系也不可决然分割。这几类因素之间也存在一定的相互支撑关系。比如，社会政治经济制度相同或相似的国家在形成价值或观念的一致性方面具有相对较强的优势与可能性，这有助于增加相关国家对合作的积极态度，或至少可能会减少冲突的数量和严重程度。关于什么样的观念互动将会造成集体认同，建构主义认为，文化的（全球保护消费者权益活动的出现）和政治的（民主统治的广泛传播、福利的中央集权制、关注人权及其他）的价值观在国家之间的流动将促进集体认同。②

第四，建构主义指出，观念本身存在很强的可变化性，这使得国际合作的形式也多种多样。集体认同因事件、时间和地点的不同而发生变化，也因为自身是双边的、地区的或者全球的而有所改变。③ 在不同的群体之间，观念的作用在于使一个群体区别于其他群体，并因而产生共同归属感。共同体的形成不仅要求共同体内部在各主权国家之间形成一种“我”与“他”不分彼此的集体认同，而且共同体对外要体现出它与国际社会在文化结构上的一定差异。也就是说，共同体的存在要以外来世界的差异与承认为前提。④

总体来说，建构主义认为，观念是导致国际体系产生变化甚

---

① 郭树勇：《建构主义与国际政治》，长征出版社 2001 年版，第 105、107 页。

② ［美］约瑟夫·拉彼德、弗里德里希·克拉托赫维尔主编：《文化和认同：国际关系回归理论》，金烨译，浙江人民出版社 2003 年版，第 81 页。

③ 同上书，第 79 页。

④ 郭树勇：《建构主义与国际政治》，长征出版社 2001 年版，第 226 页。

至形成新的国际格局的重要因素。观念是动态发展的，它可以直接通过国家之间的话语体系及其交流、沟通方式表现出来，也可以间接地通过共有的象征、符号和标志得到体现。观念赋予物质力量以意义，而物质力量则决定国际结构。在建立共同外交体系的过程中，欧洲有意识地树立欧洲特性的价值理念，建设有别于“他者”的集体身份，试图以“价值共同体”形式将欧洲打造成为强大的国际力量。建构主义的主张与欧洲共同外交建设对观念因素的重视，绝不仅仅是巧合，其间存在着理论与实践的复杂互动关系。

（二）建构主义对欧洲共同外交的理论指导意义

建构主义在国际关系理论中确立其地位的时间是冷战结束之初，这与欧洲面对的剧烈变化的国际环境有密不可分的联系。如何用武力之外的手段来影响和塑造世界，是建构主义重点关注的内容，更是欧洲共同外交必须思考的问题。在某个意义上说，同样的国际环境对于建构主义的理论发展和欧洲共同外交的发展方向有同样的挑战，而两者之间在发展过程中也必然产生理论与实践互动的关系。

第一，建构主义将欧洲共同外交的发展历程阐释为从观念到行动的逐一演进过程。从欧洲共同外交的发展历程来看，基本上与建构主义所设计的逻辑顺序是相一致的。欧洲国家通过观念以及客观环境的推动开展区域经济合作，由此实现多项观念上的认知发展：国家通过经济合作可以实现对福利增长和经济安全的要求；经济合作能够有效地保持自身经济体制的有效运转；一个国家在国际体系中的角色身份对体系中不同的国家来说是不同的；以角色关系为标准确定一国是否与他国开展合作；合作伙伴范围内的他国利益与本国利益紧密相关，是本国利益的外延或扩大部分。相比来说，建构主义对相互依赖的解释更进一步，在更为客观的基础上分析了推动国家间合作的内在动因，这就是身份认知与利益认知。这种观念的因果力量在于它不仅能使合作的可行性和可靠性得到增强，而且使合作的范围得以扩大、合作的稳定性也得以提高。因此，对于区域合作来说，区域集体认同的形成，包括其形成的机制和进程是至关重要的。

第二，建构主义在对建设共同外交的同时，对欧洲政治认同的重视再次提高到一个新的高度。早在1973年的哥本哈根峰会，欧洲就已经通过“欧洲认同宣言”，第一次提出了政治意义上的欧洲认同的建设。① 可以说，有关政治认同等问题的价值判断一直是各国政要与民众优先考虑的问题。欧洲一体化进程既是成员国为维护自身利益而展开谈判的过程，更是成员国之间交流与更新观念、彼此产生价值认同的过程。正如1984年欧共体理事会的主席声明所言：“共同体最重要的目标是满足欧洲人民的期待，采取措施强化和促进它在欧洲人民心目中与在世界上的认同和形象。”而《马斯特里赫特条约》则在制定欧盟共同外交与安全政策之时，将其目标确定为捍卫欧盟共同价值、基本利益和联盟的独立，发展并巩固民主、法制，尊重人权和基本自由。建构主义将观念认同推广到区域、国家和个人的若干层次，这对于建设给予公民认同的欧洲共同外交有一定的理论启迪。在某种程度上，欧盟共同外交与安全政策作为共同外交体系的政策性支柱的同时，也可以看作是观念、信仰和规范等因素通过制度安排方式获得认同的成果。而受此影响，与价值观紧密相关的议题成为欧洲对外交往的重要目标，比如1993年欧盟确定东扩的标准，就要求申请国以欧盟成员国为标准建立稳定的机构以保障民主、法治、尊重人权和保护少数民族权益，实行市场经济制度，以此来保障欧洲公民的权益。“欧洲认同”这一标准欧盟扩大过程中引

① 范勇鹏：“如何看待欧洲认同问题？以政治参与为视角”，《欧洲研究》2007年第6期。

起巨大反响，甚至前苏联的盟国乌克兰以自身的欧洲文化特性为主要理由，希望说服欧盟同意其加入。1996 年 2 月，时任乌克兰总统的库奇马宣称：“乌克兰文化的根源是欧洲基督教文明，这就是我们为什么把自己的家首先确定为欧洲的原因。”1999 年时任乌克兰外长的 Boris Tarasiuk 则更为明确地宣布：“欧洲观念已经成为乌克兰的国家观念以及社会稳定的因素。”① 进入 21 世纪后，欧洲以更为坚定的姿态来确定其内政外交的政策目标，并重点突出欧洲的价值观理念。《里斯本条约》也明确规定：“欧洲联盟建立在人民享有尊严、平等、自由和团结这些内在而普遍的基础之上、民主与法治是其根本原则。通过建立欧盟的公民制度和努力创造自由、安全和正义的欧洲，欧盟将一切活动均围绕人这一中心展开。”②

第三，建构主义对观念及其功能的重视，在与欧洲共同外交密切相关的欧洲形象塑造过程中也起到了一定的理论指导意义。文化观念对于国际形象和国际影响力的塑造作用，已经成为当今国际关系中不争的事实。从观念出发，内部增强欧洲的凝聚力，外部增强欧洲的吸引力，也已成为欧洲一体化进程的重要组成部分。另外，发展文化产业作为一种手段，也逐渐被纳入欧洲共同外交的实施方式范畴之中。在具体的影视业、出版业、电子产品等方面，欧盟强调利用统一大市场及文化财富的优势，不断改良技术，积极参与国际事务，传播欧洲的独特文化。在发展欧洲与第三国关系的过程中，欧盟一方面通过参与联合国教科文组织合作来扩大影响，另一方面也开展对第三世界的合作与资助，以便

---

① R. Solchanyk, *Ukraine and Russia*: *The Post – Soviet Transition*, Rowman and Littefield, Lanham, MD, 2001, p. 94.

② 《里斯本条约相关部分》，参见欧盟官方网站文件，CHARTER OF FUNDAMENTAL RIGHTS OF THE EUROPEAN UNION，参见 http://eur – lex. europa. eu/LexUriServ/site/en/oj/2007/c_ 303/c_ 30320071214en00010016. pdf。

让世界更多地了解欧洲和欧洲人的理念，进而拓展欧洲的国际影响。

第四，建构主义对于文化观念的发掘，在一定程度上促使欧洲开始思考这样一个问题：欧洲是否可以从文化角度着手解决“东西方分裂的欧洲”这一局面。尽管雅尔塔体系曾经在事实上将西欧与中东欧分成了两个世界，但欧洲共同的文化背景与欧洲一体化所产生的巨大经济成就，将对冷战后的中东欧国家产生强烈的吸引。对中东欧国家来说，欧盟是其文明归属的“精神家园”，特别是加入欧盟有助于实现其“欧洲梦”，改变其国家属性，彻底摆脱雅尔塔体系强加的文化概念，回归它们的哲学和文化及基督教故乡。[①] 冷战后，欧盟与东欧国家在文化领域开展了广泛合作。这种接近具有战略意义，是欧洲谋求强大、争取成为冷战后国际格局中重要一极的必要途径，这既是泛欧思想的具体反映，也是欧盟加强自身文化认同的重要举措。

第五，建构主义对于观念因素的充分阐述，同样凸显出了另一种可能性，即如果观念问题无法有效解决，观念手段无法有效应用，则必然导致欧洲对外交往能力的降低。建构主义认为，在无政府状态下，奉行理性自私的民族国家要步入集体认同之途，面临的根本障碍是“对一旦转向集体认同会否被强大的‘自家人’吞掉而心存疑虑”[②]。

与美国作为一个纯粹的民族国家相比，欧洲乃至目前世界上一体化程度最高的欧洲联盟，其本质为“国家群”，或称为特定国家的集合体，在共同的理想与意识形态之外还存在诸多的文化差异。大多数欧盟领导人意识到，意识形态上的热情和人民的忠

---

① 张骥、闫磊：“论欧洲一体化进程中文化因素的影响”，《当代世界社会主义问题》2004 年第 1 期。

② 郭树勇：《建构主义与国际政治》，长征出版社 2001 年版，第 185 页。

诚是衡量一个政治群体内成员政治使命感的关键性评价指标。这种热情和忠诚曾经极大地鼓舞了美国的宪法起草者和那些愿意为美国殖民地独立而作出最大牺牲的人，并最终推动美国获得了政治上的独立，但欧盟在这一指标上的表现却差强人意。到目前为止，并且在可以预见的未来，没有一个“欧洲人”会愿意为“欧洲”而献身。而事实上是，欧洲人更愿意认同某些价值观。根据理查德·罗宾的实证研究，“欧洲人不愿意为布鲁塞尔而死，但与以前相比，也更不愿意为国家而死；他们更愿意为某些价值观原则而献身”①。

相比较于其他几种国际关系理论而言，建构主义拓宽了欧洲共同外交的运作范畴和领域，它使欧洲共同外交的建设目标努力向这样一个事实靠近：外交不仅仅体现为维护物质利益与“硬实力”，实际上，外交与“软实力”以及维护非物质利益和价值都有密切关系。② 这意味着，建构主义将在欧洲共同外交的文化外交支柱建设方面起到一定的理论诠释作用。

综上所述，每种理论和流派都反映了欧洲一体化的部分现实，同时也对欧洲共同外交的进展和理论研究提供了相关启示。同时，各种理论又都有不同的侧重点，从而在各个方面对欧洲共同外交给予了更具体的分析研究。联邦主义从高端着眼，关注了欧洲一体化进程的制度模式选择；而功能主义与新功能主义则从一体化具体操作手段入手，关注发展模式选择；（自由）政府间主义关注欧洲一体化的内在范畴，分析了一体化发展进

---

① Richard Robyn ed., *The Changing Face of European Identity*, London & New York: Routledge, 2005, p. 234. 转引自范勇鹏“如何看待欧洲认同问题？以政治参与为视角”，《欧洲研究》2007 年第 6 期。

② Presentation by Giis de Vries at the conference of the Goethe Institutue and the European Cultural Foundation under the auspices of the German Presidency of the EU, *Shaping Soft Power—Cultural Relations as a Dimension of EU Foreign Policy*, March 2007.

程的本质并提出了理性的警告；防御现实主义以及进攻现实主义则关注外部环境变化，并对其合理性以及发展进程的影响程度作出相关评论。虽然这些理论均有重要的参考价值，但同时它们也都有一定的局限性。从欧洲一体化本身来看，它是一个多层次、多方面的复杂演化过程，仅仅从一个角度进行静态观察，是不可能看到其真实面貌的，正是在这个意义上，笔者认为，众多流派的一体化学者们的研究工作如同盲人摸象，每个人看到的或者说能够解释的都只是一体化进程的某个具体部分。不过，尽管有不可避免的局限性，但他们对共同外交研究的理论贡献仍然值得肯定。

第四节 欧洲共同外交的特性及相关问题

从上文对欧洲共同外交相关研究理论的简单评述中可以看出，这些理论所提供的共同外交研究模式，实际上是其解释与分析欧洲一体化过程所采取的研究模式的翻版，尽管从总体看来，这些理论解释从各个方面提供了分析共同外交的思路，但由于历史条件所限，却未能提供与欧洲共同外交密切吻合的系统研究模型。笔者认为，对欧洲共同外交给予恰当的关注尤其是分析欧洲共同外交的结构与功效时，必须思考以下几个问题。

第一，欧洲共同外交是一个发展过程还是终极目标。对欧洲各国而言，这个问题实际上在诸多事务中已有了反复的讨论。因此，是否应该中断本国独立的外交政策而加入性质尚不明晰的欧洲共同外交，这一问题势必引起所有欧盟成员国家的疑虑和思考。但遗憾的是，直到如今，包括最权威的欧洲理事会在内的欧洲一体化组织与推进者都未能提供有关共同外交性质定位的确定解释。导致这一现象的原因是多方面的。从大环境来看，欧洲一体化的称谓固然重要，但关键之处还是要看其一体化实质形态能够发展到什么程度。在欧洲一体化最主要的标志性组织——欧洲联盟——的发展目标且未能定论之时，共同外交的定位之难也就可想而知了。因此，从长远来看，欧洲一体化面临的最大挑战是缺乏明确的发展目标。如果以欧盟为核心的欧洲不能确定一个明确的发展目标，那么，一体化进程中的任何政策都只能是一个阶段性的举措，例如，欧盟共同外交与安全政策就属于这种尚且不能最终确定其性质与地位的对外政策，而欧洲共同外交也只能是迈向某个终极目标的发展过程。

第二，欧洲共同外交建设是否有阶段性。这个问题与欧洲共同外交的性质定位紧密关联，如果欧洲共同外交使发展过程的认识得以成立，那么欧洲共同外交的建设必然存在阶段性。这里需要明确两点，首先，阶段性的存在，意味着各国对于外交政策共同化以及外交主权的让渡有一个自然的适应过程；其次，阶段性的划分，表明共同外交的建设过程存在着速度与步骤是否均衡或适当的问题，以及各成员国接受共同外交这个一体化号召之决心大小的问题。在有关共同外交是否存在阶段性的分析中，还必须考虑到如下问题，制定与实施外交政策所涉及的手段与工具的重合是否会随着各国意愿的趋同而有效实现？是否在某个阶段可以将具体的外交政策目标与手段重合？从欧洲一体化的过程本身来看，经济政策趋同先于政治行动趋同的事实，已经揭示出欧洲共同外交建设必然分阶段进行的本质要求。但是，仅仅将其分为经济政策趋同阶段与政治政策趋同阶段，还无法深入考察欧洲共同外交的内在本质，也无法全面了解其影响因素，因此，在有关欧洲共同外交建设的阶段划分方面，还有诸多问题有待深入探讨。

第三，欧洲共同外交的权力重心归属问题，即决定权力属于欧洲联盟（一体化组织）层次还是民族国家层次的问题。必须指出的是，尽管政府间主义指出了欧洲共同外交的发展过程本质是国家之间合作博弈过程，但共同外交本身的阶段特性有可能导致这样一个结果，即政府间主义的博弈仅仅是为创造一个超国家主义的成果而做准备。目前看来，欧洲共同外交包含了三个方面的对外行为，即共同体的对外行为、欧洲联盟对外行为与成员国的对外行为。因此，欧洲共同外交从总体上来说是一个内部因素相互影响的行为体系，这三个方面的对外行为可以称为欧洲共同外交的“亚体系，但也可以称为支配体系”①。从共同体、欧洲联盟、成员国三个层次来看，它们分别代表了超国家主义、政府间主义、现实主义的三个层次，而这三个层次的区分标准则是权力的归属走向。显然，超国家主义体现得越突出，共同外交所遇到的阻力就越小，共同外交得以成功推行的几率也就越大。但实际上，国家之间的力量角逐以及天然的求强好胜的国家价值取向，又使得政府间主义与现实主义在成员国家的外交战略考量中占据重要的理论指导地位。因此，对欧洲共同外交展开研究，不仅要分析该过程中是共同体还是国家抑或欧盟在起主导作用，更要深刻理解这些对欧洲共同外交产生重大影响的理论观点的具体内涵。②

第四，成员国哪些外交职能需要转让，以及如何界定欧洲共同外交与民族国家自主外交的权力划分范围。在欧洲共同外交建设方面，权力归属以及权力转移在不同的发展阶段和领域有着不同的具体要求。在一体化程度最高的经济共同体内，成员国家和经济共同体委员会的权力划分充分显示了这一复杂特征。共同体的权力分为如下几类：一是排他性权力。一旦欧洲共同体在特定

① Brian White, *Understanding European Foreign Policy*, Palgrave Ltd., 2001, p. 24. Also see Brian White, “The European Challenge to Foreign Policy Analysis”, *European Journal of International Relations*, Vol. 5, No. 1, 1999, pp. 37-66.

② Roy H. Ginsberg, *The European Union in International Politics*, New York: Rowman & Littlefield Publishers, Inc. 2001, p. 33.

对外经济问题上被赋予排他性权力，欧共体将垄断所有的决策权力，并代表成员国在国际社会中采取统一行动，各个成员国不能在这些问题上采取自主政策和行动，也不得采取任何妨碍欧共体行使排他性权力的行动。二是替代性共有权力。替代性共有权力是指在某一个事务领域，欧洲共同体和成员国分享管辖权。在欧共体不能或不再行使该权力的时候，成员国可以行使该权力。但是，当欧共体行使该权力时，成员国将失去行使该权力的可能。替代性共有权力主要出现并存在于欧洲一体化初期，或者是某个新近纳入一体化范围的功能领域，其主要目的是为了避免出现法律真空。随着一体化进程的加速，这种权力将逐渐过渡演变为由欧盟/欧共体行使的排他性权力。[①] 不过，尽管欧洲共同体所创造的权力分层提供了有益的经验模式，但对诸多尚未被纳入共同外交的领域而言，权力的归属与转移仍旧是一个未知数。正是基于这一原因，有关欧洲共同外交究竟为超国家主义过程还是政府间主义过程的争论一直难以尘埃落定。

第五，如何实现并保证欧洲联盟一级共同外交权力的合法性与民主性。无论是超国家权力还是政府间权力，都必须考虑到民众意志的向背问题，具体而言，即欧洲公民是否对欧盟层次的共同外交权力持肯定态度。在欧洲一体化进程中，国内政治民主与国际政治民主均要求保证实现以下若干环节：对外政策的制定必须经过法定意义上的民主决策过程；对外政策的实施过程必须受到民主的监督，尽管这种监督不可能是直接的；外交效能必须接受民主考察，尤其是在外交结果不令人满意之时。当人们分析欧洲共同外交尤其当它代表一体化的欧洲之时，更应该看到，欧洲公民的关注与推动是不可忽视的因素。欧洲

---

① 隋伟、杨明光：《欧洲联盟法律制度简论》，南开大学出版社 1998 年版，第 150 页。

公民不仅要求其意志在共同外交中得以体现，并且要保证自己的利益不会因为不恰当的外交政策而受到损伤。如果具备一定行动能力的欧洲一体化组织（例如欧洲联盟外交委员会）或者共同外交与安全政策的高级代表能够充分表达而且保护成员国民众的意志，则欧洲共同外交就有了充分的民主以及法制保证。但是，就当前欧洲共同外交的发展状况来看，如果执行外交政策的个人或机构仅仅是发号施令而无法承担因为外交失误而带来的法律责任，那么，众多的成员国是不会很满意地将主权移交给这种机构的。①

① 参见姚勤华“欧盟范式的国家间关系：主权、民主与认同”，《世界经济研究》2003 年第 9 期。

第三章　欧洲共同外交的经济外交支柱

从20世纪50年代初起，欧洲国家开始启动欧洲一体化的进程。在此过程中，每一个欧洲国家都面临着相关的战略选择问题，即是否参与、怎样参与欧洲一体化的问题。在这一关键问题上，对国家利益与战略目标的判断成了最基本的要素，尽管在这一事关欧洲命运的历史转折点上，欧洲国家大都认可欧洲联合的观念，也都清醒地认识到战后欧洲的艰难处境，并因此赞同欧洲的一体化。但是，不同国家对于本国利益的认识仍然存在重大差别，直接导致它们对欧洲一体化的必要性和实现方式存在不同意见。在此条件下，将当时依然属于高度主权领域的政治合作与外交协调作为一体化初期的建设任务，不仅是不可能的，更是与当时国际环境不相容的。因此，欧洲各国在启动一体化时期绕开了高度敏感的政治外交领域，而把煤炭钢铁领域的联营作为一体化起步阶段首先需要解决的问题。从煤钢共同体开始，经济领域的一体化逐渐扩展到原子能开发利用、自由贸易、关税调整、农业政策统一以及统一大市场等领域，直至当前的欧洲货币一体化。经济一体化的过程，同时也是欧洲以一体化的经济领域开展对外经济交往的过程。在这个漫长的过程中，欧洲不仅维护并提高它在世界经济中的地位与收益，同时也利用经济纽带增强了欧洲各国乃至整个欧洲的世界影响力。因此，从欧洲一体化的宏观过程来看，欧洲的对外经济联系已经在相当程度上履行了政治外交功能，构成了当今欧洲共同外交的经济外交支柱。此外，从20世纪70年代开始，欧洲各国在推进政治合作的同时，就已经开始逐渐利用经济手段为其外交与政治目的服务。而当欧洲一体化发展到欧洲联盟阶段、欧洲政治合作同时也转变为欧盟共同外交与安全政策之时，经济外交的功能与地位更为明确，经济外交本身也成为欧洲共同外交宏观体系中的三大支柱之一。

第一节　欧洲经济外交支柱的起源及意义

一　一体化早期经济外交产生的原因

尽管欧洲各国早在第二次世界大战结束之时就已经将经济领域内的合作与协调作为首要的对外交往任务，且把这一步当作欧洲一体化的起点，但当时欧洲政治领导人并未赋予其鲜明的外交标签。因此，在当时欧洲领导人为推动欧洲一体化起步而发表的大量演讲中，基本上没有直接论及“经济外交”的言辞。但是，如认真回顾一下欧洲一体化的发展历程并分析有关的文献资料，仍可发现一体化措施中包含着经济外交成分。

第一，由于推动早期经济合作的人员具有外交身份，欧洲经济合作不可避免地具有了外交特色。欧洲一体化是从经济领域的合作起步的。这一时期，煤炭钢铁行业属于国家战略资源领域，煤钢联营也自然属于欧洲国家之间的外交范畴，因此，各国外交人员自始至终地参与了有关煤钢联营的谈判过程。由于这些人员的外交身份以及固有的外交思维，即习惯于将某个具体事务与国家外交战略结合起来，因此使得日后的经济合作充满了外交的特色，并且也为日后发展政治合作与共同外交奠定了基础。此外，这些外交人员的共同特征是，他们都是坚定的联邦主义或者邦联主义者。尽管联邦主义者和邦联主义者在欧洲联合方式等问题上存在一定分歧，但在将经济事务与国家战略、外交政策的有机结合方面却有诸多共同之处，所以，这些政治理念也逐步地灌输到经济合作过程之中。这方面的例子不胜枚举。第一次世界大战期间，让·莫内本人曾在协约国的物资供应部门和运输联营部门工作；第二次世界大战期间，他又在同类性质的法英协调委员会工作，这些非常重要的工作经历和从中获得的促进合作成功的经验，为让·莫内设计煤钢联营方案提供了重要基础。在20世纪40年代末50年代初曾任法国政府总理和外长的罗伯特·舒曼是一位促进法德和解、欧洲联合的卓有远见的政治家，他不仅走在欧洲联合运动的前列，更对欧洲早期经济外交起到了积极的推动作用。在著名的《舒曼宣言》中，舒曼提到以下规划：煤钢生产的联营将为经济发展提供共同基础，而这又是实现欧洲联邦的第一步，必将改变那些长期从事军火生产的地区的命运，这些地区原本也是军火的最大牺牲品。显然，以这种方式建立的生产联营将使法国和德国之间的战争不仅不可想象，而且在物质条件上也是不可能的。煤钢联营创造了一种强劲的经济运作模式，不仅对一切具有参与意愿的国家保持开放，而且能为成员国在同等条件下提供更为优良的工业生产基本要素。因此，这种生产单位的建立既为经济联合奠定了基础，同时也为其他领域的经济联合提供了可借鉴的模式。与此同时，联邦德国总理兼外交部长阿登纳为了争取德国独立并实现法德和解，支持建立一个欧洲联邦。在实践中，他积极支持德国参加煤钢共同体、欧洲经济共同体等欧洲联合组织。同舒曼一样，阿登纳也对欧洲经济外交起到了积极的促进作用。50年代中期，意大利外长马蒂诺促进了墨西拿外长会议的召开，正是在该会议上确定了建立欧洲共同市场的基本设想和目标，墨西拿外长会议由此而成为欧洲统一运动从单一部门一体化转向整个经济领域一体化转变的起点。① 可以说，

① 胡瑾、郇庆治、宋全成：《欧洲早期一体化思想与实践研究》，山东人民出版社2000年版，第78页。

经济外交的出现与政治家以及外交家们的远见卓识和大力推进是分不开的。

第二，早期经济合作措施创立了欧洲一致对外的经济身份与机制，使其外交特色更加明显。欧洲煤钢共同体的建立，对于欧洲共同体所作的一个重要贡献就是进行了超国家财政调节的成功试验，建立了国际化的财政预算收支的雏形。煤钢共同体通过煤钢营业税的收入，保证了独立财政税收的来源，有效实现了各种政策和措施，巩固并完善了煤钢共同市场，统一协调了同欧洲以外国家和地区的经济交往关系，并且开创了超国家财政的先例。在以后的三个共同体联合的道路上，煤钢共同体起了十分重要的示范作用。在这个意义上，煤钢共同体创立的对外贸易制度以及其机制作用，不仅是欧洲一体化的雏形，而且也是创立欧洲共同外交的雏形。

第三，早期欧洲经济合作是美国推动之下的重要举措，因而经济合作本身具备了对美外交的政治特色。美国在战后欧洲一体化进步各阶段中扮演着推动者的角色。第二次世界大战后，美国为了进一步遏制苏联，决定与西欧各国共同组建以美国为领导的北大西洋军事同盟。为让北约能够尽快发展，美国对欧洲一体化表现出了异乎寻常的热情，积极支持，主动促进。当然，美国促进欧洲一体化的动机，也具有相当的经济考虑成分。美国认为欧洲一体化所采取的取消欧洲国家之间关税壁垒的举措对美国经济有利，因为一个整体的欧洲可能成为美国较好的出口对象。美国通过对欧洲煤钢联营的经济援助，以及在关贸总协定中支持欧洲经济共同体等具体行动来推动欧洲一体化。① 当然，对于欧洲而言，在经济领域开展国家联合，不仅是消除战争影响、增强欧洲

---

① 叶江：《解读美欧：欧洲一体化进程中的美欧关系》，上海三联书店 1999 年版，第 116—118 页。

整体实力的重要举措，同时也是为了尽快获得美国核保护而采取的外交手段之一。

二　一体化早期的经济外交实践

在煤炭钢铁领域开展的经济一体化工作产生了可观的经济与社会效益，尤其是它所带来的国际影响使得欧洲各国增强了进一步拓宽经济一体化范围的决心。在此基础上，欧洲的经济外交也逐步发展起来。

（一）明确提出对外贸易是欧洲内部经济联合的目标之一

1957 年，法国、德国、意大利、荷兰、比利时、卢森堡六国在罗马签署了《欧洲经济共同体条约》和《欧洲原子能共同体条约》，统称《罗马条约》。《罗马条约》于 1958 年 1 月 1 日生效，欧洲经济共同体和欧洲原子能共同体宣告成立。《罗马条约》申明，各成员国“决心在欧洲各国人民之间建立愈益密切的联合基础”，“消除分裂欧洲的壁垒”，“保证他国的经济和社会的进步”，“不断改善人民生活和就业的条件”，“保证稳定”，并“通过共同贸易政策”，“为逐步废止国际交换的限制作出贡献”。《罗马条约》的意义在于，从条约文本上首次确定了欧洲经济一体化的发展目标之一，是确立欧洲共同的对外贸易政策。此外，共同对外贸易政策与诸多欧洲各国急需解决的工作课题联系在一起，确立了欧洲国家内部发展与欧洲同第三国之间外交的有机联系。对外经贸政策的基石是关税同盟，从某个角度来说，关税同盟也是西欧经济一体化的起点和基础。关税从来都隶属于民族国家主权的重要范畴，因此，关税同盟涉及了一国对外关系中的重要权限。当关税同盟启动之后，欧共体需要适用一个统一的针对第三国的贸易政策。其理由是，如果成员国仍然可以自行实施针对共同体成员国之外第三国包括限制进口措施在内的贸易政策，这必将导致成员国之间扭曲的内部竞争，会严重影响共同体内部市场的健康运行。①

（二）整合经济一体化的组织机构，进一步拓宽欧洲对外经济联系的渠道与范围

1965年4月8日，法、德、意、荷、比、卢六国在布鲁塞尔达成协议，将以上三个共同体合并，统称为“欧洲共同体”。1968年7月，共同体成员国之间提前取消全部关税和贸易限额，对外实行共同关税，建立了六国工业品关税同盟。这不仅促进了成员国间贸易的发展，而且加深了各成员国在贸易、生产和金融领域里的相互依赖与相互影响，提高了西欧在世界市场竞争中的地位，为一体化深入发展奠定了基础。与经济一体化的最初发展内容相对应，这一段时期的欧洲共同体对外经济关系的发展步骤主要体现为贸易政策方面的调整。

1. 外贸方面

从1970年1月起，共同体基本制定并实施了共同的外贸政策，逐步在关税调整、贸易和关税协定缔结、进口配额、出口政策等方面确立了一致的原则。从1973年1月起，共同体又实行了完全统一的外贸政策。统一外贸政策的形成，有效整合了欧洲各国对外贸易的影响力，并通过贸易将欧洲与原有殖民地之间的关系进一步稳固下来，使得这种特权关系从欧洲国家层面上升到欧洲地区层面，首次强化了欧洲对发展中国家的整体影响力。正如第一届欧共体委员会主席沃尔特·霍尔斯坦所说的那样，“非常重要的是，（欧洲）共同体能够以一个声音说话，并且在对外经济关系中，作为一个整体与世界上其他国家

① Lukaschek, Anita and Weidel, Birgit, “Exclusive External Competence of the European Community”, in Griller, Stefan and Weidel, Birgit eds., *External Economic Relations and Foreign Policy in the European Union*, Springger - Verlag Wien, 2002, p. 120.

打交道”[1]。

2. 农业政策

1962年7月，共同体开始实行共同农业政策。1968年7月，实行农产品统一价格制度，并于1969年取消农产品在共同体内部的关税，对外征收差价税，从而实现了成员国间农产品的自由流通。共同农业政策的实施，对于建立农产品内部市场、推动农业生产的发展具有重要作用。特别需要注意的是，由于欧洲人口密集、地域狭小的特点，欧洲一直是世界上重要的农产品交易方。[2] 共同农业政策的出台，基本上为以后欧洲与其他国家和地区的农产品贸易联系设定了统一的对外联系机制，使得欧洲成为影响世界农产品贸易的重要力量。

3. 启动了金融领域的国家间合作，进一步拓宽了经济外交的模式选择范围

为了摆脱美元的控制和冲击，协调成员国的经济、货币和财政政策，1970年10月，理事会通过决议，计划分三个阶段建立欧洲经济和货币联盟。由于第一次石油危机所带来的世界性经济危机的冲击，该计划陷于停顿。1978年12月在布鲁塞尔召开的共同体首脑会议决定建立欧洲货币体系，并于1979年3月正式实施（英国暂不参加）。内容包括：创设欧洲货币单位，逐步作为成员国中央银行的结算货币；成员国货币之间实行可调整的固定汇率制，对外则实行联合浮动汇率制等。欧洲货币体系的建立，有利于成员国货币的稳定，促进了经济的发展。虽然由于成员国

---

① 沃尔特·霍尔斯坦：《联合的欧洲：挑战与机会》（Walter Hallstein, *United Europe, Challenge and Opportunity*），哈佛大学出版社1962年版，第79页。转引自［比］尤利·德沃伊斯特、门镜《欧洲一体化进程——欧盟的决策与对外关系》，中国人民大学出版社2007年版，第91页。

② Peter Holmes and Alasdair R. Young, “Trade vs. Public Health Standards: WTO/EU tensions”, *Working Paper Series in Contemporary European Studies*, No. 42, February 2001, By Sussex European Institute.

间意见分歧，欧洲货币基金未能如期建立，但却给日后欧洲进一步开展金融合作提供了经验。

（三）欧洲经济一体化以及共同经济外交关系的发展，逐渐被接纳为国家间政治合作的有效方式和必要基础步骤

1961 年 7 月，欧共体六国发表《关于政治同盟的宣言》（也称作《波恩宣言》）；1969 年 12 月，共同体海牙首脑会议决定建立政治合作制度；1970 年 10 月六国外长通过《政治统一问题的报告》，开始定期协调对外政策，努力就重大国际问题“用一个声音讲话”。自 1975 年起每年定期举行的首脑会议，就重大国际问题进行讨论，这成为共同体政治合作的最高形式。在这种欧洲各国政治合作进程开展以后的相当长一段时间内，对外经济关系的一体化成为有效推动政治合作的辅助方式。在此期间，欧共体与苏联、美国、非洲加勒比太平洋国家（ACP）以及中国都建立了良性的经济与政治的双边互动关系。例如，1975 年 5 月，共同体同中国建立正式关系。1978 年，双方签订为期 5 年的贸易协定，相互给予最惠国待遇。从 1980 年起，共同体给予中国普遍优惠制待遇，对中国部分出口商品（纺织品除外）减免关税。1983 年，欧共体同中国建立定期政治磋商制度，同年 11 月，中国同欧洲煤钢共同体和欧洲原子能共同体建立了正式关系，从而使中国同欧洲经济共同体的关系扩大到整个欧洲共同体。1985 年，中欧双方签订新的贸易和经济合作协定，在原有协定的基础上增加了在能源、科技、工业、农业、人员培训、发展援助、促进投资等领域进行合作的内容。为稳固对外经济关系对欧洲政治合作的支撑功能并进一步推动欧洲一体化建设，1986 年 2 月，欧共体各成员国的政府首脑在卢森堡签署了旨在建立欧洲统一大市场的《欧洲单一法令》，《欧洲单一法令》对《罗马条约》进行了重大修改，强调“欧洲共同体及欧洲政治合作旨在促进欧洲团结的发展”，“共同为维护世界和平与安全作出应有贡献”。

欧洲共同体在建立后的几年内承担了众多的欧洲一致对外政

策的角色，在对外经济关系方面，欧洲共同体的对外经济联系活动几乎遍及全世界。1973 年，与共同体建立正式关系的国家有 89 个，到 1978 年增加到 106 个，它通过签订《洛美协定》，同阿拉伯国家举行对话，以及参加南北对话等一系列活动，改善了同第三世界国家的经济和政治关系，特别加强了同所有地中海沿岸国家以协定形式固定下来的紧密联系。从 1977 年 7 月起，共同体实现了同欧洲自由贸易联盟八国工业品的自由流通。这个以共同体国家为核心，几乎包括所有西欧国家在内的欧洲自由贸易区，它的对外贸易总额占世界贸易总额的 40%，相当于美国外贸总额的 3 倍，苏联外贸总额的 20 倍，可见，欧洲共同体的建立大大提高了西欧的联合力量以及声势。此外，在同苏联和东欧关系上，共同体奉行共同贸易政策，一切贸易谈判由共同体掌握，对苏联形成了一定的政治压力。比如，在同苏联进行渔业谈判时，共同体坚持以单一谈判主体的形式出面，迫使苏联不得不给予共同体执委会以事实上的承认，显示出共同体限制和抗衡苏联向西欧经济渗透的潜在能量。20 世纪 80 年代后，欧洲共同体的经济手段不断为欧洲政治合作所采用，较为明显的例证之一是阿根廷入侵福克兰群岛后，欧共体各国虽未直接作为英国的同盟方发兵征战福克兰群岛，但却在欧共体内达成一致意见，针对阿根廷作出了经济制裁的决定，这项决定在相当程度上显示了欧洲联合与共同外交的立场和形象，并对阿根廷形成了一定程度的打击。①

欧洲经济外交依据其具体实施方案与领域，可以分为三个部分，分别是共同经贸政策（也称为共同商业政策）、发展合作政策、对外援助政策。每个政策都有不同的针对性，在欧洲经济外交中担负着不同的职责。共同经贸政策是其中最为重要的组成部分，不仅是欧洲一体化过程中开展经济活动，维系经济命脉的重

---

① Christopher Hill, *The Actors in Europe's Foreign Policy*, Routledge, 2000, p. 3.

要举措，更是“欧洲与世界其他国家和地区之间合作关系的最重要组成部分”，因而是欧洲发挥其国际影响功能的重要阵地。[①] 这一政策在欧洲发展过程中一直处于优先地位。比如，欧洲联盟相当多数量的官方文件均表示，在与众多发展中国家的政治对话中将着重强调经济贸易的地位与作用，并以此为契机，进一步协调经贸政策，为消减世界贫困而努力。发展合作政策则较为明显地体现出了以经济手段推进政治影响的特色，主要针对的国家是西欧的近邻以及对欧洲有重要关联作用的地区或者国家。比如进入20世纪80年代以后，发展合作政策更多地将中欧与东欧作为主要交往对象，极大地促进了欧洲东扩的战略实施。对外援助政策则是欧洲扩展国际影响力、塑造国际形象的重要手段。2002年的墨西哥蒙特雷会议上，欧盟提出将采取具体措施，进一步提高对发展中国家的援助，以响应联合国关于外援占国民生产总值0.7%比例的倡议。在蒙特雷会议后，欧盟加快了对外资源的整合力度，不仅要求成员国保持和欧盟的一致，而且也要求成员国控制或者减少双边援助，扩大并加强欧盟的多边援助。这意味着，原来由各个成员国单独进行的对发展中国家的援助整合到了欧盟层面，表现出更大的援助力度。到目前为止，欧盟也是世界上最大的开展对外援助的国际组织，它每年的援助额平均占世界援助总额的一半，其中大量的援助资金用在了亚、非、拉等经济发展中的国家和地区。[②] 通过援助，欧盟不仅能够获得众多受援助国家的支持与拥护，同时还可以获得较好的国际形象，利用人道主义等援助手段赢得重要的政治收益。

上述三个政策各有侧重，并且分工明确，互为依托。应该

---

① European Commission Directorate - General for Communication Publications, *The EU in the World*, *The Foreign Policy of the European Union*, June 2007, p. 5.

② 杨逢珉：《“洛美协定”下的欧盟与非加太国家关系》，上海人民出版社2006年版，第111页。

说，经济活动本身内容繁杂，当经济活动与外交行为相互结合之后，其表现形式则更加丰富。欧洲共同外交把经济外交作为出发点，即凭借经济活动扩大了政治联合的层面，提高了政治联合的程度，从而显示了欧洲联合的雄心壮志、巧妙策略与务实作风。

第二节　欧洲经济外交的扩展

欧洲经济外交的实践内容是相当广泛的，涵盖了诸多领域。也可以说，它的涵盖范围几乎囊括了原有成员国所涉及的经济范围。① 从经济外交地域划分的角度来看，欧洲经济外交既包括了对原有殖民地国家的经济联系的保持，也有对新生国际格局力量的经济合作关系的确立，更有对世界霸主美国的渐进性挑战；而从经济外交方式的角度来看，则包括了对发展中国家的经济援助，针对部分行业以及国家的经济制裁，旨在促进共同利益增长的经济合作；从经济外交的功能角度来看，则包括增加投资，促进贸易，调整金融政策等。值得注意的是，任何一种经济外交方式都不可能单独存在，经济本身相互关联性以及外交的综合目的要求经济外交的各个层面必须是相互支持、共同促进的。具体到欧洲一体化来说，诸多领域以及多边国家合作的特殊环境，更使得欧洲经济外交必须采取综合的多元模式。

但是，从欧洲共同外交本身的性质来看，经济外交也必须服务于欧洲共同外交的终极目标——维护欧洲文明特色并增强欧洲国际影响力。欧洲对外经济关系也必须服务于这样一个宗旨——通过对欧洲和世界其他地区与国家关系的调整，增强欧洲

---

① Alasdair R. Young, *Extending European Cooperation*, *The European Union and the new International Trade Agenda*, Manchester University Press, 2002, p. 45.

国际地位。因此，作者认为，遵循地域划分的原则，能够较为准确地体现欧洲经济外交的本质特性。从欧洲经济外交的政策布局来看，其经济外交主要由欧洲与西方国家、欧洲与发展中国家、欧洲与东亚地区、欧洲与俄罗斯等经济外交关系组成。我国有学者也从“贸易结构”的角度分析，认为欧洲对外经济关系应该包含以下七个方面：

一是欧盟与欧洲自由贸易联盟的关系；

二是欧盟与其他工业国家的双边关系，如欧美经济关系和欧日经济关系；

三是欧盟同中东欧国家的关系，建立和发展这一经济关系是为欧盟东扩做相关筹备；

四是欧盟与地中海国家的经济关系，以形成关税同盟为主要目标；

五是欧盟与俄罗斯以及独联体国家的经济关系，包括技术援助计划（TACIS）以及国际能源宪章等；

六是欧盟和非加太国家之间的《洛美协定》及特定优惠贸易关系；

七是欧洲共同体与其他亚洲和拉丁美洲国家之间的经济关系。①

本书将从中选择欧洲与美国、亚洲、中东欧国家、ACP 国家之间经济外交关系等四个方面加以论述。②

① 姚勤华：《欧洲联盟集体身份的建构（1951—1995）》，上海社会科学院出版社 2003 年版，第 256 页。

② 欧洲与俄罗斯的经济关系同样属于欧洲经济外交的范围，但是本书考虑到两者之间经济关系的特征已经在欧洲与美国、亚非拉发展中国家、东亚地区的经济关系中有类似的表现，且欧盟东扩步伐已经改变原有的欧—俄经济外交关系，而新的关系尚未定型，因此在此不予论述。本书在第七章《欧洲共同外交的功效分析》中将对欧俄关系有所涉及。

一　欧洲对美国经济外交：从合作到竞争的经济外交关系

欧洲联合的目标之一，就是为了在世界上获得强大的国际影响力和重要的国际地位。这一目标与美国在战后初期称雄世界的战略目标形成了一定的冲突。为实现欧洲联合求强的目标，欧洲采用了集结民族国家经济力量的方式，首先在经济上与美国形成了竞争的态势。而欧洲推行经济外交，也是为了通过竞争增强自身的地位与实力。对于欧洲而言，美国是积极推动欧洲一体化起步的最为重要的外部因素，① 同时也是国际范围内最强劲的竞争者，这种复杂关系决定了欧美关系中既竞争又合作的基本态势，同时也决定了欧洲在开展对美经济外交过程中必须采取既抵制又妥协的政策基调，以维护欧洲利益与欧美伙伴关系。

（一）通过欧美竞争维护和扩大欧洲的经济利益

作为世界上两个最强大的经济力量，欧美在发展双边经济关系的过程中，必然因为争夺有限经济资源、抢占国际经济有利地位而产生一系列的冲突。这种冲突的根源是多方面的。从战后整体的欧美经济关系来看，欧洲的一体化措施触动了美国利益是引发双边矛盾的主要因素所在。由于统一大市场的出现和欧洲货币联盟已进入实质性的发展阶段，加之欧洲一体化的经济外交促使欧洲越来越多地在国际经济舞台上用一个声音说话，因此，欧洲客观上产生了某种集团化的内向效应，并因此而形成了一定的排外倾向。首先，一体化的加深使得欧洲国家的共同利益日益提高，这些共同利益往往与非成员国的利益相冲突，于是为了保护共同的利益，欧洲国家必然协调行动，与欧洲外部的矛盾由此而生。在对美国经济关系方面，这一点体现得尤为突出。欧盟内部

① 李明明：“冷战后的美欧关系：‘我们’和‘他者’之间”，《国际观察》2005 年第 6 期。

的农业补贴政策和农产品价格保护政策常常与美国发生矛盾，以至美国批评欧盟顽固排外。比如，进入20世纪90年代以后，欧共体通过共同农业政策，由超国家的共同体对内部农产品实行统一的政府补贴，从而维持农产品的低廉价格。在美国对此采取了报复措施后，欧共体/欧盟针锋相对地发表各种报表，揭示美国对欧洲产品实行贸易壁垒的情况，并指责美国在投资领域也建立壁垒。其次，欧洲内部名目繁多的产品标准以及反倾销政策都在相当程度上加剧了其排外倾向。制定产品的标准和推行反倾销政策的目的是保护公平竞争，但这两种政策往往从保障欧洲市场的公平角度出发，缺乏与美国等经济力量之间的协调，更对美国的经济利益形成了挑战，因此，客观上必然造成两者之间的冲突。例如，欧盟为保护欧洲公民的安全，从1989年开始禁止从美国进口荷尔蒙牛肉，美国为此向世界贸易组织提出上诉。经过多次较量后，美国决定对欧盟施加高额经济制裁，但未料欧盟以更加坚定的抵制态度作出回应。2003年，欧共体颁布新的指令，确定禁止将荷尔蒙作为生长激素应用于生产过程，并进一步规定在未发现科学依据之前，限制其他5种荷尔蒙激素的使用。迄今为止，美欧的此项争端依然没有得到妥善解决，这项旷日持久的争端不仅严重影响到美国牛肉对欧出口，更成为双边经济关系中最棘手的问题之一。

（二）增强对美经济关系以促进欧洲政治地位的独立

欧洲经济外交对美欧关系的影响更直接地表现为欧洲的政治独立性日渐增强，并推动欧洲在美欧关系中地位的上升。虽然欧洲一体化的进程仍在继续，但是欧洲的独立性，尤其是欧洲对长期以来以领导者姿态出现的盟友——美国的独立性越来越明显地表现出来。在20世纪50—60年代，欧洲安全在很大程度上依赖于以美国为首的北约，为确保安全保障机制的长久有效，欧洲尽最大可能地压缩了欧洲外交的独立性。70年代以后，随着欧洲一体化的不断扩大与深化，独立性随之开始体现出来，正是在这种背景下，美欧关系的结构性调整由此展开。80 年代中期，随着欧洲一体化不断发生实质性的深化，欧洲共同体对美国的独立性更加明显，寻求与美国独立平等地位的要求也更为明确。而美国方面有关“欧洲堡垒”的说法，一方面说明美国对欧洲一体化态度发生的转变，另一方面则反映出欧洲独立性趋于增强。欧共体内部统一大市场的建成和欧洲联盟的建立，标志着欧洲一体化又上了一个新台阶。而其中的欧洲政治合作以及欧盟共同外交与安全政策同其他经济贸易政策的结合，则进一步表明欧洲对美国的独立性更加明显和强烈，可以说，“欧共体不再是北约组织机制中的一个组织，而是独立的、具有与美国基本平等地位的区域一体化组织”①。

（三）竞争同时确保欧美战略关系的维持与发展

欧洲推行共同经济外交以来，对美国所采取的竞争策略与强硬姿态在一定程度上影响到了双边关系的发展。尽管存在相当数量的贸易纠纷，但由于双边共同经济利益的客观存在，使欧洲依然认为欧美关系应该维持其稳定的战略合作框架。在此认识推动之下，1994 年和 1995 年，德国外长金克尔与英国国防大臣里夫金德相继提出了欧盟与美国之间谈判建立跨大西洋自由贸易区（NAFTA）的建议。② 欧盟委员会贸易委员布里坦接手此事后，将其修改为“跨大西洋经济区”。1995 年 12 月，欧盟与美国签订《跨大西洋新议事日程》（New Transatlantic Agenda，NTA），文件确定了双方合作的 4 个领域。其中，致力于扩大世界贸易和进一步密切双边经济关系的提议成为主要部

① 叶江：《解读美欧：欧洲一体化进程中的美欧关系》，上海三联书店 1999 年版，第 289 页。

② Ernest H. Press, etc., “Policy Forum: Transatlantic and Free Trade”, *Washington Quarterly*, Vol. 19, No. 2, 1996, pp. 105 - 133.

分。其内容包括，通过确保世界贸易组织的正常运转来加强多边贸易体系；提高金融服务业的自由化程度；在世界范围内促进对知识产权的保护，通过扩大市场准入增加贸易机会。双方提出建立新的跨大西洋市场，同意从14个问题入手，共同研究增进商品贸易和服务贸易，进一步减少或消除关税以及非关税壁垒。[①] 这项措施出台后，遭遇到各方面的怀疑，也受到了双边贸易纠纷的屡屡冲击。为此，欧洲方面于2004年再次作出努力，组成工作协调小组，对“跨大西洋经济关系”的组成框架与运行机制作了详细缜密的分析研究，并提出了相关的建议措施，以便进一步保障欧美经济关系的稳定发展。[②] 2007年4月，美欧双方签署“跨大西洋经济一体化框架计划”（Framework for advancing Transatlantic Economic Integration），促使欧美双方在多个领域内统一或者相互承认技术标准以及法律法规，从而极大地消除双方的“官僚机构”导致的贸易、技术和法规障碍。根据此项计划，双方还派代表成立了永久性的“跨大西洋经济理事会（TEC）”，就一些具体的标准问题进行磋商。此后，美欧双方的高层官员互动频繁，表明因在伊拉克战争、全球气候变化等问题上产生分歧而疏远的跨大西洋关系正走出低迷，快速回归正常。2008年召开的第二次“跨大西洋理事会会议”上，双方达成了推进欧美跨大西洋经济一体化的协议，并在随后发表的《欧盟与美国联合声明》中确认，欧盟与美国共同承诺“以促进相互投资为最优先的经济合作政策”。

---

① 林甦、张茂明、罗天虹主编：《欧盟共同外交和安全政策与中国—欧盟关系》，法律出版社2002年版，第169页。

② 参见欧盟官方文件，European Commission DG External Relations Unit C1, *Review of the Framework for Relations between the European Union and the United States*, TENDER OJ 2004/S 83—070340。

二　欧洲对非加太[①]国家经济外交：以《洛美协定》为例

在欧洲经济外交的地缘考虑中，“区域经济外交”占有重要的地位。在欧洲看来，将某个区域内的若干国家作为一个整体来开展经济外交的方式，有诸多便利之处。首先，可以通过向对方区域推广自身的经济联合模式，增强欧洲的国际影响力；其次，可以将多国之间的经济谈判简化为集团之间的经济谈判，从而降低交易成本，在有限的时间里与多个国家达成经济合作的一揽子协议；再次，以区域（或者某个区域国际组织）而不是具体的国家为对象开展合作，可以在一定程度上避免因谈判对手过多而带来的议题范围扩大等难题。因此，欧洲经济外交将对区域经济外交作为重点之一。目前已经展开的欧洲对区域经济外交包括与非加太国家之间的《洛美协定》（现已发展为《科托努协定》）、欧洲—东亚之间的欧亚经济合作、欧洲—阿拉伯国家之间的欧阿对话等。相比较而言，《洛美协定》代表了欧洲与较为穷困且发展态势较缓慢的发展中国家之间的经济合作；欧阿对话则体现了欧洲注重阿拉伯地区石油资源，以确保欧洲经济安全的战略考虑；而欧亚经济合作则表明，欧洲注重与保持经济增长态势的国家发展合作关系，以培养市场，为建立面向未来的良好经济关系而奠定基础。[②]

20 世纪 70 年代上半期，发展中国家在国际上关注的主要问

① 非加太是“非洲、加勒比和太平洋地区”的简称，英文缩写为 ACP（African，Caribbean and Pacific Group of States）。本书以下简称非加太。

② 世界各地区的经济增长速度有快慢之分。东亚是发展中国家经济最活跃、增长最快的地区。1996 年东亚的经济增长率达到了 8%。相比之下，非洲、拉丁美洲的增长速度较为缓慢，比如，1995—1999 年，非洲虽然保持了连续 5 年增长的势头，但年均增长率为 4%。拉丁美洲从 1991 年开始，经济趋于好转，除墨西哥 1995 年金融危机和巴西 1999 年金融动荡外，历年的平均增长率都在 3% 左右。参见邬九懿“欧盟注意加强与发展中国家的关系”，《世界经济与政治》1997 年第 7 期；畅征、刘青建：《发展中国家政治经济概论》，中国人民大学出版社 2001 年版，第 233、272 页。

题之一，是建立国际经济新秩序。这是因为，随着政治上的独立，其经济上的独立自主问题已经提上议事日程。1973 年 9 月，第四次不结盟国家会议发表了《经济宣言》，提出了建立国际经济新秩序的策略，即从确定原料价格、掌握自然资源主权入手，在自力更生的基础上争取经济解放。[①] 发展中国家的呼声得到了国际社会的普遍关注。1974 年 4 月，联合国召开了第六届特别会议，研究原料和发展问题，通过了《关于建立国际经济新秩序的宣言》和《行动纲领》，提出了建立国际新秩序的一些原则，其中包括改变发达国家与发展中国家在商品交换上的不合理关系，加强发展中国家之间的合作。在欧洲方面，出于增强国际影响力以及巩固欧洲与原有殖民地国家之间经济联系的考虑，欧洲共同体表示，愿意同这些国家建立密切联系。1975 年 2 月 28 日，欧共体 9 个国家和非加太地区的 46 个国家在多哥首都签署了《洛美协定》(ACP—EEC Convention of lame)。

第一个《洛美协定》基本内容为：(1) 非加太国家的全部工业品和 96% 的农产品进入欧洲共同体时，享有免税、不限量的优惠，而共同体不要求给予反向优惠；(2) 欧共体设立稳定出口收入基金，在非加太国家 12 种初级产品出口价格下跌而造成损失时给予补偿；(3) 共同体在 5 年内向非加太国家提供 30.9 亿欧洲货币单位的援助；(4) 增加共同体与非加太国家间的工业合作。该协定在 1975 年刚生效时，由于它是唯一的将工业国和发展中国家置于平等伙伴地位的协定，并承认，在寻求经济增长与发展中工业国和发展中国家的相互依存关系，并且由于它在建立国际经济新秩序中前进了一步，因而受到世界的普遍关注与欢迎。

---

① Thoms L. Brewer, *Globalizing Europe*, *Deepening Integration*, *Alliance Capitalism and Structural Statecraft*, Edward Elgar, 2002, p. 317.

第二个《洛美协定》于1979年10月31日由欧共体与58个非加太国家签订，1980年4月起生效。其优惠条件进一步放宽，主要有：(1) 接受稳定出口收入基金补贴的初级产品增加到44种；(2) 稳定出口收入的范围扩大到矿产品；(3) 提供的财政援助总额提高到56.07亿欧洲货币单位。第二个协定引入了稳定矿产品出口收入的机制（Sysmin），以保证非加太国家向欧共体出口矿产品的稳定收益。

随着冷战格局逐渐趋向缓和，欧共体在与非加太国家的谈判中采取了愈益强硬的姿态。欧洲与非加太国家之间的态度也不像1975年订立第一期合同时那样和谐而友好，有些非加太国家的发言人声明，事实上当时双方的关系与其说是平等的伙伴，还不如说是援助的捐赠国和接受国。虽然欧洲共同体承认许多非加太国家并没有得到所盼望的经济利益，但是欧洲方面认为，《洛美协定》给了这些国家更多进入共同体市场的机会，获得了更多的欧洲共同体援助资金。而来自欧洲共同体的观点认为，伙伴的观念并没有放弃，许多非加太国家之所以没有从《洛美协定》中得到更多的利益，最好的解释是这些国家的政府采取了不当政策。①

第三个《洛美协定》于1984年12月8日由欧共体与64个非加太国家签订，有效期5年。与前两期协定相比，第三期协定又增加了新内容，并体现出鲜明的限制性条件，例如：(1) 人权和谴责种族隔离声明；保护投资规定；准许为工业萧条和进口提供资金。(2) 取消对非加太国家某些重要产品的强制性规定，即制成品的价值的50%以上为原产国产品。(3) 同意按优惠价格向非加太各国出售剩余食品。(4) 增加财政援助，总额达85亿欧洲

---

① [英] 迈克尔·布莱克韦尔："第三个洛美协定：寻求更大的有效性"，《国际货币基金组织和世界银行季刊》1985年，参见 http://www.cfeph.cn/cfeph/finance.nsf/25de09aa806d42954825672e001a3512/3cc8745ef493fc024825681e00064b5c? OpenDocument。

货币单位。第三期的《洛美协定》还引入了严格的管理程序，对《洛美协定》下各类基金加强了管理。为了实现重点的转移，共同体的谈判者要求在选择资金资助方案之前先进行“政策对话”。对此，许多非加太国家开始表示强烈的反对，认为这是一种婉转之词，认为欧洲共同体的真实目的是要控制它们的发展计划，因而侵犯它们的国家主权，这与平等伙伴原则的精神是相违背的。最后，新的协定没有提到政策对话，双方的发言人不愉快地强调了非加太国家保留他们的契约权利去选择使用援助资金的途径。但是，非加太国家同意在协定的第一章中写入以下一段近乎绕口的说明：“非洲、加勒比和太平洋地区国家和欧洲经济共同体将开展合作，对非洲、加勒比和太平洋地区国家依靠自己的力量去取得自力更生和自立的发展给予支援。”为达到这个目的，“将作特别的努力……促进农村发展，保证人民的食物需要，恢复和加强非洲、加勒比和太平洋地区国家的农业生产潜力”。共同体希望这段文字及它所强调的规划、部门发展和激发国家潜力将引起对非加太国家的全面目标作更具体的考虑，因而自动地发展到为达到这些目标而进行彻底的政策对话。但是，这还要看共同体和各个非加太国家是否能就最恰当地利用协定的资金的方式作出比较一致的评价。此外，根据这一期的协定，成立了欧洲经济共同体和非加太国家双方对等的部长理事会、大使委员会和咨询会议，以保证协定的执行。基于这些事实，众多的观察人士认为欧洲与非加太国家的合作基础已经发生变化，并认为“1983—1984年第三个《洛美协定》的谈判是建立在对立的概念基础上的”①。

第四个《洛美协定》于1989年12月15日在多哥续签，有

① ［英］迈克尔·布莱克韦尔：“第三个洛美协定：寻求更大的有效性”，《国际货币基金组织和世界银行季刊》1985年，参见 http://www.cfeph.cn/cfeph/finance.nsf/25de09aa806d42954825672e001a3512/3cc8745ef493fc024825681e00064b5c? OpenDocument。

效期10年。主要内容如下：（1）放宽对非加太地区国家产品进入欧共体市场的限制，这些国家的制成品凡在其本国的增值部分达45%（此前为60%）者即可进入欧共体市场，其享受专项资助的出口产品增加黄金和铀两项；欧共体自1992年起对非加太地区国家开放酒类市场，并减少对其农产品如柑橘、草莓和西红柿等农产品的进口限制，且不要求这些国家退还按有关规定已索取的价格补偿。（2）禁止欧共体成员国与非加太地区国家进行任何有毒、危险及核废料的交易。（3）从全部财政援助中拨出18%，专门用于支持非加太地区国家实施经济结构调改计划。从第四期《洛美协定》开始，欧洲方面增加的条件更具有限制性，通过诸多的贸易条件向非加太国家施加影响。从其内容来看，欧洲方面的意图在于以下两点：一是通过推动市场经济与市场体系相联系的制度建设，加速非加太国家的经济开放程度，更好地实现与欧洲经济贸易的利益；二是推广民主等政治意识，扩大欧洲的政治影响力。正如在1996年公布的欧洲绿皮书中表述的那样："新的国际环境不仅改变了欧盟及其尚处在发展进程中的合作伙伴的主要利益，它还同时要求欧盟必须承担起更多的与其规模相对等的责任和义务。这些责任和义务首先体现在政治方面：欧盟必须积极支持20世纪80年代中后期，冷战进入尾声时期体现的这种趋势，世界更加开放，也更加需要稳定的民主化建设。而在许多的ACP国家中，民主化进程尚未开启。"① 实际上，欧洲在这一变化方向上的行动比思想进行的更早。1995年11月，欧盟与非加太国家签署了新的议定书，作为对第四个《洛美协定》的修改和补充。该议定书首次将民主和人权问题与欧盟援助挂钩，并规定非

① European Commission, "Forward", *Green Paper on Relations between the European Union and the ACP Countries on the Eve of the 21th Century: Challenges and Options for a New Partnership*, Brussel, 20 November, 1996.

加太国家获得援助数额的多寡取决于其经济运行状况，同时欧盟还将以往单纯负责发放贷款改为直接参与制定援助项目。

2000 年 2 月，非加太国家和欧盟就第五期《洛美协定》达成协议，并于同年 6 月在贝宁共和国首都科托努正式签署，称《科托努协定》。经欧盟 15 国和非加太集团 76 国政府的正式批准，《科托努协定》自 2003 年 4 月 1 日起正式生效。《科托努协定》与第五个《洛美协定》联系紧密，可以看作是第五期《洛美协定》的升级版本，该协定有效期 20 年，其主要规定是：民主、人权、法制和良政为执行该协定的基本原则，欧盟有权中止向违反上述原则的国家提供援助；欧盟逐步取消对非加太地区国家提供单向贸易优惠政策，代之以向自由贸易过渡，双方最终建立自由贸易区，完成与世贸规则的接轨；欧盟将建立总额为 135 亿欧元的第九个欧洲发展基金，用于向非加太地区国家提供援助，并从前几个发展基金余额中拨出 10 亿欧元用于补贴重债穷国等。根据协定，欧盟和非加太地区将签署一系列经济伙伴协议，制定贸易和投资新框架，通过贸易和区域一体化减少贫困现象、保持可持续发展态势并加快非加太地区融入世界经济的步伐。

2005 年 6 月 25 日，欧洲联盟和非加太集团按规定对协定进行了修订，签署了《科托努修改协定》。经过修订的《科托努协定》，在加强政治对话、实现新千年目标、消除贫困、加强经济和贸易联系等方面增加了新的内容。为执行《科托努协定》，双方设立了如下组织机构：（1）部长理事会（Council of Ministers）：由每个协定签字国派出一名部长组成。设共同主席两名，由欧盟和非加太集团双方各派一人担任。理事会每年召开一次例会。理事会秘书处设在比利时首都布鲁塞尔。（2）使节委员会（Committee of Ambassadors）：由各签字国派出的大使组成，主席由欧盟和非加太集团双方分别派员轮流担任。委员会每半年至少召开一次会议。（3）联席会议（Joint Assembly）：非加太集团成员国各派一名代表出席，欧洲议会则派出与前者数目相等的代表与会。共同主席由欧盟和非加太集团双方各派一人组成。联席会议一年召开两次。（4）联合议员大会（Joint Parliamentary Assembly）：由数量相等的欧洲议会议员和非加太集团各成员国议员或议会指定代表组成，双方各自选派13人组成总务委员会，其中双方各派一人担任共同主席，其余24人为副主席。大会每年召开两次，部长理事会成员出席大会。总务委员会或部长理事会可以提议召开特别会议。大会下设三个委员会：政治委员会；经济发展、财政和贸易委员会；社会事务和环境委员会。（5）工业发展中心：设在布鲁塞尔，负责推动对非加太集团成员国的投资。（6）农业及农村合作技术中心：设在荷兰的瓦赫宁恩，负责向非加太集团成员国提供农业及有关领域的信息、调研及培训。

《洛美协定》以及后来的《科托努协定》在多个方面实现了发达国家与发展中国家经济合作制度的创新，总体看来，这些制度创新主要体现在以下三个方面。

第一，单向的贸易优惠制度。非加太国家输入共同体的产品免除限额、关税以及类似税收，欧洲共同体向非加太国家出口的产品只享有最惠国待遇。

第二，创立了稳定出口收入制度。为稳定非加太国家的出口收入，决定设立稳定基金，用于稳定非加太国家向共同体出口的12种（类）农矿产品的收入。这些产品如果因为国际市场价格波动，或者自然灾害等其他原因造成出口减少，在符合一定条件的基础上由欧洲共同体给予补偿。

第三，长期多年度经济援助制度。共同体以5年为期向非加太国家提供援助（各成员国的双边援助除外），基金由共同体单方面管理，对不发达国家采取特别援助措施。

首期的《洛美协定》奠定了战后时期欧洲国家与非加太国家之间全面合作的经济关系，并由于其经济合作制度的多个创新，在发展中国家范围内树立了欧共体的良好形象。《洛美协定》多次延续并在2000年演变为合作层次更高的《科托努协定》(也称作第五期《洛美协定》)。如此大规模长时间的经济合作关系，被普遍认为是国际社会当中发达国家与发展中国家经济合作的楷模。但是对于欧洲而言，《洛美协定》绝不仅仅是增加了欧洲对外经济交往的通道，从更高的层面来看，这一协定堪称一体化进程中欧洲经济外交的奠基之作。首先，它使得欧洲国家能够以国家利益让渡的方式，自愿加入到统一的对外经济行为中来，实现了当时看来范围最大的统一对外经济交往的目标，是一次欧洲共同体成员国的集体亮相。其次，《洛美协定》稳定了欧洲各国与其原料供应地和商品消费市场之间的关系，其中最为突出的是，它稳定了自己在世界上的国际影响力。在两极格局之中，欧洲巧妙地利用经济联系的纽带保护住了政治外交的链条。再次，《洛美协定》采取了先期宽松后期严格的方式，在协定开展初期以宽松的姿态赢得了与广大非加太国家的合作机遇，同时也赢得了这些国家的依赖性（资源输出与出口、资金与技术的引入方面）；当这些国家对欧洲的经济依赖成为不可避免的客观条件之后，欧洲又开始在协定之中注入了诸多的硬性规则，其中包含了多项政治规则。因此，欧洲对非加太国家的政策也被称作“温和的帝国主义”①。如果说前期的经济外交政策体现的是一种软影响力，那么后期的《洛美协定》则倾向于体现欧洲的硬影响力。② 这一点本章第三节将作进一步论述。

---

① B. Hettne and F. Söderbaum, "Civilian Power or Soft Imperialism? The EU as a Global Actor and the Role of Interregionalism", *European Foreign Affairs Review*, Vol. 10, No. 4, 2005, pp. 535 – 551.

② Thomas L. Brewer, *Globalizing Europe*, *Deepening Integration*, *Alliance Capitalism and Structural Statecraft*, Edward Elgar, 2002, p. 319.

三　欧洲对亚洲的经济外交：欧亚经济合作

亚洲是当前世界上经济增长速度最快的地区，由于不断扩大的经济实力以及消费能力，亚洲不仅成为世界经济增长的引擎，更为欧洲产品提供了广阔的市场。为此，在欧洲的经济外交格局当中，亚洲已经成为一个不可忽视的关键地区。1994 年，在新加坡举办的第三届世界经济论坛“欧洲—东亚商业峰会”上，新加坡总理吴作栋表示，希望亚欧之间建立起类似于“太平洋方式”的常规联系渠道。该倡议得到了欧盟方面的欢迎。经过双方的不断努力，亚欧建立常规性对话渠道的条件日臻成熟。1996 年 3 月，首届亚欧会议在泰国曼谷举行，此后每两年举行一次。2006 年第六届亚欧会议在芬兰举行。亚欧会议是亚洲国家和欧盟委员会之间的政府间论坛，同时也是一种非制度化的对话协商机制，是亚欧国家以平等身份就政治、经济、文化等方面的合作和交流而开展的国际会议形式。亚欧会议没有一般国际组织所具备的确定召开地点和常设机构，但可基本保证定期召开，有确定的参与方。可以说，亚欧会议是国际合作与地区间合作的特殊形态和新生事物。

亚欧会议的工作重心是促进双方的经贸合作。迄今为止，在双方合作中已经取得的经贸成果包括：（1）制定了两个推动亚欧经贸合作的框架文件：《投资促进行动计划》（ASEM Investment Promotion Action Plan，IPAP）（1997 年）和《贸易便利行动计划》（ASEM Trade Facilitation Action Plan，TFAP）（1998 年）。IPAP 包含“投资促进”和“投资政策与法规交流”两大支柱。TFAP 的主要目标是通过降低贸易成本，减少非关税壁垒和创造更多的贸易机会，促进亚欧两洲贸易的发展。TFAP 确定的合作领域包括：海关程序与标准的一致化、政府采购、动植物检疫、知识产权、商务人员流动、分销业市场准入和电子商务等。（2）建立了经济部长会议、贸易投资高官会议、投资工作组会议

（Investment Experts Group，IEG）和亚欧工商论坛等定期磋商机制。在历次会议上，除了讨论贸易和投资问题外，各方还就重大的全球和地区经济问题进行了对话，如世贸组织、亚洲金融危机、全球化、区域经济合作、欧元启动及其影响、欧元和日元的国际化问题等。（3）确定了其他形式灵活的商谈机制，如不定期举办工商大会、中小企业大会等。

经贸合作是亚欧构筑全面战略伙伴关系的基础，其目的是促进两洲之间的双向贸易和投资流动。这充分显示了欧洲共同外交的意图所在。但是，亚欧经济贸易合作的目标，并不仅限于此，构筑亚欧两洲之间的政治战略关系，是欧洲重要的政治外交目标。在亚欧会议创立之前，亚洲一些国家已经同欧盟建立了定期的对话制度，但是基本上属于双边小范围的性质，真正的亚欧多边对话机制并未出现。亚欧会议的创立初步建立了亚欧洲际常设性的对话机制，开创了亚欧关系的新时代。从这个意义上说，亚欧会议的创立有重要意义，体现了亚欧各国平等对话、和平协商的象征意义。在全球化和地区化并行不悖的时代，亚欧会议也是地区间合作的新形式。亚欧会议使得亚欧两大洲的领导人能够以平等的身份坐在一起，通过对话这种形式，深入探讨亚欧大陆共同面临的重大问题。第一届亚欧首脑会议的成功举行，用欧盟委员会主席桑特的话来说，标志着欧洲和亚洲已经站到了历史的转折点上。①

欧亚经济合作的特点还在于，它突出体现了以区域间经济外交为开端，逐渐向区域间政治对话的外交范畴扩展的趋势。在首届亚欧会议上，欧洲国家的重点是政治对话，而亚洲国家则普遍重视经贸合作。欧盟热衷于人权、劳工标准、价值观方面的对话，而东亚国家并不愿意在这些敏感问题上同欧洲过多纠缠。为

---

① Lene Hansen and Ole Waver, *European Integration and National Identity, The Challenge of the Nordic States*, Routledge, New York, 2002, p. 231.

进一步巩固并扩大两者之间的经济合作，从第二届亚欧会议开始，亚洲就逐步向欧洲的立场靠拢。比如，在第二届亚欧会议主席声明中，与会各方表示“首脑们同意将亚欧对话扩大到一般安全问题”，同时，“强调在军控、裁军和不扩散大规模杀伤性武器领域加强全球努力的重要性，并决心致力于建设一个更加安全和稳定的国际环境”。目前，亚欧会议的安全对话已经非常广泛，囊括了三个层次的内容：第一层次是涉及两大洲乃至全球的安全问题，如反对全球霸权主义和地区霸权主义等。第二层次是涉及非传统安全问题，如核扩散、环境恶化、国际恐怖主义、非法移民、有组织犯罪等。第三层次主要涉及亚欧大陆的局部热点问题，比如邻国纠纷，国内民族矛盾等。

中国在亚洲占有举足轻重的地位，对亚洲地区的安全与发展起着至关重要的作用。将亚洲作为重要合作伙伴的欧洲，更是把中国看成是欧亚合作的重要组成部分，甚至在一定程度上，把中国作为特殊的亚洲成员加以对待。在经济合作方面，欧盟力图通过援助活动来带动中欧之间关系尤其是经济关系的全面发展。20世纪90年代初，欧盟和中国就在援助资金的支持下开始面向对未来中欧经济关系发展前景的交流，建立了如会计培训项目、中国经济学家培训项目和欧盟管理学院等一系列的合作项目，积极向中国推广欧洲的管理经验和管理模式。在进行一般性贸易的同时，欧洲也积极地推广具有欧洲特色特别是具有浓烈的欧洲一体化特色的市场环境机制建设，尽力使中国的市场机制与欧盟协调一致或者互相认可。目前中国与欧盟在知识产权、食品卫生、环保和航空方面的合作，都是以促进中国采取更多的欧盟技术标准和规则为前提的。①

① 参见张浚“欧盟的‘软力量’：欧盟发挥国际影响的方式”，《欧洲研究》2007年第3期。

四　欧洲对中东欧国家的经济外交：一体化东扩的外交策略

如果说欧洲对美国、亚洲与非加太地区的经济关系体现了较为纯粹的“外交”特质，那么西欧与中东欧之间经济关系的内涵则更为复杂。冷战时期，双方因社会制度和意识形态的分野，彼此之间经济联系的“外交”特色较为明显，而如果将这种经济联系放置于欧洲一体化以及欧盟东扩的宏观体系中来看，当时的“外交”实际上是重现欧洲大陆整体性的天然纽带。从欧洲共同体/欧洲联盟的角度看来，西欧面向中东欧国家的经济合作并不仅仅是为了体现“外交”，而是为了实现欧洲的最终“内治”——欧洲一体化的一种手段。

从整体上说，中东欧国家与欧共体的经济合作联系是从20世纪70年代开始的。1975年，欧共体与经互会开始谈判，但由于政治、意识形态等多方面原因，大部分中东欧国家对外开放有诸多限制，吸引外资成效甚微。谈判断断续续一直延续到1979年，因为苏联入侵阿富汗等原因，谈判被迫搁置。1988年6月，欧共体与匈牙利签署了与东欧国家的第一个双边协定，协定于1989年开始生效。此后，欧共体先后与经互会其他成员国签署协定。然而，这一时期欧共体与中东欧国家的经济合作主要还停留在贸易优惠方面，直接投资的速度显得十分缓慢，而且中东欧国家吸引外资办厂的规模十分小。这种情况一直延续到1989年东欧剧变后的一段时期。经过几年的徘徊后，欧共体国家在中东欧地区的投资状况才有所改变。

尽管美国、日本、澳大利亚等发达国家在对中东欧地区国家的直接投资中均占有一定比例，但对该地区的直接投资主要是欧盟成员国。由于地缘和历史原因，在欧盟成员国对中东欧地区国家的直接投资又集中在德国、法国、英国、荷兰以及奥地利等少数几个国家。从接受国的情况来看，集中程度也较为明显，波兰、匈牙利、捷克等准成员国成为吸收外资最多的国家。

从东欧剧变到1995年这一段时间，是中东欧地区国家经济转轨和与欧盟成员国全面合作的开端和调整阶段，1996年到2000年则是一个相对而言较为稳定的发展阶段。根据欧盟统计局（Statistical Office of the European Communities）的统计数字表明，自1996年以来，欧盟成员国对准成员国的FDI稳步增长。欧盟成员国流入准成员国的FDI从1996年的65亿欧元增加到2000年的190亿欧元。这些投资主要集中在波兰、捷克和匈牙利。1996年流入这三个国家的FDI占准成员国总量的82%，2000年三国所占份额有所下降，占69%。就绝对数来看，欧盟流向准成员国的FDI占欧盟GDP的比重从1996年的1.5%上升到2000年的3.2%。在此期间，匈牙利和斯洛文尼亚吸收的FDI有所下降。同期对于爱沙尼亚、立陶宛和塞浦路斯的投入也有所下降，但接受欧盟直接投资增长的有保加利亚、波兰和斯洛伐克。

从流入准成员国FDI来源国的分布来看，1996年至1998年，欧盟的比重占80%左右，1999年下降到占60%，2000年又恢复到1996年的水平。可见，在1996—2000年期间，欧盟成员国对中东欧准成员国的FDI关系是相当紧密的。

1996—2000年，德国、荷兰和法国是准成员国的主要投资者。1996年，德国对准成员国的FDI占欧盟总量的41%，为27亿欧元，居首位；荷兰紧随其后占23%；居第三位的是法国，占9%；奥地利占8%；欧盟其他国家占19%，其中英国占6%。以后的三年内，基本保持这种格局：德国继续保持第一位，1997—1999年占30%，其次是荷兰（21%）和法国（12%）。然而，到了2000年，法国成了最大的投资者，占欧盟对准成员国的比重上升到了24%，荷兰保持第二位，占21%，第三位的是德国占19%，奥地利所占比重也有所增长，从8%上升到10%，其他国家占26%，其中有一个增长较快的国家就是瑞典，从1996年的只占1.8%上升到占6%。

在中东欧国家经济转轨时期，由于国内无法提供足够的资金来推动国有企业的所有制改革，中东欧国家大多采取了鼓励和吸引外国资本参与私有化进程的政策，将产权改革与国际融资相结合。而欧共体国家正是趁此良机，利用自身的金融和资本优势，迅速地在中东欧国家的经济结构中占据了大量比例。在波兰，1991—1992年第一轮股票上市，十多家效益最好的大型国有企业成为拍卖的主体，而欧共体国家成为此次拍卖的赢家。1999年是波兰大规模拍卖大型国有企业的高潮年，法国公司收购了电信公司，德国公司收购了发电、煤炭、钢铁公司，意大利菲亚特收购了蒂黑汽车公司。在捷克也存在类似的情况，从1999年开始，捷克改变了大众私有化初期对外资进入捷克的体制性障碍，西欧资本购买其企业和股份的势头开始上升，到2001年，随着最大的商业银行Komercni Bank被法国兴业银行（Societe Generale）购买，捷克实际上已经完成了国有商业银行的私有化，西欧资本在捷克银行中所占的比例大幅上升，总比例超过80%。

中东欧国家希望“回归欧洲”的行动，与欧盟的扩大欧洲一体化进程与范围的思想有利益的交集。将中东欧国家纳入欧洲一体化进程，实现大欧洲梦想也有利于欧盟的政治、经济和安全利益。为此，欧盟及其成员国为推动中东欧地区国家尽快实现经济上实行市场经济体制，政治上实施多元化民主的转变，作出了不懈的努力，并配之以相应的政策与措施，收到了比较好的效果。中东欧国家为转轨成功，尽快与欧盟成员国市场接轨，争取早日加入欧盟，采取了一系列政策与措施，成效显著。双方在推动经济关系的发展中，都获得了相应的收益。

上述几方面的欧洲经济外交部署，仅仅构成了欧洲对外经济关系与对外政治战略整体框架的主干部分，而欧洲与众多国家和地区的长期而稳定的经济联系，则是欧洲经济外交发挥其作为共同外交支柱功能的本质所在。这几类经济外交，较为完整地确立了欧洲对外战略的整体运行模式，同时也有效地适应了欧洲国际战略的具体要求。

第三节　欧洲经济外交的机制建设及其政治特色

欧洲经济外交是欧洲一体化早期以及欧洲共同外交构建早期的重要举措，其意义在于，它不仅为日后的欧洲一体化奠定了基础，更为建立综合而有效的欧洲共同外交储备了经济实力，构筑了世界性的外交联系渠道。从整体而言，欧洲的经济外交别具特色。欧洲秉承了历史上的政治与法制的理念，将规则、机制等因素注入其经济外交过程之中，从而更加有效地为欧洲政治一体化以及欧洲共同外交服务。从更为严格的意义上来说，包括对外援助与贸易的经济外交始终与其他的政治和安全考虑交织在一起，经济外交只是欧洲影响世界的一种手段，是欧洲共同外交的支柱与基础，但并不是欧洲对外关系的最终目标，更不是共同外交的全部。

一　欧洲经济外交机制建设的内涵与特征

欧洲经济外交既是欧洲一体化的重要组成部分，更是欧洲共同外交的主要前提和支撑手段。在欧洲国家看来，经济外交的成果直接体现为生产总量的持续扩大、资源供给的有效保障、市场份额的稳步提升。但是，欧洲经济一体化与共同经济外交的成功并不必然导致欧洲国家的国际政治影响的扩大，若要从经济一体化着手来推进欧洲国际地位的提高，还需要借助相应的规则制度，将已有的经济影响转化成政治影响。基于这一深刻认识，欧洲各国将机制建设作为开展经济外交的重要内容。笔者认为，欧洲经济外交机制建设可以理解为：欧洲通过民族国家与一体化组织相配合的方式，充分利用国际经济交往中的规则优势，注重采用和平的方式来实施和建设规则制度，并在其中融入经济、贸易和政治要素。①

机制建设之所以能够在欧洲经济外交中占有重要地位，与经济外交的“经济属性”有密切关系。首先，相对于政治与军事安全而言，国家对经济控制的力度与幅度，均因为其较低的安全要求而处于相对宽松的态势。其次，西欧国家市场经济机制建立较早，市场意识非常成熟，除非针对特殊领域，国家权力并不从严干预经济运行。西欧国家一贯采用市场的、法律的、经济的手段来调整经济事务。因此，在对外经济联系方面，欧洲也习惯于采用规则等手段来规范管理经济外交，并借此获得对世界经济规则的主导权。② 这就适应了世界经济发展的客观要求，且具有相当的适应性。

第一，欧洲的经济外交，实际上由欧洲各国之间的经济磨合发展而来。欧洲经济一体化进程势必导致欧共体一级协调管理权力的加强，进而影响到其对外的经贸关系。为减少内部损耗，成员国就必然要建立规则来减少摩擦所造成的损失。统一市场计划的实施首先要求欧共体出面协调统一成员国产品的技术标准，而后又促使仍然保留在成员国手中的部分外贸管理权限进一步向欧共体一级集中。③ 因此，当欧洲开展经济外交之时，相关规则的统一和协调乃至重新制定，不仅是规范各成员国行为以维护欧洲统一进程的基本手段，更是增强欧洲在世界上讨价还价能力的重

① 此处定义参考了有关规制主义的解释。参见［美］理查德·N. 哈斯《规制主义——冷战后的美国全球新战略》，新华出版社 1999 年版，第 65—71 页。

② Robert Kagan, “Power and Weakness”, *Policy Review*, Number 113, June & July 2002, Hoover Institution.

③ 王鹤：《欧洲一体化对外部世界的影响》，对外经济贸易大学出版社 1999 年版，第 130 页。

要工具。欧洲煤钢联营成立之时，就在相关规则上作出了统一安排，这种规则安排为后来欧洲一体化的进一步发展奠定了基础，经济共同体建立后的欧洲对外经贸规则的建设与制定，都可以看成是这个基础的延续与扩大。[①] 欧洲一体化能发展到欧盟阶段，规则在其中所起的作用不可忽视。正是在这一点上，有的学者认为，欧洲人有将国家主权让位于国际规则的传统。虽然这个定论似乎略显仓促，但却如实反映了欧洲一体化进程的特色——欧洲人善于借用国际规则来处理传统国家主权无法解决的问题。长久的实践操作，已经使得欧洲在对国际规则的运作上愈加游刃有余。与此同时，当代国际社会中通过国际规则来协调处理国际事务的机会与场合越来越多。两种现象共存并非巧合，而恰恰说明了欧洲对国际社会之观察的前瞻性。欧洲经济外交中实施机制建设的适应性还体现在它积极地与世界贸易组织规则的融合方面。由于各国经济与技术的发展水平不同，在技术性贸易壁垒获得合法性依据之后，在对外经济交往中积极依照世界贸易组织的规则采取行动，就可以在争端发生时借鉴世界范围内具有普遍意义的规则，为自己获得最有利的谈判地位。欧洲在此领域着手甚早。欧共体成立之初，通过统一欧洲各国的技术标准，排除存在冲突的部分，消除了欧洲内部市场上彼此之间的技术壁垒。随着欧洲经济一体化的发展，这些技术标准成为欧洲各国一致对外贸易的工具，同时也保持着维护欧洲内部标准协同的功能。[②] 而现在，欧盟正秉承善于利用规则的优势力量，通过对自身规则的改造和与世贸组织规则的对接，积极而有效地发展并巩固同世界贸易组织及其广大成员国的关系，欧洲经济外交机制建设的适应性可见

---

① Brian White, *Understanding European Foreign Policy*, Palgrave Ltd., 2001, p. 59.

② 杨昌举等：《技术性贸易壁垒：欧盟的经验以及对中国的启示》，法律出版社2003年版，第125页。

一斑。

第二，经济外交是由国家宏观调控、吸引公司等经济实体参与的一种新型外交模式，其中，经济实体等对于国家外交政策的实践行为，既是经济外交的最后阶段，也是最核心的环节。尽管公司合理运行的核心在于是否拥有经营自主权，但在开展经济外交的宏观考虑之下，公司的自由则不能无限扩大。作为国家外交战略的组成部分，参与经济外交的公司所涉及的自由，与国家经济安全以及政治安全之间存在紧密联系，因而国家必须对公司等经济实体实行政策引导与法律管辖。而一体化进程中欧洲经济外交的展开，所涉及的情况更为复杂。首先，欧洲开展经济外交，涉及所有成员国的公司，而不同国家的公司管理体制繁杂，情况各异；其次，欧洲经济外交分为两个层次的战略利益，即同时包含欧盟/欧共体层次的整体欧洲利益与欧盟成员国的个体战略利益。这样，就不可避免地出现了管理者与管理对象同步多元化的情况，导致管理权限的不对称与管理体制的不健全。例如，法德两国均同力促进欧洲的经济外交，如果由于某个德国公司的不法行为造成对欧洲经济外交的损害，进而危及法国的利益，但法国又无权直接管辖，这种管辖权力的真空现象就必然导致共同对外经济关系的恶化。为有效协调各国经济利益，必须实现管理权限的统一化，以规范所有公司的行为。因此，积极推进经济外交机制建设，是保证欧洲经济外交平稳运行与欧洲战略目标顺利实现的最佳方式。

第三，欧洲对外经济交往的形式繁多，彼此之间关系复杂。例如，国家援助政策与国际贷款扶助项目就有很大的牵连，而其中又可能涉及有偿服务的提供和优惠贸易的实施。这种互相紧密联系的经济外交状态，对国家的规范行为提出了较高的要求，即不可能对所有的经济外交事务采取“一事一议”的方式加以解决，而只能在这些纷繁复杂的联系中提炼出共同规律，制定具有普遍适用效力的法律规则，这样既能减轻经济外交的工作压力，又可以创造较为理想的法制环境。

基于以上原因，欧洲在经济外交的实践中广泛建立相应机制，体现了欧洲对未来国际社会的前瞻性思维。

二　欧洲经济外交的机制建设效果

在战后以来的世界环境中，欧洲认识到，如果单一追随美国式的强权模式，必然遭到欧洲范围内各国争抢头筹所导致的牵制、西方联盟中美国霸权因不愿失去对欧优势所实施的压制、第三世界国家不愿重新遭受欧洲殖民压迫所发出的抵制。因此，欧洲在包括经济外交在内的一切对外关系中都不能采用强权模式。战后相对和平的国际社会需要的是一种规范的治理，而不是强权的统治。在国际社会民主化趋势的推动之下，国际交往的方式与领域将更加趋于多样化与专业化，局部的、细化的国际纠纷将以前所未有的速度和规模涌现出来，在无伤国家基本利益的前提下，越来越多的国际社会成员将谋求采用较为合理公正的国际规则来约束彼此之间的行为，最大可能地用规则来降低因纠纷与摩擦带来的损耗。在此趋势之下，越早参与制定或者接受这些规则，越有可能在未来的国际社会中占据主导地位。

国际机制自主性的增强，不仅有赖于国际社会规范与价值观念的转变，还有赖于国际力量配置的相对均衡，而欧洲在这两个方面具有其他国际力量中心难以匹敌的优势。从欧洲自身的条件看，在既有限制条件下，国际合作机制是实现其政策目标的一系列备用手段中成本最低的一种。① 基于对国际环境的深刻认识，欧洲转而积极利用协调特色明显的法律规则，与自身活跃的经济

① 薛君度、周荣耀：《面向21世纪的中欧关系》，中国社会科学出版社2000年版，第64页。

外交相挂钩，谋求对世界的软领导——即在事关人类基本生活的问题上谋求规范机制的领导地位。此外，欧洲也较早地注意到，未来的国际社会中，与发展中国家相关联的事务将吸引更多的注意力。由于历史的必然以及欧美国家的强大影响，发展中国家大多采取模仿发达国家的老路来发展经济，所带来的后果是环境污染、生态恶化，由此而产生的纠纷必将占据国际事务的重大比例。因此，欧洲在经济外交中不仅大力推进机制建设，而且充分地考虑到了所制定规则的综合性与全局性，即规则所要关注的不仅仅是经济贸易规则，还应该包括技术标准、环境卫生指标，甚至包括对人权的关注。这种外交思维上的前瞻性为欧洲带来了颇为理想的成果。比如，20 世纪 80 年代末特别是 90 年代以来，欧洲制定统一的环境法规，并且开始综合考虑环境、经济、社会问题，把环境问题纳入其全球战略规划。1987 年，《欧洲单一法令》正式生效，它对《罗马条约》的重要修订之一就是增加了环境部分。其重要性在于第一次承认需要将自由贸易目标同高水准的环境保护相结合；1989 年，欧共体成员国一致同意尽快制定各类商品的“生态标准”，并就使用统一的标记制定规范；1990 年 6 月，欧洲理事会就环境问题发表了《都柏林宣言》。宣言指出：“共同体必须更加有效地运用其道义的、经济的和政治的权威立场，来加强解决全球性问题和推进可持续发展的国际性努力。”欧盟成立后，在此方面所作的努力更是有增无减。同时，依靠机制建设来开展经济外交并获取强大国际影响力尤其是政治影响力的目标正逐步实现。①

“欧共体内部的统一市场建成后最直接的对外经济影响就是

① Marlene Wind, “Sovereignty, Anarchy, and Law in Europe, When Legal Norms Turn into Political Facts”, in Morten Kelstrup and Michael C, Williams, eds., *International Relations Theory and the Politics of European Integration*, Routledge Press, 2000, p. 124.

确立共同的对外经济政策。因此，把对外经济领域的决策权和执行权集中到共同体一级就成为统一市场建设的必然结果。”① 共同商业政策是欧洲经济外交政策体系中应用最为娴熟的经济外交政策之一，经过长久的运作，共同商业政策已经极大地增强了欧洲联盟在世界经济中的地位，同时也在更高程度上增加了欧盟内部的凝聚力。② 此外，共同商业政策也是欧洲经济外交中最具有代表性的政策方式，它占据了欧洲对外经济关系的核心位置，相比之下，援助政策以及发展和合作政策只是直接为政治目标服务的经济外交模式。因此，用共同商业政策来解释欧洲经济外交的规制建设，具有较强的说服力。在共同商业政策方面，欧洲联盟基于历史上参与创建关贸总协定以及后来对世界贸易组织改革已经取得的优势，积极地将自身经济外交中的规则建设与世贸组织的规则改革和制定有机地联系起来，例如关税的减让以及非关税壁垒的实施，在很大程度上就是以世界贸易组织的相关规则为参照的。此外，欧洲也通过积极对世贸组织的规则改革施加影响来增强自身的影响力。比如在多哈谈判过程中，欧盟在推进多边合作方面积极建议，提出了包括改进市场准入审批制度，为投资、竞争和促进贸易等新领域制定准则，公共卫生和使用预防准则等诸多方面提出改革建议，此类举动不但给了欧盟促进世界贸易规则建设很大的活动空间，同时也给了欧洲领导世界贸易规则制定与改革的优先权。

在贸易规则的实际运作方面，欧洲实现了重点操作与示范操作的有机结合，通过向国际化巨头公司施加压力，迫使其符合欧洲标准，以此来实现对某些行业的影响。此外，虽然

① 王鹤：《欧洲一体化对外部世界的影响》，对外经济贸易大学出版社 1999 年版，第 10 页。

② Roy H. Ginsberg, *The European Union in International Politics*, Rowman & Littlefield Publishers, Inc. 2001, forward, p. XIV.

直接使用某些行业措施来限制大公司行为，似乎是直接的市场行为，对国家之间的外交关系并无直接影响，但只要仔细观察我们就可发现，欧盟一般对这些公司采取区别对待的具体方法，而这一区别标准则是企业的国别归属问题。在欧盟看来，欧洲以外的垄断性行业产品出口到欧洲，直接伤害的是欧洲消费者的权益，而在长远看来，伤害的则是欧洲企业的竞争力和欧洲联盟经济实力的增长潜力。从 2004 年上半年欧盟对微软公司的制裁案中可以鲜明地看到这一点。欧盟认为微软在操作系统中硬性地加入视听软件，这种行为实际上是剥夺了消费者的选择权益，并人为地加高了该操作系统的价格，因此决定对微软实施惩罚。这个惩罚措施实际上为 IT 行业进入欧盟设定了技术门槛，取得对该行业的优势地位。同时，欧盟也在国际社会中树立了榜样，比如在欧盟作出决定后不久，日本也紧随其后，决定对微软采取类似措施。在这个案例中，欧盟对于该领域的规则实际上起到了初创作用，对日本等国起到了示范作用。可以肯定，今后对于处理该领域中的类似情形，欧盟将借助已经获得的初创优势，继续保持对国际规则的领导权。值得注意的是，欧盟这一举动也体现出与美国相区别的鲜明特色。美国在微软垄断问题上虽然同样表明要防止垄断，但相比较而言，美国的立场是对市场垄断行为采取宽容态度，而对创新、消费者权益的关注较为淡漠；而欧盟严格限制市场垄断，同时更关注技术创新与消费者的权益。欧盟坚持这一制裁措施建议并得以实施，某种意义上标志着由美国观点主导的反垄断法律转向由欧洲观点主导。

欧洲在经济外交中建设相应机制，对国际经济关系的现状和未来发展起到了相当的规范与塑造作用。它的“对外影响主要表现在通过所建立的新法规和机制（主要是公平竞争政策和对等开放市场原则等）迫使其他国家作出相应的调整，从而形成对国际经济关系发展变化的推动力量”①。比如就技术性贸易规则来说，可以促进世界各国商品结构的调整，提高产品的技术含量，提高企业的环境意识和消费者意识，并且对大多数国家实施可持续发展战略有着重要的借鉴作用。但是，在实践操作过程中，技术性贸易规则也具有明显的负面影响，比如过分严格的贸易技术指标能够在短期内使得发展中国家对欧盟的出口贸易停滞不前甚至大幅下降。

从国际关系中政治与经济互动的角度来看，欧洲经济外交中贯穿的规则特色正逐渐体现出了某种观念的胜利，其中体现得最为明显的就是进一步获得对世界贸易规则的主导权，并成功地实现了欧盟东扩。这种国际观念，或者可以更加直接地称之为国际规则观念，内容包括通过经济、政治、文化等规则来避免国家之间的战争，以实现和平维护稳定；进一步通过频繁稳定的交往而获得最大收益；通过谈判、磋商和对话解决分歧和矛盾，避免对抗与冲突；通过多边机构，实现多赢与共赢。而其中最重要的是，通过对中东欧国家实施经济外交并且贯彻相应的规则，使东欧国家按照欧盟的意愿实现了经济的转型，进而最终实现欧盟东扩。在开展经济外交的同时强化机制建设，对欧洲来说具有重要的意义。一方面，在经济外交过程中建立相应的管理机制，可以采用制度化的形式扩大欧盟的经济影响力；另一方面，随着欧盟成员国数量的增多，机制建设可以整合各国的外交立场，使得欧洲在国际社会中获得更大的发言权，而这与欧洲共同外交的总体战略目标是密切吻合的。

---

① 王鹤：《欧洲一体化对外部世界的影响》，对外经济贸易大学出版社 1999 年版，第 11 页。

三 欧洲经济外交机制建设的政治特色

经济外交是欧洲国家以“欧洲作为一个整体”的名义而开展的对外交往手段，同时也是在一体化早期为避免国际声望流于旧殖民主义形式而采取的务实外交方式。虽然以经济合作作为主要的载体和表现形式，但欧洲经济外交的实施过程从未割断它与欧洲一体化政治目标之间的内在联系。例如，“20 世纪 70 年代欧盟与非加太国家签订《洛美协定》时，所要解决的不仅是与这些国家的贸易关系，而是有着多种政治、经济和安全考虑”①。欧盟与发展中国家的经济贸易合作关系，在帮助发展中国家经济发展的同时，也在很大程度上促进了欧洲自身的利益：一方面，来自欧洲的经济资源有了投资场所、原料产地、销售市场等必需的利益；另一方面，欧洲也为提高自己在国际政治格局当中的地位进行了相关的投入并获得相应的回报。进入 20 世纪 90 年代以后，欧盟从指导思想、体制等各个方面将对外经济政策纳入欧盟统一的对外政策框架中，使得经济政策逐步转化成为欧盟政治外交的一个重要支撑。② 这意味着，欧洲今后经济外交中的机制化色彩将更加浓厚，其政治意图也更加明显，因此我们有必要关注其特征以及今后走势。

欧洲经济外交的机制建设突出体现了以下几个特征。

第一，及时性。在任何一项经济外交开展之前，欧洲国家就已经通过协调的方式，委托或者指定一个具体负责部门对即将开展的经济外交活动进行缜密预测，并制定出详细的行为规则。正因为规则制定及时，经济外交的每个步骤都可以有序进行，经济

① 张浚：“欧盟的‘软力量’：欧盟发挥国际影响的方式”，《欧洲研究》2007 年第 3 期。

② ［比］古斯塔夫·盖拉茨、陈志敏：《欧盟联盟对外政策一体化》，时事出版社 2003 年版，第 173 页。

外交的每个环节更加切实可信。该特色在当前欧盟与世界贸易组织的规则对接方面体现得最为明显。

第二，全面性。依据所涉及的具体事项来制定相应的规则，并且保证规则从整体战略规划到局部处理措施，从宏观主导原则到微观行为准则都作出明确的说明与规定。早在20世纪80年代，这个特色就有所体现。中欧在1985年签订《欧洲经济共同体与中华人民共和国贸易和经济合作协定》时，对如何开展经贸合作的新方式，如合作生产、合作经营、共同开采自然资源、技术转让、组织研讨会、座谈会、技术协助、互换情报等都作出了明晰的规定。[①] 这种全面而细致的规定，有效地防止了经济外交活动中由于规则缺失可能导致的利益损失。

第三，利己性。正如所有的规则制定者都努力使规则有利于自身一样，欧洲在经济外交中所贯穿的绝大多数规则，其所辖范围虽然是世界性的，但在规则的利益倾向性上却体现出明显的欧洲特色。给予发展中国家的经济优惠，不仅仅是符合发展中国家的利益，也符合发达国家的利益——包括欧盟/欧共体自身的利益，其中的利益不仅包括经济利益，也包括政治利益。欧洲一直在20世纪80年代推进乌拉圭回合的谈判进程，积极推进贸易自由化。乌拉圭回合的最大特点之一是不仅包括商品贸易，而且包括服务业、银行业、知识产权保护、旅游业等的投资自由化。欧洲的努力方向，在于使自身的统一市场建设能够在充分有利于自身发展的外部经济环境下进行。因此，欧洲极力推进乌拉圭回合在投资自由化方面有所进展，这实际上是欧洲各成员国集体对外经济利益的驱动性所导致的必然行为。再如，欧洲共同商业政策执行过程中，欧洲各国与其贸易伙伴在农产品数量限额、补贴、

① 转引自邵景春《欧洲联盟的法律与制度》，北京大学出版社1999年版，第658页。

海关估价、许可证程序以及技术性贸易壁垒等多方面展开激烈而持久的谈判，最后达成的协议就其实质内容而言也与欧洲一体化的成果密切吻合，这充分说明众多规则制定的着眼点，本身就是要努力保护欧洲国家的既有利益，并充分拓展欧洲自身利益的未来提升空间。① 众多的发展中国家产品正是因为无法在现阶段达到欧洲规则所确定的标准，因而黯然退出了欧洲市场。

第四，竞争性。欧洲深知国际关系的发展趋势是政治强权必将让位于经济优势，霸权秩序必将让位于民主规则。因此，欧盟成立后，确定规则管辖的对象不仅包括国家的经济行为，更包括对跨国公司的实际行为。可以预见的是，欧盟现在努力创建的规则，必定成为辅佐欧盟在国际关系行为体多元化背景之下主导国际事务的重要工具。因为此类国际规则的先导性、示范性、权威性以及约束性都已为欧盟所掌握，这就使得未来的国际竞争对欧洲更为有利。现在给欧盟带来巨大收益的机制化措施，将来也必然更大程度地为欧盟所利用。就当前而言，欧盟对外经济规制的竞争性与利己性紧密结合在一起，这就使得欧盟在考量相关规制的竞争能力时，把是否符合欧洲利益作为重要的评判依据。欧洲利益在欧洲对外经济关系中广泛存在，又决定了竞争性这一特色广泛渗透到欧洲的对外经济关系行为中。但是，这种广泛渗透的竞争特色并非体现为欧洲对外经济关系的每个环节，换言之，欧洲国家并非意图在国际经济关系中时时谋利，处处争先，长远考虑和综合规划是欧洲经济规制竞争性的两个重要依据。比如，欧洲开展对外经济援助过程中大多体现人道主义援助和中立原则，看似在短期内无法获得直接的经济回报，但从长远来看，欧洲在受援国家和地区的声望与影响力得到了巩固，有利于欧洲在该地区持续开展经济合作项目，这也必然有利

① 王鹤：《欧洲一体化对外部世界的影响》，对外经济贸易大学出版社 1999 年版，第 5 页。

于欧洲长期利益的巩固。因此，我们观察和分析这一特性，切不可将目光局限于某个特殊的对外经济事务领域，也不能局限于某个特殊的历史时期。

由于欧洲一体化仍在发展进程之中，因此，它自身的变化也必然影响到欧洲经济外交的机制建设。欧盟扩大后，内部经济差距拉大，各国在加深融合和一体化方面势必难以齐头并进。老的核心成员主张“多速欧洲”和“核心欧洲”，而新加入的中东欧小国则担心沦为二等公民，大加反对。这样，在对外规则的认识和行使上，新老成员、大小国家间利益诉求将产生巨大的差别。这种差别将使得欧洲内部在对外统一行使某种规则时，内部协调难度加大，整体行动能力受限。此外，共同商业政策的渐进变化特征也是影响欧洲经济外交机制建设的重要因素。迄今为止，欧洲联盟法中的共同商业政策仍是一个没有明确界定的概念，或者说仍是一个动态的概念，是一个“基于自主性和对外协定性的特别措施而逐渐发展的结构，因而不一定是指现存的规则体系，而是指一个逐渐形成的体系”，包括“所有调整与第三国经济关系以及有关货物自由流动及服务和支付关税的自主立法措施和协定立法措施”①，其范围一方面随着一体化的演进而扩展，另一方面将根据共同外交的变化而更新。因此，共同商业政策的变化必然影响到经济外交中机制建设的步骤与发展方向。

不过，我们必须看到，正是因为机制建设产生了积极效果，欧盟才能赢得众多国家的向心力，进而得以扩大其成员规模。因此，欧洲一体化的规模扩大所带来的消极影响并不一定能严重妨碍日渐联邦化的机制建设工作的顺利进行，经过一段时间的内部机制改革与调整，欧洲经济外交中机制建设的成果将愈益突出。

---

① 刘秀文、埃米尔·J. 科什纳：《欧洲联盟政策及政策过程研究》，法律出版社2003年版，第400页。

第四章　欧洲共同外交的政策安排支柱

20 世纪 50 年代以后，欧洲通过在经济一体化领域所取得的成就将欧洲联合的趋势稳定下来。经济上的成就，同时也逐渐推动欧洲各国向协调彼此外交政策、努力创造共同政治立场的方向迈进。70 年代初期，欧洲各国开始了在政治合作领域的探索，这标志着欧洲各国对外关系的共同合作从经济领域开始向外交政策领域发展。从 70 年代初期到 80 年代中期，欧洲政治合作的内容虽然涉及国家政治立场和外交政策这样的高级政治领域，但其发展步伐相当缓慢，且涵盖范围也拘囿于各国之间外交政策的意向协调，这反映出欧洲共同外交建设的关键之处在于国家对于主权让渡与权力转移的谨慎态度。1989 年以后的世界形势发生剧烈的变化，催生了一系列的新变数，由此，国际体系的复杂性也相应地增长。一方面，欧洲尤其是西欧国家不必单一需求军事力量来保卫自己的领土，它们的政策重心转移到更加分散的非传统安全方面，例如国际犯罪、民族冲突、恐怖主义、核武器扩散以及人道主义或者环境危机等；与此同时，欧洲也展开了如何在其他情况下是否以及如何为保卫国家主权以外的目的而动用武力的合法性的辩论。在某种意义上，欧洲一体化的中心问题转入到突出欧洲自身的轨道上来，如何在欧洲一体化的进程中解决安全问题成为第一等级的议题。这些条件促使西欧国家开始努力塑造欧洲在世界上作为独立角色的形象，以摆脱在一个超级大国的阴影之下生存的尴尬局面。在当时看来，建立在传统安全和防御理念之上的北约已经成功地完成了自己的使命，各成员国意识到，只有而且有必要通过一项共同的外交政策，国家的利益才能得到最大程度的保护，而这个意识对于较为弱小的国家来说更为强烈。①1991 年上半年，卢森堡担任欧盟轮值主席，当时的卢森堡外交部长雅克·普斯曾说："这是欧洲的时刻，而不是美国的时刻。"②

欧洲政治合作经过《欧洲单一法令》以及《马斯特里赫特条约》的推进，转化为欧盟共同外交与安全政策，并经相关条约认定，成为当前最具广泛性和最具协调功能的对外机制之一。之所以称为机制，是因为它不仅仅是政策本身，实际上，它是众多政策安排的集合体，"是一种机制，是支撑欧盟大厦的三根支柱之一"③。与其前身欧洲政治合作相比，共同外交与安全政策的本质在于，它在当前欧洲一体化成就的最高层次上，为欧洲一体化成员国制定了针对欧洲对外关系的导向性指令；设定了欧洲面向国际社会的行为目标与价值取向；对如何开展一体化的欧洲对外交往作出了宏观的政策安排；有机整合了欧洲对外关系中可以使用的各种方式与手段。作为一体化进程中欧洲共同外交的政策安排支柱，共同外交与安全政策实际上是欧洲在现阶段所采取的协调对外关系中各个方面功能与利益的阶段性措施，因此，与欧洲共同外交乃至欧洲一体化所要面对的挑战相比，这种政策安排的功能与体系还存在一定的欠缺，需要经过不断的修订与完善，才能最终实现其应有的目标。

---

① Ben Tonra, *The Europeanisation of National Foreign Policy*, *Dutch*, *Danish and Irish Foreign Policy in the European Union*, Ashgate, Burlington, 2001, p. 46.

② 转引自 Svein S. Andersen、Kjell A. Eliassen 主编《欧洲政策制定》，陈寅章等译，国家行政学院出版社 2003 年版，第 143 页。

③ 朱明权：《欧盟共同外交和安全政策与欧美协调》，文汇出版社 2002 年版，导言部分。

第一节　欧洲政治合作的发展进程及其影响因素

作为欧洲共同外交建设过程中在政策安排方面的初步尝试，欧洲政治合作经历了若干发展阶段，尽管从整体看来，它对现在欧洲共同外交所发挥的功效是比较有限的，不能算做决定性的推动作用，但它所创立的各种尝试性机制及其在各方面所获得的经验，为后期发展欧洲共同外交提供了有益的借鉴。

一　欧洲政治合作产生的背景

欧洲国际关系和全球国际关系在1969年和1970年发生了一系列重大事件，对战后以来的两极格局带来全局性的影响。在基辛格看来，当时的“世界上只有三个国家有能力打乱欧洲战后现状——美、苏两个超级大国和德国，如果它（德国）决定不顾一切追求统一的话”。美苏之间初现端倪的缓和关系对欧洲各国的对外战略思考产生了重大影响，欧美之间在诸多事务上的猜疑也逐渐促使欧洲开始正面审视欧洲对外关系的一系列问题。而在欧洲内部，大国的外交动向以及其在欧洲的地位也发生了不同以往的变化：德国相对强大的经济实力以及它对苏联政策的成功转型，使得法国开始怀疑欧洲一体化进程的安全状况；法国经过富歇计划的失败之后，也意识到没有英国的参与就无法实现欧洲内部力量的均衡，从而也无法在均衡的力量格局之下推动欧洲一体化的发展。

早在欧洲共同体建立之初，舒曼就坚持认为：“应该以实际行动建设欧洲，首要的结果就是建立真正的团结。”① 这种强调欧

---

① 罗伯特·舒曼：《1950年5月9日宣言》（Robert Schuman，“Declaration of May 9，1950”），转引自 Stirk Weigall，*The Origins and Development of European Integration*，Printer，1999，p. 76。

洲各国团结协作的思想与欧洲经济共同体的建立与成功，使得欧洲各国进一步期望协调彼此之间的对外政治立场，以谋求对外政策的一体化。在此背景之下，旨在建立欧洲政治和防务共同体的富歇计划得以出台。虽然该计划最终失败，但它却是欧洲国家通向外交政策合作方面的一个必然途径。比如，《洛美协定》的前身——《雅温得协定》谈判就是一个非常好的例证。在当时的情况下，与非加太国家的谈判中，欧洲各国达成一个相对宽泛的政治共识是非常重要的，这种政治共识是对非加太国家提供共同援助的重要背景因素，假设没有这种共识，共同体几乎不可能按照起初的意愿向非加太国家提供支援。此外，欧洲各国普遍面临的经济发展资源匮乏的困境也使得这个问题更为突出，在成员国之间以及在它们同石油输出国之间的关系中，逐渐增长上升的资源相互依赖以及欧洲各国的共同资源困境使得欧洲经济问题高度敏感，从而在欧洲各国范围内引起了普遍的政治思考。在这样不断变化的国际环境中，推动欧洲共同体向前发展，不仅有赖于成员国与非成员国之间稳定的双边关系，更有赖于依靠某些共同机制，唯此才可望协调成员国的外交政策。

欧洲政治合作产生之前，欧洲的状况可以描述为：早期经济一体化初步增强了欧洲对内对外经济实力与影响力，而政治方面的一体化则依然无所作为，两者之间的成果差异凸显了欧洲一体化事业的结构性缺陷。在经过近 20 年的一体化进程后，欧洲留给世界的形象依然是凝聚有限，整体政治实力不强，充分说明仅仅依靠经济领域的联合与协作，并不能够促成欧洲自身在国际事务中地位的提升。经济协作的进一步加深与发展，仅仅是为欧洲获取强大的外交影响力提供了实力基础，但并没有直接导致欧洲政治影响力的扩大。对欧洲各国政治合作涣散的局面，美国国务卿基辛格曾戏言：“如果我想与欧洲对话，我该打电话给谁呢?”这一言论道出了欧洲在世界事务中的尴尬，也间接地指出了欧洲在国际事务中的凝聚力之散乱。要实现联合声音的强大，必须直接在外交合作领域中有所建树，在政策合作与国家立场协调方面作出统一的部署与安排，以协调各国的对外行为。

为改变这散乱状况，法国总统蓬皮杜倡议在1969年12月于荷兰海牙召开共同体各个成员国首脑会议。会议发表的《海牙首脑宣言》责成各国外交部长们研究在扩大的背景下政治统一问题的最佳实现途径。以比利时外交部政治司司长达维尼翁为首的委员会接受了这项工作。1970年10月，六国外长卢森堡会议通过了达维尼翁的报告，也称《卢森堡报告》，决定共同体成员国加强政府间合作，协调成员国的外交政策。这个报告被看成是欧洲政治合作的创始性文献。届此，在共同体对外经济关系之外，初步产生了欧洲政治合作体制，欧洲对外政策的二元体系雏形已经基本形成。在当时，这些支持进行政治联合的政治家们认为，在一个经济相互依赖日益加深的世界中，外交合作不仅可以为欧共体的经济活动提供一种补充和支持，而且其成员国也可以利用集体力量来最大程度地发挥它们在外交上的影响。① 因此，欧洲政治合作的出现，象征着外交政策一体化的开始。现在看来，欧洲政治合作当然还谈不上制定共同的外交政策，在欧洲政治合作框架之下，并没有明确的欧洲外交政治目标以及欧洲外交政治机制，但是它所创立的制度联系给未来的共同外交做好了必要的前提准备。因为“国家间联系的制度化程度越高，相互交流的持续性就越有保障”②。从此，欧洲向共同外交迈出了具有重要意义的步伐。

《卢森堡报告》提出了政治合作的三大目标，即通过定期交

① Sir William Nicoll & Trevor C. Salmon, *Understanding the European Union*, London: Longman, 2001, p. 347.

② ［德］法布里斯·拉哈：“欧洲一体化如何运作——分析框架之设想”，《欧洲研究》2003年第3期。

换信息和磋商，在成员国之间就国际问题达成更好的相互理解；加强相互团结；采取共同行动。为实现这三大目标，《卢森堡报告》规定了相应的工作机制，其中包括：各成员国的外长每年至少举行两次会议；由各国外交部政治司司长组成的政治委员会，则每年集会至少四次；针对某个特定问题，政治委员会可以设立专门的工作小组，政治合作磋商的对象包括所有重要的外交政策问题；当政治合作的工作影响到共同体的活动时，委员会将受邀发表意见；外交部长们将每年两次与欧洲议会的政治委员会成员举行非正式的会议，就政治合作的磋商议题交换意见；在每次六国外交部长会议后，应该向英国等四个申请入会的国家传达会议信息，并召开包括四国在内的十国外长会议。

欧洲政治合作可以理解为："从 1970 年开始，欧共体成员国用来商讨与协调各自在外交政策上的立场以及在合适的时候一致行动的相关政策性程序。"尽管这只是一个名义上的欧洲层次的对外决策过程，但它所采用的措辞足以使世界感到当时的欧洲政治环境与发展动向。[①]对成员国来说，在 1974 年正式采用"欧洲政治合作"这一个较为婉转的说法，可以在某种程度上避免承认将主权或者外交政策转移给欧共体的政治尴尬。根据实际情况来看，当时欧洲各国普遍存在着对欧洲政治合作机制的疑虑与反感，任何有关提及欧洲政治合作之"程序"、"过程"或者"机制"的说法，都在某种程度上代表着欧洲各国接受这一合作机制的限度。这种谨慎的态度在推动欧洲政治合作的《卢森堡报告》中体现的非常明显，报告指出，欧洲政治合作将仅限于"常规性的信息交流与协商，以求实现各种观点的和谐以及立场上的协调"，而共同行动仅仅在可能或者各国愿意的情况下方可实施。[②]

① Brian Whie, *Understanding European Foreign Policy*, Palgrave Ltd. 2001, p. 71.

② Luxembourg Reports, Part 2, 2: 1, 1970, pp. 24 – 32.

二 欧洲政治合作的发展及其影响因素

欧洲政治合作从产生到经1992年《马斯特里赫特条约》转变为欧盟共同外交与安全政策，其间经历了三个阶段，每个阶段都在一定程度上显示了欧洲创建共同外交的阶段性成果。此外，由于各个时期的影响因素众多且存在较大差异，对该阶段的欧洲政治合作发展也有不同程度的影响。

（一）第一发展阶段与相关影响因素

第一阶段从EPC建立开始到20世纪70年代中期。在这一阶段，政治合作的成功之处在于促使各国在欧洲安全与合作会议方面形成了统一的立场。这一成果意义深远。在形成以后的几年里，EPC已经能够在世界事务中发挥一定的作用，同时对维护东西方之间关系的平衡起到了一定的巩固作用。此后不久，欧洲共同体在解决中东问题方面力图采取统一而独特立场的努力也取得比较可观的进展。当然，EPC并没有像人们所想象的那样有充分的发展，这是因为欧洲受到了来自美国的压制性影响。但是，欧洲毕竟形成了一个协调性的政策合作平台，这使得欧洲各国能够有效地规避在中东问题上究竟是偏向以方还是阿拉伯世界一方的“一刀切”立场所带来的危害性影响，同时也有效地维护了共同体的利益。在同一时期，美欧之间协调彼此关系的一个模式开始形成，在危机管理方面，欧洲方面开始采取一些尝试性的步骤。同样，在对南非问题上，欧洲采取了协调性的共同行动政策，从而在世界上体现了道义责任的思想。①

值得一提的是，在欧洲政治合作机制的第一发展阶段里，

① Elfriede Reglesberger, Philippe de Schoutheete de Tervarent, Wolfgang Wessels, *Foreign Policy of European Union, from EPC to CFSP and beyond*, Lynne Rienne Publishers, London, 1997, p. 20.

1970 年 10 月的《达维尼翁报告》奠定了行为机制的基础。根据海牙首脑会议的要求，欧共体各国外交部长委托他们的顾问在比利时外交部政治司司长达维尼翁的主持下起草了一份报告。其目的是要在欧共体各个成员国之间建立一种政治合作机制，使得欧共体能够在所有重大国际问题上采取统一态度，用一个共同的声音来展示欧洲的观点。报告宣布，欧共体成员国应在第一阶段致力于外交政策的合作。此外，《达维尼翁报告》进一步指出："按照《巴黎条约》和《罗马条约》的序言的精神，建立政治联盟的愿望应当以确定形式付诸实践，因为这种愿望始终是推动欧共体进步的一种力量。"①

在吸取了富歇计划失败的教训后，六国通过《达维尼翁报告》保留了戴高乐所主张的政府间合作主义的框架，但同时在三个方面也作了相应的调整，以保证政治合作进程的成功启动。这三个方面的调整是：（1）针对丹麦等国的担忧，该报告在彻底放弃联邦主义的同时，通过十国机制将尚未加入共同体的英国引入政治合作机制，以防止法国在政治合作中采取霸权主义；（2）成员国有意识地将政治合作机制与共同体行为机制区分开，并特别规定外长会议一般应在共同体轮值主席国的城市召开；（3）政治合作的范围仅仅局限于外交政策范围，不涉及富歇计划所涉及的经济文化事务，以此保证欧洲政治合作不会去干预共同体事务，而共同体方面也不会对欧洲政治合作形成干扰。尽管该报告只是一项更为低调的政府间协议，而不是富歇计划设想中的一个条约，但却更加注重讲求实效。

1972 年 10 月，在成员国巴黎首脑会议上，包括英国、爱尔兰和丹麦这三个新成员国在内的共同体九国元首集体宣布，希望

① Sir William Nicoll & Trevor C. Salmon, *Understanding the European Union*, London: Longman, 2001, p. 347.

在20世纪70年代末，将成员国之间的整体关系提升至一个类似“欧洲联盟”的层次。在推进政治合作方面，各国首脑同意将外长会议的次数由每年的2次增加到每年4次，并责成各国外交部长最迟于1973年6月30日前提交第二份加强政治合作的报告。由达维尼翁领导的委员会如期提交了报告，该报告随后在7月被成员国外长哥本哈根会议所采纳，并在8月获得各国首脑的批准。

这份被称为《哥本哈根决议》的文件，在总结过去几年欧洲政治合作经验的基础上，提出了加强政治合作的几项建议：各国外长会议每年的2次增加到4次；政治委员会的会议每年4次改为每年在必要时可以随时集会，从而使会议的次数实际上达到了每月1次；各国外交部指定一位专门负责欧洲政治合作事务的外交官，组成欧洲联络员小组；在各国外交部之间建立专门的通信渠道，以便及时保密地交换情报；加强各成员国驻扎在第三国以及国际组织的外交官之间的合作。通过这些改进措施，并根据哥本哈根所作出的决定，共同体建立了一个集体外交的日常工作体制。同年12月，在成员国哥本哈根首脑会议上，各国首脑发表了《欧洲特性宣言》，提出要塑造共同体国家在国际事务中的欧洲特性，并希望在确定欧洲共同利益与价值的基础上，更妥善地界定欧洲与世界其他国家和地区的关系，形成共同一致的立场，提高共同体的国际地位，以便在国际事务中扮演更重要的角色。

如果说外部环境对欧洲政治合作发展过程形成一定的压力，那么，这种外部压力同样还包括其他国际行为体的反应对欧洲政治合作的间接影响。欧洲政治合作确立之后不久，第三方就开始对欧共体持续施加了影响，从而使得欧共体在履行对外事务过程中的联合程度不断增强。例如，为应对1973年的石油危机，欧共体国家于当年12月召开首脑会议，决定以集团形式接待来访的阿拉伯国家外交部长访问团。这是欧洲为应对石油危机而作出的一次整体外交努力，该次会议促成九个成员国提起一致动议，创立了后来的欧—阿对话机制，在一定程度上缓和了欧洲能源供应的紧张局面。这充分说明，在欧洲政治合作的推动之下，欧洲已经具备了某种程度的共同外交的形象，至少在外部世界看来，欧洲共同体可视为一个在外交磋商过程中必须给予充分考虑的集团行为体，欧洲共同体的外交影响力已经开始体现出来。

（二）第二阶段与相关发展因素

第二阶段从20世纪70年代中期开始延续到80年代初。这一阶段政治合作进展不大，既无任何有创造性的设想与动议，也没有按照预期充分高效地施行合作方案，而且各个方案在成员国家中响应寥寥。在这方面，欧洲各国对待阿富汗问题的态度与行为具有相当的代表性。虽然其中所包含的因素多种多样，但至为关键的一点是，在共同体内部各国因为经济发展趋缓而导致精神低迷，因而对阿富汗问题兴趣索然；另一个更为直接的原因，则是作为核心之一的法国在这方面也没有多大兴趣，当时的法国总统德斯坦似乎更愿意把注意力投向更为广阔的世界舞台。所以，这一阶段可以称作欧洲政治合作的停滞时期。

1974年，巴黎首脑会议召开，在法国总统德斯坦和德国总理施密特的共同倡议下，共同体巴黎首脑会议决定设立成员国元首和政府首脑组成的欧洲理事会，每年集会三次，新成立的欧洲理事会处于《罗马条约》所规定的共同体之外。设立这一机构的原因在于，各国首脑认识到有必要以整体的方式来应付欧洲统一过程中所涉及的诸多挑战，并必须把确保共同体活动和政治合作工作的进展与整体一致视为基本要务。因此，在欧洲一体化的架构上，首次在最高层次构筑了欧洲政治合作与欧共体之间的桥梁。在政治合作机制方面，巴黎首脑会议的另一项创新是允许政治合作机制的外长会议可以在共同体部长理事会和外交部长会议召开期间同时召开。由于两个会议的参加者相同，可以同时同地召开会议，因此，共同体机制和欧洲政治合作机制之间的清晰界限开始变得模糊了，欧洲政治合作开始在某些领域采用共同体机制的部分手段来发挥对外影响力。

巴黎首脑会议委托比利时首相廷德曼就1980年建成欧洲联盟的可能性提出报告，1975年12月出台的《廷德曼报告》的内容较为激进，对现有的欧洲政治合作机制提出了近乎革命性的改造建议。该报告的内容大致包括如下几个方面：第一，欧洲联盟意味着统一对外，为此，共同体应该在对外关系的所有重要领域，如外交、安全、经济关系和发展援助等方面建立共同行动；第二，建立联盟对外政策的单一决策中心，合并共同体的对外政策机制和欧洲政治合作机制，建立单一的部长理事会；第三，使多数表决机制成为部长理事会的日常表决机制，并要求持少数意见的国家在争论结束后向多数国家的立场靠拢；第四，欧洲联盟的完成最终要求发展一项共同防务政策，在近期内，应加强在安全问题上的磋商，并在武器生产方面进行合作等。《廷德曼报告》中联邦主义式的构想震惊了政府间主义者，其中有关建立共同防务政策的建议也使得大西洋主义者颇为不快。而且，报告提出的时机也不适合当时的情况。受中东石油危机的冲击，各成员国的经济相继出现困难，无暇顾及欧洲一体化建设。因此，各方面都没有精力和意愿去展开一场艰巨的谈判，在1976年11月召开的海牙首脑会议轻描淡写地赞扬了廷德曼的努力后，该报告被束之高阁。

此后，欧洲政治合作机制中推动共同外交的工作再度陷入停滞状态。直到后来两起较为富有活力的活动发起，才改变了这个迟滞局面。其一，是1980年由卡灵顿公爵（Lord Carrington）发起，经过了艰难谈判最终在1981年10月通过的《伦敦报告》，这个报告为以后六年内的EPC行动奠定了基础。尽管《伦敦报告》不具备变革性措施，但其作用却显而易见，因为它为以后改革EPC机构奠定了基础。其二，《伦敦报告》也对其中一些自《哥本哈根报告》以来就实行的措施进行了改革，其中最具创新性的是“三驾马车”机制以及协调各国外交使命的EPC共同协调机制。①

当然，欧洲政治合作的迟滞局面的结束，与苏联入侵阿富汗也存在较大关系。苏联1979年入侵阿富汗后，欧洲在美国与苏联对抗的过程中感受到了再一次的低迷，这次低迷引燃了欧洲内部将安全政策协调起来的一致需求。以此为契机，欧洲各国于1981年出台了《伦敦报告》，以推动各国的政治合作。此后，外部环境中的一系列国际事务均促进了欧洲政治合作的发展，例如波兰的军事法事件、阿根廷入侵福克兰群岛、以色列入侵黎巴嫩等，这些事件激发了欧洲国家改变当前欧洲政治合作停滞状态的雄心壮志，促使它们通过强化并利用共同体手段来实施共同一致的对外政策。

（三）第三阶段与相关发展因素

第三阶段从20世纪80年代初到欧盟共同外交与安全政策出台，历时近10年。由于外部事件对政治合作起到了一定的促进作用，例如，欧共体必须面对波兰军事法事件、英阿马岛战争以及以色列入侵黎巴嫩事件，这促使欧洲政治合作出现了转机，欧洲政治合作采取实际行动来维护欧洲的整体利益。值得注意的是，成员国在面对这些问题考验之时，开始使用某些原本为共同体所用的工具手段，这说明成员国意识到，从欧洲政治合作的角度出发，辅以欧共体的某些超国家权威的手段，可以较大程度地实现欧洲的外交利益与目标，比如针对苏联以及阿根廷采取的经

① Elfriede Reglesberger, Philippe de Schoutheete de Tervarent, Wolfgang Wessels, *Foreign Policy of European Union, from EPC to CFSP and beyond*, Lynne Rienne Publishers, London, 1997, p. 21.

济制裁，又如针对中美洲以及南非采用的经济援助的方式，均有效地实现了当初的外交目标。至此，欧洲政治合作开始采用多样化的政策形式来推动共同外交立场的形成，其中既包括各国间合作发表的共同宣言，也包括政治合作机制与共同体之间的功能互动。特别需要指出的是，政治合作机制与共同体之间的互动对于共同外交中综合手段应用的意义尤为突出。在此之前，出于对主权让渡的担忧，欧共体国家极力将欧洲政治合作局限在一般程度，仅仅是希望实现彼此之间信息的交流与互换，并屡屡在多项条约中对外交合作的相关标准加以强调解释，以防引起各国民众的误解。但是，在国际环境的促动下，单纯的信息交流无法协调各国立场，更无法保证欧洲维护其国际利益，因此，综合应用各种外交手段并加强彼此之间外交立场的“同一性”已经成为一种必然要求。可见，有关“同一性”的规定不再是也不可能是共同外交方式中的禁忌了。[①] 实际上，包括欧洲政治合作在内的欧洲共同外交，必须在保护欧洲各民族多样性的同时，不断加强各国外交立场的“共同特征”。

国际社会中日渐增强的法制化趋势也是欧洲政治合作得以有较大进展的主要推动力之一，而欧洲一体化开展以来所创造的欧共体法制环境，则是推动欧洲共同外交法制基础建设的具体内在动力之一。1986 年《欧洲单一法令》出台以前，欧洲政治合作还没有任何的法制基础，而仅仅以一系列政治报告、声明或者程序的形式体现出来。为改变这一状况，《欧洲单一法令》确定通过引入新的政策形式来修订《罗马条约》，同时启动欧洲单一货币计划，从多个方面来加强欧洲政治合作的政策与制度基础。该法

① Elfriede Reglesberger, Philippe de Schoutheete de Tervarent, Wolfgang Wessels, *Foreign Policy of European Union, from EPC to CFSP and beyond*, Lynne Rienne Publishers, London, 1997, p. 21.

令中有两个条款对欧洲政治合作非常重要：第三十款第一条，规定各方共同努力创建并实施一个欧洲外交政策；第三十款第五条，规定各方应同意欧洲共同体的对外政策以及欧洲政治合作的一致政策应该是统一的。条约同时指出，欧洲政治合作应独立或平行于欧洲共同体机制框架，它对成员国的权利要求与欧洲共同体施加给成员国的各项义务之间是对等关系。基于以上几项法制规定，欧洲政治合作的法制基础得以增强。对此，欧洲学者特雷弗·塞蒙（Trevor Salmon）曾指出：尽管已经并入到《欧洲单一法令》之中，但欧洲政治合作依旧保留了其独立的政治义务与职责要求，而不仅仅是从法律上规定外交政策合作应严格地保持政府间主义特色。

第二节　欧洲政治合作的效能评价

欧洲政治合作的每一个发展阶段，都伴随着相关机制的建立。尽管这些机制在短期看来显得较为软弱，无法赋予欧洲强劲有效的对外行为能力，但从欧洲政治合作向共同外交与安全政策迈进的阶段来看，依然有其积极意义。

一　欧洲政治合作的政府间主义特色及其机制成果

欧洲政治合作发生与发展的过程中，政府间主义的理论色彩与行动方式贯穿始终。20 世纪 70 年代初欧洲各国所面对的外部环境压力，以及在经济一体化过程中所给予的启示，是欧洲各国在政治合作领域开展有益探索的重要原因，但这个原因不足以使各国完全信任这样的合作机制可以不损害自身的主权与既得利益。此外，欧共体的首次扩大正在进行过程之中，成员数量的增多也带来了原有六国合作机制的渐进变化，成员国之间的力量对比以及对共同体命运的认识也处在变化过程之中。这样的一些不确定因素，迫使成员国以异常谨慎的态度以及微小的步伐，参与到欧洲政治合作的发展与建设中来。在这样的国家关系中建设对外关系的共同体系，遵循政府间主义的指引也在所难免。

1970 年的《达维尼翁报告》为欧洲政治合作奠定了首届机制，同时也着重突出了政府间主义的特色。在该报告中，对欧洲政治合作的行为机制作了如下规定：(1) 不建立在一个条约的基础上；(2) 不处于共同体的框架之中；(3) 不要求成员国承担约束性义务；(4) 不隶属于适合共同体的程序和制度平衡；(5) 不接受独立于参加国的机构所提供的服务。此外，六国政府虽然承诺与伙伴国就外交政策问题进行必要的磋商，但实际上只有在发现彼此具有相似的认识和理解时才采取共同立场。由此可见，政府间主义在一开始建立欧洲政治合作机制之时就已经扎根于各国首脑的意识当中。他们认为可以通过一致的意见来制定决策，甚至没有考虑是否要投票，更没有考虑过某个成员国是否需要表明自己的独立立场以区别于其他国家的共同立场。在这种情况下，成员国的权利是比较大的，它们在参与欧洲政治合作机制的同时，依旧拥有可以独立履行本国外交政策的自由权利。

虽然政府间主义的理论指导不足以促使欧洲政治合作成为强有力的对外政策工具，但在各国明确认识到欧洲必须协调对外政治立场的前提下，欧洲政治合作依然在有限的范围内发展了一部分政策协调机制。比如，轮值主席机制得以确立，并且保证了各国外交部长在召开理事会的空余时间内可以发起正式或非正式会晤的制度。当值主席国也可以通过总务理事会（GAC）为欧洲政治合作提供动力机制，即由条约规定，在共同体委员会的主导之下，当值主席国可以进行一系列的活动，包括发起动议，召开会议，设置议程，推动各国达成协议，代表各成员国发表言论，处理同第三方之间的关系，并且可以在必要的情况下实施决议。此外，1974 年召开的欧洲理事会同时也为欧洲政治合作提供了高层的机制支持，在政治事务指导委员组成的政治委员会之下，完成了外交部长的会议组织准备工作。该指导委员会由各国外交部的高级职员组成。经授权，指导委员们组成工作小组，与肩负专门任务的外交部门职员一道工作。日常的程序工作处理交由欧洲各国负责人实施，由各国中层领导人员组成的小组之间互通信息，其间建立起名为 COREU（CORrespondance EUropéenne）的信息沟通网络，该网络的功能是连接各国外交部门，以便处理专属欧洲政治合作机制范围的事务。当值主席国负责主持欧洲政治合作日常管理各个方面的工作，但工作委员则应同时包括来自上届以及下届当值主席国的人员，以保持工作的连贯性。

1981 年 10 月发表的《伦敦报告》，同样也突出了政府间主义的色彩。《伦敦报告》指出，欧洲政治合作在过去十年中取得了显著的成效，已经发展成为所有成员国外交政策的一个中心要素。尽管如此，在现有机制下，十个成员国在国际事务中所扮演的角色仍然与其整体的影响力并不相符。为了加强政治合作机制，《伦敦报告》将部分安全问题纳入到政治合作的讨论范围之中，各国承诺，在与十国共同外交政策相关的重大问题上，各国应该在确定最后立场或者提出本国倡议之前与伙伴国进行磋商。为加强政治合作的延续性，设立两种“三驾马车”的机制，即由现任、前任和后任轮值主席国代表组成的与第三国对话机制，由前任、现任和后任轮值主席国派遣外交官到现任轮值主席国以协助日常工作的非正式秘书处机制。《伦敦报告》提出，共同体委员会可以全面参与政治合作，提出处理相关紧急状况的危机程序。经为数至少三个国家的要求，可在 48 小时之内召开部长或政治委员会会议。所有这些协调机制都加强了各国在外交合作方面的制度建设，从而为将来共同外交与安全政策的出台奠定了基础。因此，从这个角度来看，欧洲政治合作在机制方面所做的工作仍然值得肯定。欧洲政治合作不断用政治条约与合作协定来推进其合作进程的同时，也给外部世界一个启示："每当欧洲签订一个新的欧洲条约之际，也就是欧洲的外交政策受到世界重视之时。"[①] 而与此相反的一个启示则是："即使意图中所设想的全新的外交模式非常宏伟壮观，只要实践行动零散而无章可循，那么任何尝试都将一事无成。"[②] 有鉴于此，欧洲此后推进对外关系合作的各种尝试均在不同程度上加大了合作机制建设的力度。

二　欧洲政治合作的效能评价

欧洲政治合作（EPC）机制对欧洲共同外交的建立和发展起到了一定的积极作用，并成为必要的过渡环节，特别是各国之间的磋商与协调立场等外交合作尝试，对塑造欧洲的形象和提升欧洲的影响力具有一定的促进作用。正如菲利普·德施罗兹所描述的欧洲政治合作成员之间的"协调反射"（Coordination Reflex）现象，即在对国家发展采取行动之前，成员国彼此之间的相互咨询，发生社会化过程，因而成员国更容易领悟和理解共同利益，共同利益甚至可以在一个相应的政体缺失情况下得到发展。可见，欧洲政治合作的产生与发展，对欧洲共同外交而言，其正面意义是应被重视的。但从其实施效能来看，欧洲政治合作仍然存在很大的局限性。比如，欧洲政治合作机制大多以号召或指导意见的形式出现，对成员国没有足够的约束力。又如，在欧洲政治合作机制的推动下，各国之间尝试开展防务合作，但由于这种合作是在欧洲政治合作机制之外进行，只达成了一些具体的多边或者双边项目，距离真正的欧共体防务政策还有很大的距离。造成

① Elfriede Reglesberger, Philippe de Schoutheete de Tervarent, Wolfgang Wessels, *Foreign Policy of European Union*, *from EPC to CFSP and beyond*, Lynne Rienne Publishers, London, 1997, p. 3.

② Hazel Smith, *European Union Foreign Policy*, *what it is and what it does*, Pluto Press, Virginia, 2002, p. 64.

这种局限性的原因是多方面的。首先，欧洲政治合作的背景使其难以有理想的对外行动。欧洲政治合作是在北约的阴影和冷战的背景下产生的，安全和防御问题都被排除在其工作范畴之外，这意味着欧共体不可能依靠欧洲政治合作而成为国际政治体系的重要参与者。更甚者，欧洲政治合作只能是跨大西洋合作和欧洲一体化进程中的无关紧要的一个举动。[①] 此外，欧洲政治合作的运作机制是主要的限制性因素之一。由于它的功能是通过相互磋商来协调成员国之间的立场，所以总是存在着“声音大，行动少”的问题。宣言是它的主要产品，“呼吁”、“提请注意”、“欢迎”等是它惯用的措辞。最为重要的问题，则是欧共体各成员国的利益差距直接导致欧洲政治合作无法实现预期的统一行动。因为利益的分歧，它们在不少问题上都难以形成共同立场，更不能奢望采取共同行动。1979 年苏军入侵阿富汗，引起了欧洲各国的震惊，但是欧共体依然难以在是否抵制 1980 年莫斯科奥运会的问题上取得共同立场。英国强烈主张跟随美国进行抵制，法国则不愿意采取与苏联对立的态度，而当时的联邦德国对于美国的做法也表示了强烈不满。1983 年，韩国的波音 747 客机被苏联导弹击落以后，欧共体国家也未能就谴责苏联一事取得一致。在英国与阿根廷两国因马尔维纳斯群岛发生战争以后，欧共体成员国基本上都站在英国一边，并应英国的要求对阿根廷采取经济制裁和武器禁运。但是，1986 年加入欧共体的西班牙则表现得较为特别，这是因为它与两个当事国都有着特殊的历史关系。西班牙在直布罗陀主权问题上与英国争夺由来已久，同时又是原来阿根廷的宗主国，因此，尽管西班牙对阿根廷使用武力表示了遗憾，但同时也依然支持阿根廷的领土要求。关于欧共体对南非实施制裁的例

---

① 参见 Svein S. Andersen、Kjell A. Eliassen《欧洲政策制定》，陈寅章等译，国家行政学院出版社 2003 年版，第 143 页。

子同样是一个典型。由于南非内部冲突不断，国际社会要求对南非实行制裁的呼声不断高涨，但直到1986年9月，欧共体外长会议经过了长期的激烈辩论之后才达成协议，决定禁止从南非进口钢铁，并指示欧共体委员会研究禁止进口南非黄金等产品和停止对南非进行新投资的问题。但是，欧共体各成员国在是否需要禁止从南非进口的问题上始终未能达成协议。其中，英国、联邦德国由于在南非有巨大的经济投资，并且对南非煤炭供应有严重依赖，因而采取了不同于法国等国的态度，反对向南非施加严厉的制裁措施。[①] 可见，国家利益的不一致，直接导致欧洲共同外交行动无法成功实现。

在冷战结束、两极格局解体等世界形势剧变的衬映之下，欧洲政治合作机制的缺点更加突出，它反映出这一机制的缓慢与陈腐之处，更突出显示了欧洲共同事业发展所存在的痼疾。这些缺点不仅为参与国、政治家以及外交官和学术研究人员所了解，就连普通的欧洲公民也有所耳闻，因为他们可以通过电视了解到这些外交政策的具体执行情况。在日夜不断的关于世界各地新闻的播放中——比如波斯尼亚、卢旺达、车臣、索马里以及海湾——收听或者收看新闻的人注意到，欧洲从未作为独立的国际行为体起到过主要的影响作用。他们只能听到美国或者俄罗斯的行动，间或听到关于欧洲联盟某个成员国的新闻，但从未听到有关欧盟外交行动的新闻。因此，欧洲公民总是把欧洲想象成一个没有共同外交政策的行为体，或者把它想象成是一个与世界事务毫不相干的行为体。基辛格曾在题为“欧洲的时代”的演讲中提到，欧洲当前的（政治合作）缺陷在欧洲应该履行义务的地区问题面前富有讽刺意味。他指出，在前南斯拉夫以及地中海南部地区所发

① 上海国际问题研究所：《国际形势年鉴·1987》，中国大百科全书出版社1987年版，第147页。

生一系列事务中，欧洲没有提出一个可行的政策来与欧洲人所谈论的雄心壮志相匹配，新欧洲所起的作用很难让人信服。因此，尽管欧洲提出的共同行动目标清晰而明显，但是却没有履行相应的充分而有效的行动。共同行动不仅过去很少为人所知，现在也依然十分有限。①

从实际情况来看，尽管欧洲政治合作在机制建设方面作出了有益的尝试，但它的运作制度依然存在相当大的缺陷。迫于外部世界的压力，欧洲各国试图通过协调对外立场来实现共同利益，同时确保自身利益不受损害。但是，协调各国外交立场的同时，必然要对某些主权作出让渡，从而对自身权利形成一定的约束。因此，在权衡利弊时，难免引发各国对利益得失的担忧。这种状况也可以看作是多个行为体针对某项共同事业所展开的博弈。在这个博弈过程中，包含三个层次的利益考虑。第一，各国之间达成的共同外交立场是否可以给自身带来更大的收益。具体对欧洲政治合作而言，各国考虑的是参与欧洲政治合作所带来的收益是否会远远大于依靠自身力量所获得的收益。第二，各国对协调外交立场的参与力度参差不齐，也就是说，各国参与这项共同事业的代价存在重大差异，这就必然导致彼此之间付出与收益的比例也难以均衡。第三，这项公共事业是否会存在“搭便车”的行为，即某些成员国的付出为零，而其收益与其他参与国基本一致，由此难以实现共同收益在各国之间的均衡分配，进而使欧洲政治合作的实施效果大打折扣。

由于缺乏有效的监督与激励机制，欧洲共同体/欧洲联盟成员国对欧洲政治合作的态度可谓常常“裹足不前”，由此各国的

---

① Elfriede Reglesberger, Philippe de Schoutheete de Tervarent, Wolfgang Wessels, *Foreign Policy of European Union, from EPC to CFSP and beyond*, Lynne Rienne Publishers, London, 1997, p. 4.

合作也就陷入一种桎梏之中——各成员国只能够产生适合各自需求的程序和结构，而无法实现对集体有效的程序与机制；都希望在一定的主权让渡和利益损失的基础上，从共同合作机制所带来的最终成果中受益，但同时却又担心其他成员国不会努力地实现责任共担，由此使自己的相对收益大大降低。① 在这种情况下，各个成员国对共同合作机制的信任度均在较低程度上徘徊不前，因而不能对这一共同事业采取踊跃而积极的合作态度，更不能奢望有成员国会自愿充当主导国家。从另外一个角度来看，由于欧洲政治合作机制对各个成员国的吸引力度不大，被各国普遍认为是一个缺乏监督与信任的合作机制。成员国的不信任引发了该合作机制进展乏力的不良后果，反过来，又进一步扩大了各国对该合作机制信任缺失。可见，多国合作机制的成败关键，不仅在于具体国际形势所造成的环境压力，同时也在于各国之间的合作诚意。

基于这样的认识，欧洲成员国特别是欧洲一体化的积极推动者们开始思索如何把欧洲政治合作机制改革成为更加有效的对外政策合作平台。比如，法国总统密特朗与德国总理科尔于 1990 年 4 月交换的信件中就充分讨论了这一问题。他们认为，在外交与安全政策领域，成员国应实现一个质的跨越。它从一个单纯的合作发展到共同政策，接下来所要实现的目标，则是从一个政治合作机制的局限性对自身发展以及其他国际渠道形成羁绊的环境，跃进到另一个新的自由环境中。只有在新的平台上，有效的共同外交政策才会激发它自身的动机与能量。这意味着，常规的外交磋商和通用的政策规划，如果只具有“软性”的政治后果，

① Elfriede Reglesberger, Philippe de Schoutheete de Tervarent, Wolfgang Wessels, *Foreign Policy of European Union, from EPC to CFSP and beyond*, Lynne Rienne Publishers, London, 1997, p. 4.

那就永远只能是不充分的机制。相反，它的目标应该是发展高级政治和硬性义务，而且，为了实现这一目标，有必要在实践行为中加大贯穿超国家主义指导思想的力度。

第三节　欧盟共同外交与安全政策的政策安排

从欧洲政治合作向欧盟共同外交与安全政策转变的过程中，一直伴随着诸如海湾战争，前南斯拉夫战争等各种危机。欧洲政治合作的各种缺陷在解决这类危机的过程中暴露无遗，这使得加强欧共体的外交安全政策成为势在必行的任务。为此，欧洲联盟对欧洲政治合作进行了全面的调整，并在此基础上形成了共同外交以及安全政策的基本框架。它着重强调欧盟共同外交的连续性与有效性，并通过具体的政治条款来得以实现。1993 年 11 月 1 日，《马斯特里赫特条约》正式生效，欧盟共同外交与安全政策正式形成，并被确立为欧盟的三大支柱之一。经过 1997 年《阿姆斯特丹条约》的修订，欧盟对其共同外交与安全政策的目标作了如下界定：“（1）依照《联合国宪章》的原则，维护欧盟的共同价值观、根本利益和独立；（2）全面加强欧盟及其成员国的安全；（3）按照《联合国宪章》的原则与《赫尔辛基最后文件》的原则以及《巴黎宪章》的目标，维持和平与加强国际安全；（4）促进国际合作；（5）发展和巩固民主与法治，尊重人权和基本自由。”从这些目标来看，共同外交与安全政策的潜在运作范围非常广泛，将“涵盖有关外交和安全政策的所有方面”。欧盟将通过建立成员国之间的系统合作及成员国在具有重要利益的领域执行联合行动来逐渐实现这些目标。目前共同外交与安全政策仍处于尚未成熟的阶段，但它毕竟标志着欧洲一体化在新的历史条件下的重要进展，反映了冷战结束后欧洲安全结构重新调整的现实需要及欧洲经济一体化和政治一体化进一步深化的迫切需要，这将对欧盟及其成员国的对外政策产生直接的影响。

在欧洲共同外交之内，欧共体所开展的经济外交属于基础部分，而欧盟共同外交与安全政策则是整个共同外交的政策安排与制度设置，属于核心枢纽部分。因此，这个枢纽的运行机制对共同外交的建立与功能发挥，起着宏观的协调与控制的作用。总体来看，共同外交安全政策具有较为全面的功能，其协调与控制功能能够在最大程度上满足超国家主义与政府间主义之间的观念角逐，也能够协调欧洲联盟内各成员国与欧盟之间的利益，此外，还可以有效地把握欧洲对外关系发展的态势。共同外交与安全政策是一个政策过程，其间，各国内部必须协调政府与各种政治势力的关系，同时也必须排除来自其他机构的干扰因素。① 欧盟共同外交与安全政策是主导欧洲共同外交建立与发展的首要决定性因素之一，了解它的运行机制，对于深入理解欧洲共同外交的现状与未来至关重要。

一 欧盟共同外交与安全政策的决策主体

从《阿姆斯特丹条约》开始，共同外交与安全政策的决策机制也经历了较长的发展历程。根据《阿姆斯特丹条约》的规定，欧盟理事会负责在共同战略上作出决定，并负责在具有重大共同利益的领域执行欧盟的共同战略，遇到重大的国际问题，欧盟理事会要召集成员国元首与政府首脑以及欧盟委员会主席会议。出席会议的成员应是各成员国的外交部长和欧盟委员会负责对外事务的委员。欧盟理事会的会议在理事会轮值主席所在国召开，理事会每年召开至少两次会议，通常在6月和12月举行，定期讨论欧盟认为重大的政治与发展问题。因此，在共同外交与安全政策

① John Peterson and Helene Sjursen, ed., *A Common Foreign Policy for Europe, Competing Visions of the CFSP*, Routledge, 1998, the introduction part. (X).

的决策方面，欧盟理事会是最高的权力机构，负责制定欧盟共同外交与安全政策的原则与总方针。在决定一项共同战略的时候，欧盟理事会通过多数有效的表决机制，批准行动、决议和立场。在进行决策的过程中，如果某成员国认为某项决议与本国的重要政策相冲突，可以提请欧盟理事会复议，遇到这种情况时，欧盟理事会则要充当仲裁者的角色来组织复议，但复议的结果仍然需要进行表决，需得到一致通过才能形成最后决议。欧盟理事会决定在必要的时候合并西欧联盟，当然合并还要经全体欧盟成员国国会的批准。有关外交与安全的决议一旦形成，将由综合事务委员会负责执行，综合事务委员会受常驻代表委员会领导，常驻代表一般为各个成员国驻欧盟的大使，同时也是综合事务委员会的委员。综合事务委员会对决议的执行情况由政治委员会负责监督，政治委员会负责密切关注国际形势的发展，并把对国际形势的看法与意见形成书面材料提交综合事务委员会。

在共同外交与安全政策的决策机制中，决策主体均有明确的定位与分工，具体表述如下：

1. 欧洲理事会

欧洲理事会是欧盟的最高决策机构，也是负责共同外交与安全政策的最高机构。根据《阿姆斯特丹条约》，欧洲理事会确定的共同外交与安全政策包括具有防务含义事务的原则和总体指导方针，决定联盟在成员国具有重大共同利益的领域需要执行的共同战略。欧洲理事会可以决定何时实行共同防务政策，并考虑西欧联盟并入欧盟的可能性。欧洲理事会在对共同外交与安全政策表决时也采取一致通过原则。关于欧洲理事会主席的职权，规定为以下四个方面：

（1）理事会主席代表欧盟处理共同外交与安全政策的事务；

（2）理事会主席负责共同外交与安全政策决议的实施；

（3）关于共同外交与安全政策的重大问题，理事会主席应征求欧洲议会的意见，并保证适当考虑欧洲议会的意见，随后还应向欧洲议会通报共同外交与安全政策的发展；

（4）在理事会授权之下，理事会主席可与他国或国际组织谈判缔结协定。

2. 欧盟理事会

欧盟理事会，尤其是外长理事会，是和共同外交与安全政策关系最为密切的机构，也是在共同外交与安全政策中地位最为重要和最为核心的机构。理事会应该在欧洲理事会确定的总体指导方针基础上作出对确定和实施共同外交与安全政策必要的决定，它将确立共同立场、采取联合行动、向欧洲理事会推荐共同战略并以联合行动和共同立场来执行它们。理事会还可以在它认为必要的时候任命处理特定政策问题的特别代表。在共同外交与安全政策下，理事会的决定应该以全体一致议决，在某些特定情势下，可以特定多数议决。理事会之下还有多个机构同共同外交与安全政策相关联，其中包括：（1）理事会主席。理事会主席代表联盟处理共同外交与安全政策领域的事务；负责共同外交与安全政策下决议的实施，在国际组织和国际会议中表达联盟的立场；向欧洲议会定期通报有关发展情况；在紧急情况下召集理事会特别会议；在理事会授权下与一国或者多国以及国际组织为缔结协定而进行谈判。（2）共同外交与安全政策高级代表。《阿姆斯特丹条约》规定理事会秘书长行使共同外交与安全政策高级代表的职能，协助理事会处理共同外交与安全政策领域的事务，特别是为通过制定、实施和准备政策决定作出贡献，在适当的时候应理事会主席的要求代表理事会同第三方进行政治对话来予以协助工作。（3）政策规划与早期预警小组。主要任务包括监督和分析共同外交政策的相关发展情况；提供对联盟外交与安全利益的评价并鉴明共同外交政策未来需要重视的领域；对那些可能对联盟外交与安全政策有重要反响的事态或者情势，包括潜在的政治危机，提供定期的评价和早期预警；应理事会或者理事会主席的要求或出自本身的动议，拟出一些可供参考的政策选择报告，这些报告可由理事会主席负责对理事会的政策制定形成影响，它们可包括对共同外交与安全政策的分析，推荐意见以及战略。（4）常设代表委员会。由成员国大使级代表组成，负责筹备理事会的工作，并执行理事会指派的任务。该委员会一周一次为理事会的决策做准备，其中包括与共同外交与安全政策有关的内容。（5）政治委员会。政治委员会由成员国外交部政治司司长组成，负责筹备理事会会议，完成理事会交付的任务，监督共同外交与安全政策的执行，并指导和监督专门工作小组的工作。它的另一职能是保持成员国政府间接触的连续性并使之跟上时代的发展。①

3. 欧盟委员会

委员会代表的是欧盟超国家的利益，其作用在于提出有关政策和法律建议，帮助实施欧盟的政策，监督对欧盟法律的遵守，在理事会里调解成员国的利益并在对外关系方面代表欧盟。《阿姆斯特丹条约》规定："委员会应充分参与共同外交与安全政策领域进行的工作。"委员会可将和共同外交与安全政策有关的任何问题提交理事会并提出建议，以确保联合行动的实施；委员会还应充分参与理事会主席负责的事务，适当协助理事会主席在理事会授权下为对外缔结协定而进行谈判，并可要求理事会主席在特殊情况下召集理事会特别会议。此外，委员会需要定期向欧洲议会通报联盟外交与安全政策的发展情况。欧盟委员会虽然是欧盟共同外交与安全政策的主要行为体，但其权力主导性依然远逊于欧盟成员国，正如一位欧盟委员会官员所说的那样："我们在外交登记簿上注册是独一无二的，因为我们既不是主权国家，也

---

① Christopher Piening, *Global Europe: the European Union in World Affairs*, Colorado and London, Lynne Rienner Publishers, 1997, p. 36.

不是国际组织。在一个等级秩序里，我们认为欧盟排在主权国家之后，但在国际组织之前。"①

4. 欧洲议会

欧洲议会代表的是成员国的人民，但其权力与成员国的议会相比，它对欧盟共同外交与安全事务投入的时间和精力要远远多于后者，但在这方面所获得的影响力却非常微弱。欧洲议会的权力主要是监督和咨询性质。《阿姆斯特丹条约》第二十一条规定："理事会主席应就共同外交与安全政策的主要方面和基本选择向欧洲议会咨询，并应保证欧洲议会的意见得到应有的考虑。理事会主席和委员会应定期向欧洲议会通报欧盟共同外交与安全政策的发展情况。欧洲议会可向理事会提出质询和提出建议。欧洲议会应每年一次就实施共同外交与安全政策的进展情况举行辩论。"经过一段时间的发展，欧洲议会已经在机制和实践方面增强了欧洲共同外交与安全事务的参与程度，它对欧盟及其成员国的对外政策已经具备了一定的影响力。② 在实际运行过程中，欧盟有关方面采取共同行动的建议并未向欧洲议会咨询，而且欧盟理事会和委员会向欧洲议会递交的报告也存在时间和信息传输迟滞的问题。总体来看，"欧洲议会在欧盟共同外交与安全政策等方面的作用依然处于边缘角色，主要是通过立法程序影响欧盟理事会和委员会的决策，通过自身的外交活动来展示欧洲议会的外交风格"③。

---

① Interview: Head of Unit, Inspection of Delegations, DGI (A), Commission of the European Communities, Brussels, 15 July 1993. 转引自姚勤华《欧洲联盟集体身份的建构（1951—1995）》，上海社会科学院出版社 2003 年版，第 257 页。

② Otto Schmuck, "European Parliament", in Werner Weidenfeld and Wolfgang Wessels, eds. *Europe from A to Z: Guide to European Integration*, Luxembourg: Office for Official Publications of the European Communities, 1997, pp. 132 - 137.

③ 姚勤华：《欧洲联盟集体身份的建构（1951—1995）》，上海社会科学院出版社 2003 年版，第 225 页。

5. 各种专门工作小组和专家小组

各种专门工作小组和专家小组往往是为了解决某一特定国际问题或寻求某一重大国际事件的对策而挑选各成员国外交部的官员或专家组成的临时性组织，主要任务是调研专门问题并提出可供选择的解决方案。目前协助政治委员会和常设代表委员会工作的专家小组有二十多个，其中欧洲联络员组已获得特殊的地位并发挥着不可忽视的作用。它协调日常共同外交与安全政策事务，准备政治委员会的会议和欧洲理事会的共同外交与安全政策要点，并可对共同外交与安全政策的总体组织进行检查与监督。

6. 外交使团

《阿姆斯特丹条约》第二十条规定："各成员国的外交与领事使团和委员会驻第三国和国际会议的代表团，以及它们派驻国际组织的代表，应该相互合作，以确保理事会采取的共同立场和联合行动得到遵守和执行。它们应通过交流信息，进行联合评估和促进《建立欧洲共同体条约》第8C条之规定的履行而提升合作。"第十九条规定，成员国应在国际组织中和国际会议上协调行动并在其中采取共同立场。如果某些成员国没有出席国际组织或者国际会议，则参加的成员国应该将任何涉及共同利益的事项通报给它们。

7. 成员国

在共同外交与安全政策的运行机制上，成员国发挥着重要作用。这一问题与外交使团的作用相关联。欧盟成员国本着忠诚和相互团结的精神对共同外交与安全政策的实施给予积极和无条件的支持。任何一个成员国都可以将有关共同外交与安全政策的任何问题提交给理事会并提出建议。成员国应确保本国政策与欧盟立场相一致并在国际社会中维护此类共同立场。对于联合行动，成员国也必须支持。成员国的驻外机构应相互合作，确保遵循共同立场和联合行动。

二　欧盟共同外交与安全政策的政策手段

一项有效的对外政策必须以可行的政策手段作为支撑。如果说欧洲政治合作加强了成员国之间的政策协调，使成员国常常能够用一个声音说话，从而发展了欧共体国家的政策宣示能力，那么，《马斯特里赫特条约》及其以后的各项改革则要努力加强联盟的战略规划和共同行动的能力。除了原有的共同声明、政治对话等手段外，有关条约赋予联盟一系列新的政策手段，比如共同战略、共同立场和联合行动，而且这些手段可以得到欧洲联盟自主的军事力量和经济力量的支持。①

1. 共同战略

共同战略是《阿姆斯特丹条约》新赋予欧洲联盟的外交手段。共同战略由欧盟理事会向欧洲理事会提议，并由欧洲理事会以全体一致的方式作出决议。共同战略通常规定欧洲联盟与第三国发展关系的目标、手段、行动计划和持续时间。自1999年6月欧洲联盟推出第一个针对俄罗斯的共同战略以来，欧洲联盟先后制定了三个共同战略，后两个分别是针对乌克兰和地中海国家的共同战略。在《阿姆斯特丹条约》之前，欧洲理事会也可以通过制定原则和一般方针来指导欧盟理事会对第三国的政策。在1996—1997年的政府间会议中，法、德等国家希望将“加强合作”的原则运用到共同外交与安全政策领域，扩大特定多数表决程序的适用范围，但是英国等国对此竭力反对。与此同时，欧盟也认识到，外交政策上需要加强欧盟对外政策各个部分之间的协调和一致，以充分发挥欧盟的国际影响力。共同战略的出现是各个国家妥协的产物，它一方面排除了英国等国家对扩大使用特定

① Ben Tonra, *The Europeanisation of National Foreign Policy, Dutch, Danish and Irish Foreign Policy in the European Union*, Ashgate, Burlington, 2001, p. 45.

多数表决机制的担心，另一方面也有助于实现内部跨支柱决策的一体化。[①] 欧洲理事会制定的共同战略，将由欧盟理事会根据特定多数表决程序制定共同立场和联合行动来加以实施。

2. 共同立场

《马斯特里赫特条约》规定，凡“理事会认为必要之时，它应该确定共同立场”。共同立场是构筑共同外交政策的根本因素。立场不同，统一行动就无从谈起。[②] 按照《阿姆斯特丹条约》第十五条的规定，理事会应该确定共同立场，至此，《马斯特里赫特条约》中对理事会有关共同立场的限制得以删除，共同立场成为欧盟共同外交与安全政策的一项便利手段。同时，针对《马斯特里赫特条约》未能明确共同立场适用范围的缺陷，《阿姆斯特丹条约》明确规定，共同立场应该确定联盟针对某一具体地理或者主题性质的特定事项的态度。该规定在一定程度上将共同立场和联合行动区分开来，部分消除了《阿姆斯特丹条约》之前欧盟在使用这两种外交手段的过程中无所适从的局面。根据拉姆西斯·韦瑟（Ramses A. Wessel）的一项统计，从 1993 年 11 月《马斯特里赫特条约》正式生效到 1998 年年底，欧盟作出了 65 项关于共同立场的决定。沃尔夫冈·韦瑟斯的统计则显示，在 1999 年到 2001 年之间，欧盟又增加了 88 项关于共同立场的决定。[③] 尽管两人的统计方法稍微不同，但是这些数据仍然显示出欧盟把共同立场作为外交政策手段的倾向性越来越突出。欧盟的共同立场就其内容来看，可以分成三大类，第一类是对第三国实施制裁的决

① Claire Spencer, "The EU And Common Strategies: the Revealing Case of the Mediterranean", *European Foreign Affairs Review*, 2001. 6, pp. 31 – 32.

② Ben Tonra, *The Europeanisation of National Foreign Policy, Dutch, Danish and Irish Foreign Policy in the European Union*, Ashgate, Burlington, 2001, p. 44.

③ ［比］古斯塔夫·盖拉茨、陈志敏：《欧洲联盟对外政策一体化——不可能的使命?》，时事出版社 2003 年版，第 213 页。

定，第二类是对第三国的决定，第三类是确定联盟对特定国际问题的政策决定。如 1994 年欧盟一致采取的对波黑共和国内塞族控制区的经济制裁，以及 1998 年对安盟（安哥拉）的一致制裁决定等。此外，欧盟也自行采取了一些国际制裁，如 1995 年冻结对尼日利亚的援助、2003 年 2 月通过对摩尔多瓦一个地区领导成员的旅行禁令等。共同立场包括联盟对某一个问题或者某一个国家的立场和政策目标，同时，为了促进该目标的达成，共同立场也常常包含具体的行动。正是由于共同立场常常伴有具体的措施来加以支持，共同立场成为欧洲联盟较为有利的工具，从而与纯粹宣示性的声明和宣言区别开来。但是，正是因为这一点，也使得某些共同立场看起来与联合行动并无二致。实际上，共同立场和联合行动之间存在明确的递进关系，联合行动常常是共同立场付诸实施的具体表现。1998 年 6 月，白俄罗斯政府以西方外交人员滥用外交馆舍之用途为由，要求 22 个国家腾空寓所。在双方协商未果的情况下，希腊、德国、英国、意大利和法国五国大使撤离白俄罗斯，奉命做无限期磋商，并中止援助与合作项目。同年 7 月 13 日起，欧盟出台十分严厉的制裁措施，决定所有成员国停止向包括白俄罗斯总统卢卡申科在内的 130 名白俄罗斯高层官员发放进入欧盟国家的签证，并号召欧盟以外的国家也加入到对白俄罗斯的制裁中。①

3. 联合行动

和有关共同立场的有关规定相比，《马斯特里赫特条约》和《阿姆斯特丹条约》对联合行动的规定略微详细。《马斯特里赫特条约》版的《欧洲联盟条约》第 J·3 条规定："欧盟理事会应该根据欧洲理事会的总方针，决定某个事务纳入联合行动。理事会

---

① 黄德明：《现代外交特权与豁免问题研究》，武汉大学出版社 2005 年版，第 109 页。

在决定联合行动原则的同时，应该规定特定范围；在执行此类行动中联盟的一般与特定目标，行动的期限，以及实施此行动的手段、程序与条件。”为了使联合行动的定义更加明确，使用手段更加便利，《阿姆斯特丹条约》版的《欧洲联盟条约》第十四条规定：“理事会应采纳联合行动。联合行动应该针对特定的情形。在该情形下，联盟采取操作性行动被认为是必要的。”如此，《阿姆斯特丹条约》取消了理事会在采取联合行动应依据欧洲理事会已有总方针的限制性规定；并且更加明确地把联合行动定义为针对特定情势的操作性行动。拉姆西斯·韦瑟的一项统计显示，从1993年11月《马斯特里赫特条约》正式生效到1998年年底，欧盟共作出了72项有关联合行动的决定。在1999—2001年三年间，欧盟又增加了60项有关联合行动的决定。和共同立场相比，联合行动在《阿姆斯特丹条约》生效后并没有出现显著的增长。联合行动可以在共同战略的指导下采取，也可以在共同战略缺位的情况下由理事会采纳，而且在上述两种情况下采纳的联合行动可以依据不同的决策程序。联合行动一旦被制定，成员国就有义务将它付诸实施，并且不得采取与该行动相互抵触的任何行动。即使制定联合行动的情势发生了变化，成员国也只有等到理事会作出了新的决定后才可以免受该联合行动的约束。

4. 国际协定

《马斯特里赫特条约》建立了欧洲联盟，却没有赋予欧洲联盟独立的国际法主体资格，也没有就欧盟对外缔结国际协定的问题作出规定。随着欧盟在共同外交与安全政策领域不断作出决定并采取相关行动，它对国际关系所产生的影响也呈上升趋势。同时，随着国际社会在若干问题的解决方面对欧盟的依赖程度日渐加大，欧盟在世界上也承担了相当比例的国际责任。欧盟作为一个事实上的国际行为主体已经浮出水面，并要求取得与其行为体相对应的缔约权，更需要界定它与其他国际行为体相互之间的权力配合与分享程度。在《阿姆斯特丹条约》和《尼斯条约》谈判中，一些国家提出要赋予欧盟国际法主体资格，并具有缔约权，但是该项动议未能成功实现。但从实际效果来看，《阿姆斯特丹条约》增加了有关缔结国际协定的第二十四条，虽然该条约没有明确规定欧盟的国际法主体地位，但与此前各项条约相比，《阿姆斯特丹条约》仍然有所发展。该条约规定："当为了实施本条约规定而需要和一个或者多个国家或者国际组织订立协定时，理事会可以根据全体一致的原则授权轮值主席国，或在必要时依靠委员会的协助，启动对外谈判。这类协定将由理事会按照主席国的推荐依据全体一致的原则缔结。如果一个成员国在理事会的代表声明该协定必须满足该国宪法程序的要求，该协定将对该成员国不具有约束力。理事会的其他成员可以同意该协定对它们临时生效。"从条约的文字表述来看，《阿姆斯特丹条约》及其后的《尼斯条约》都对欧盟缔约方的地位持模棱两可的态度。而且，《阿姆斯特丹条约》所附的一项声明还规定："该条款的规定以及由它们所产生的任何协议都不意味着权限从成员国向欧盟的任何转移。"也就是说，成员国一方面想要赋予欧盟缔约权，但是又不想让欧盟具备国际法主体资格。在一定程度上，这是部分成员国"鸵鸟政策"的表现。事实上，一旦欧盟与外国和国际组织订立协议，欧盟势必将成为缔约方，并成为事实上的国际法主体，承担起相应的责任和权力。通过国际协定的方式，欧洲联盟可以将政治与经济手段联合应用，以达到最大的国际影响效果。①《尼斯条约》增加了两个新的规定：如国际协议的缔结是为了实施欧盟的共同立场或者联合行动，则协议的缔结采用特定多数表决程序；缔结的国际协定对联盟的机构具有约束力。不过，《尼斯条

① Hazel Smith, *European Union Foreign Policy, what it is and what it does*, Pluto Press, Virginia, 2002, p. 117.

约》并未改变《阿姆斯特丹条约》第二十四条的基本框架。

截至2003年4月，欧盟已经和第三国或者国际组织签订了六项协定。值得注意的是，就在2003年的2、3月间，欧盟就已经签订了三个国际协定，显示缔结国际协定正在成为欧盟发挥国际作用的一个日益重要的工具。而通过频繁地使用缔约权，欧盟已经成为一个事实上的国际法主体。

5. 共同声明

"声明"是用来表达欧洲联盟对联盟外国家或者国际问题的立场、要求和期待，是欧洲政治合作时期使用最为频繁的政策手段。1972年，欧洲政治合作仅仅发表了两项声明。但是这一个数字在1986年达到了56项。《马斯特里赫特条约》签署的1992年，欧共体国家共发表声明110项，平均每三天发表一项。此后，虽然欧盟的几个主要条约没有将"声明"明文规定为政策手段，但是欧盟依然像以往那样继续广泛使用"共同声明"，其使用的频率甚至高过以往任何一个时期。2001年，欧盟发表了186项声明，频率提高到每两天一项。根据1995年6月欧盟理事会就理事会工作方式问题通过的一项文件，两个或者两个以上的成员国可就发表一项声明提出倡议。随后，各成员国可以在政治委员会内部讨论决定，或者通过保密通讯网讨论决定，或者在欧盟理事会或者欧洲理事会讨论决定，前两者所产生的声明称为"主席国代表欧盟发表的声明"，后者为"欧洲联盟声明"。然后，声明通过新闻公报对外发布，并由理事会秘书处进行散发。① 声明表达欧盟对第三国或者某一个国际问题的立场或者看法，和有些内容较为宽松的共同立场有着相似之处。不过，从总体来看，声明只是一种政策方向而不包含具体的行动，往往要求采取后续的共同立场和联合行动对其加以落实；发表

① Ramses A. Wessel, *The European Union's Foreign and Security Policy: A Legal Institutional Perspective*, Kluwer Law International, 1999, p. 111.

声明的主要用意是表达欧盟的看法，对特定的事态发展进行谴责或者赞赏。一旦某项声明得到发表，即意味着该声明的目标得到实现。因此，虽然声明缺少法律基础，但这并不构成妨碍共同声明得以实行的充分必要条件。

6. 政治对话

政治对话是欧盟成员国作为一个整体与第三方（包括国家、地区以及相关国际组织等）之间开展的一种机制化的外交接触方式。① 迄今为止，欧盟已经与世界各国和地区建立了30多个对话机制，这些对话机制分为四个级别：（1）首脑级。这一级别的政治对话是最高层次的对话形式。对话人员包括欧盟轮值主席国的国家元首或者政府首脑、欧盟委员会主席和负责共同外交与安全政策的高级代表，对话的对象是与欧盟具有重大利害关系的国家和地区，对话的重点内容具有全面性、政治性的特点。目前，与欧盟建立这一级别政治对话的国家有加拿大、日本、俄罗斯、美国、中国、部分东亚国家以及中东欧国家等。（2）外长级。外长级别的对话包括三种形式，分别是轮值主席国的外长，前任、现任和后任轮值主席国外长或者全体成员国外长与第三方的对话。（3）政治司长级。除了少数集团对集团的对话外，欧盟的大部分对话都是在政治司长之间展开的，因而这一级的对话成为整个政治对话机制的核心。这一级别的对话要求每一届轮值主席国至少与第三方举行一次会晤。（4）高官或者专家级。通常由各成员国或者欧盟委员会中的有关专家组成的代表团进行对话。政治对话机制既满足了欧盟成员国通过与第三方建立高层对话寻求集体身份的需求，也回应了第三方希望与欧盟建立正式联系的愿望，因而成为欧盟与其他国家或地区建立沟通

① Jorg Monar, "Political Dialogue with Third Countries and Regional Political Groupings: the Fifteen as an Attractive Interlocutor", in Elfriede Regelsberger, Philippe de Schoutheete, (eds), *Foreign Policy of the European Union From EPC to CFSP and Beyond*, Boulder: Lynne Rienner, 1997, pp. 263 – 264.

的良好形式。从欧盟方面来看，对话机制的优点是显而易见的。第一，政治对话是一种灵活有效的政策工具。双方通过经常性的交换信息与磋商而保持密切的沟通，也可以灵活地根据实际情况的变化提升或者降低对话的级别。第二，对话是向第三国表达欧盟立场的有效传声筒。通过对话通报欧盟的信息，能够使得第三方清楚地了解欧盟意图，有助于欧盟的有关政策得到更为广泛的理解与支持。例如，在欧安会和联大会议前，欧盟都会通过对话机制向别国通报情况。第三，对话机制有利于实现欧盟中长期的战略目标。比如说，通过与中东欧国家建立的对话机制可以为未来欧盟成员国的扩大奠定基础，通过与非加太国家建立的对话机制可以使原来的纯经济关系加入政治的内涵，而且通过对话也便于向其他国家施加人权和民主压力等。第四，通过欧盟层次的对话机制，可以树立成员国的集体身份感，增强成员国作为一个整体处理外交事务的力量。第五，各种不同级别的对话也能增加信息量，使对话双方都能得到更为准确的情报。正是由于上述优点，政治对话虽然没有作为正式的条款出现在欧盟各个条约及法案之中，却一直被视为较为成熟的共同外交政策工具。

第四节　欧盟共同外交与安全政策的性质及其制约因素

实行共同外交与安全政策是欧盟整合欧盟内部的外交资源、担当全球性重要责任、实现世界多极化的一个重要举措。欧盟如果不能在国际舞台上、在外交与安全领域用同一个声音说话，其整体优势力量就无法展示出来。[①] 而共同外交与安全政策实施以

① 吴志成、刘丰："欧盟治理与世界多极化"，载徐明祺主编《欧洲一体化与亚欧关系》，上海社会科学院出版社 2007 年版，第 115 页。

来，欧盟的外交能力虽然得到一定程度的提升，但在目前看来还未发生实质性的变化，这说明政策本身存在一定的局限性。

一 欧盟共同外交与安全政策的性质

从有关欧洲一体化的国际关系理论出发，众多的西方学者把共同外交与安全政策看作是一种多边主义的机制。按照罗伯特·基欧汉的解释，多边主义的正式内容可以概括为“在由三个或是多个国家组成的集团中通过特定安排或机制协调国家政策的做法”。据此，共同外交与安全政策可理解为欧盟所有成员国协调外交政策的一种机制化形式，这种多边主义的政府间合作机制体现在如下几个方面：(1) 在欧洲政治合作基础上产生的共同外交与安全政策仍处于欧洲共同体的法律框架之外，而具有超国家性质的欧盟委员会只是与之相联系但并非处于核心地位。(2) 尽管共同外交与安全政策在《马斯特里赫特条约》中被正式列为欧盟的第二支柱，但支柱体系形成的出发点仍然是要保持外交与安全事务合作的政府间合作主义结构，为整个欧盟建立一个综合的框架体系。

共同外交与安全政策之下的欧盟成员国在其各自的外交与安全领域依然保持着相当的独立性。欧盟各成员国的外交和安全政策并未因欧盟共同外交与安全政策安排支柱的建立而消失，也就是说，这一支柱并没有改变各成员国的外交和安全政策的国家主权属性。例如，有些成员国依然是中立国家或者不结盟国家，相当数量的成员国同时也是北约的成员国，因此这一支柱也没有取代每个成员国各自的防务体系。正如欧盟共同外交与安全政策高级代表索拉纳的发言人克利斯蒂娜·加拉奇及其他官员反复强调的那样，它追求的是一种共同的外交和安全政策，而不是单一的外交和安全政策。因此，共同外交与安全政策的建立，实际上是欧洲创造共同外交过程中的一个手段，一种根据特定阶段所作出的政策安排，而绝不仅仅是建立了一个终极政策，或者是取代现有民族国家独立外交政策以及欧洲范围内其他国际行为体的对外政策。当然，共同外交与安全政策所涉及的范围宽广，政策本身体系宏大，也不能简单地将其看作是一个权宜之计。正如上文已经提到的那样，欧盟共同外交与安全政策是一个着眼长远规划的长期制度安排。而期限的长短，则取决于欧洲自身一体化进程的步伐速度以及自身安排的得当程度。

作为欧洲共同外交体系的政策安排支柱，欧盟共同外交与安全政策的发展较为有效地带动了欧盟成员国在国际组织中的政策协调的倾向性。在一些联合国的经济和社会组织中，欧洲国家形成了一个强大的集团，利用联合国机构“一国一票”的原则，影响多边机构的政策制定。例如，在联合国教科文组织中，欧盟的影响力远远大于其他的成员，这直接得益于众多成员国所采取的共同的政策立场。①

毫无疑问，共同外交与安全政策的基本属性是政府间主义。这一政策安排在外交、安全和防务方面所获得的所有权力都是由各个成员国授予的；政府间主义的欧洲理事会和欧盟理事会显然是这一支柱的核心决策机构，控制着这一合作政策，而超国家的欧盟委员会的权力受到限制，要比在共同体支柱中小得多。在共同外交与安全政策的支柱中，一致通过仍然是最基本的表决原则，即每个成员国的立场都不能被否决。至今，共同外交与安全政策的内容和程度还停留在“共同”立场和“联合”行动方面，也就是说，成员国的意愿是该政策绝大部分内容的唯一基础。正因为如此，共同外交与安全政策高级代表索拉纳很现实地看待自己的工作。他说，欧盟并不是一个国家，因此不能照搬和使用原

---

① 张浚：“欧盟的‘软力量’：欧盟发挥国际影响的方式”，《欧洲研究》2007年第3期。

本适用于国家的机制、方法和规则。索拉纳还曾经公开表示：“欧盟是一个组织，其迈出的步伐时小时大。我相信，欧盟宪法的诞生使我们迈出了实质性的步伐，这是一个重大的变化。但是尽管如此，欧盟不是一个国家，而是一个由各国组成的团体，一个非常复杂而庞杂的机构，欧盟 27 个成员国应拥有自己的外交和安全政策。”①

但同时我们也必须看到，欧盟共同外交与安全政策并非是各个成员国外交政策的最小公分母。通过近十年的发展，共同外交与安全政策的支柱确实包含了某些独特的成分，甚至逐渐涉及一些超国家主义的政策与行动尝试。一方面，在共同外交与安全政策的安排之下，在共同体支柱中具有重要地位的一体化机构，特别是欧盟委员会已经具备了一定的影响外交政策制定的能力。此外，这一支柱也有着自己人格化的代表，既包括欧洲理事会和欧盟理事会的轮值主席国的代表，也有该政策自己的高级代表及其在国际组织或者其他国家的代表，这一变化被称为欧洲外交政策的“布鲁塞尔化”。虽然外交和安全政策在形式上依然被各民族国家自己掌握，而且实质上也没有被纳入欧盟委员会管辖范围之内，但是在实际操作过程中，各成员国的外交部越来越难以绝对化地控制自己的外交政策。越来越多的外交政策是成员国在布鲁塞尔制定的，也可以说，场所逐渐从各成员首都转移到布鲁塞尔。这一现象与《马斯特里赫特条约》和《阿姆斯特丹条约》为增进第一支柱和第二支柱之间的关联性所做的努力方向是一致的。② 另一方面，在共同外交与安全政策的安排中，也有限地采用了有别于政府间主义的多数表决机制，而这一个机制原来主要

① 引自中国新闻网 2004 年 6 月相关报道。

② Svein S. Andersen、Kjell A. Eliassen：《欧洲政策制定》，陈寅章等译，国家行政学院出版社 2003 年版，第 151 页。

被用在共同体支柱之中。此外，共同外交与安全政策安排支柱中的合作内容也超出了“共同”立场和“联合”行动的范畴。例如，在该支柱中先后设立了政策规划与早期预警中心、政治和安全委员会、军事委员会、军事参谋部、安全研究所、卫星中心等多个机构，还筹建了快速反应部队和民事警察部队。而所有这些机构的存在和运转，都在一定程度上拓展并增强了一体化的进程。

作为一种特殊的政府间多边主义的安排，共同外交与安全政策本身还面临着某些权力机制的挑战。鉴于外交和安全政策的高度敏感性，特别是鉴于多数成员国将外交与安全领域视为事关国家主权的“高级政治”范畴，欧盟仍将该领域界定在政府间合作的框架内，以维护各国主权的相对独立性。实际上，欧洲外交政策的协调统一意味着成员国国家主权领域中核心主权的欧洲化趋势。欧盟成员国深刻认识到，要真正适应当前国际舞台上的各种挑战，就必须采取共同对外行动，这将有利于各成员国提高自身的国际地位和影响。但是，多数成员国又不愿意完全将这个核心领域的国家主权让渡转移给一个超国家性质的机构，这就阻止了具备超国家性质的一体化模式在外交与安全政策领域的形成。而外交本身所具有的对信息处理机密性、决策反映的快速化、国家利益的敏感性和认识偏见等若干特殊要求，又使得以共同方式运作对外政策的体系异常复杂，因而成为最难以推行一体化措施的领域之一。从这个意义上讲，欧洲各国外交政策的协调统一，是介于各国外交朝向欧洲化的向心力和朝向国家控制的离心力之间的一个权力博弈过程。在这个充满紧张、争执的过程中，每取得一步进展，都需经过错综复杂的相互妥协。

作为一种政府间多边主义机制，共同外交与安全政策还表现出一种特殊之处，即机制运行过程中权力博弈的高强度与博弈频率的高密度。欧洲一体化进程不断冲击着成员国外交政策的协调与合作。作为地区一体化的典范，欧盟的国际地位和影响日益增强，相应地，其国际活动也日益频繁。在此背景下，成员国之间互动的性质也自然不同于其他地区内主权国家间的一般互动。就此而言，共同外交与安全政策就不仅仅是成员国外交政策协调的过程，还要受到变幻复杂的国际关系的冲击，并受欧盟一体化这一广泛背景的制约。在如此之多的因素约束下，欧洲共同外交政策的决策过程一方面强调多方行动的共性趋势，另一方面又不可避免地出现各国之间有序或无序的对抗与联盟，这就使得共同外交与安全政策成为一种特殊的多边进程。而正是其间所存在的国家间权力博弈的高强度与高密度，使得这个政策在组建欧洲共同外交的过程中充满变数。

二 欧盟共同外交与安全政策的制约因素

不论是从共同外交与安全政策的运作机制来看，还是从近年来的政策实践过程来考察，共同外交与安全政策都存在着明显的局限性，导致其实施效果与最初设想相去甚远。有相关的学术著作曾经在分析案例的基础上得出如下结论："欧盟共同外交与安全政策的发展（也）受到外部政治事件的影响，尤其是波斯尼亚的战争以及有关欧盟和北约等西方组织向中欧和东欧扩展的问题。欧盟对这些问题的处理遭到了严厉的批评，与北约相比较，更显其拙劣，处于不利的地位。欧盟面对东扩显得比较犹豫，而美国则很快决定要扩大北约，欧盟没能通过谈判在波斯尼亚实现和平，北约却找到了解决该地区冲突的办法。因此，20 世纪 90 年代初对欧盟在外交政策方面能力的过高期望是不现实的。"①

① Svein S. Andersen、Kjell A. Eliassen：《欧洲政策制定》，陈寅章等译，国家行政学院出版社 2003 年版，第 145 页。

(一) 权力机制的涣散

超国家权力与国家主权之间的博弈，一直是欧洲一体化过程中一个不能排除的问题，而一体化程度最高的欧洲共同体所体现出来的权力博弈，更具有鲜明的代表性。从本质上来说，一体化的内在要求，是逐渐地将个体的权限与职能转移到一个具有更高权限的核心个体中去，并且逐渐以群体的权力代替个体权力，这个过程的最基本要求是国家主权的让渡。经过数十年的一体化过程，欧洲成员国部分经济领域的主权已经转交与欧洲共同体等相关机构，而相关领域的政治主权也在此基础上发生了一定的变化。当然，这种转移和让渡是以成员国的自愿为前提的，而且这种转移不是简单地由成员国向另外的国家或者核心个体转移，而是在一体化的机制之下形成了一个由成员国集体行使权力的机制。共同外交与安全政策的“共同”特性，体现在它的扩展程度以各国一致同意程度为极限。[①]尽管如此，超国家权力与国家主权间的博弈仍然不能避免。各成员国的基本立足点依然是尽量减少向欧盟或者欧共体转移国家主权，以保证自身的独立性和行动权力。各成员国之间政治、经济、社会的不平衡，使得它们在一体化过程中有较为强烈的维护国家主权、历史传统、民族特性的倾向。但是各国的国家战略又在客观上要求它们进一步依赖于相互依存的国际关系，以便进一步为实现长期利益目标而将部分国家主权转移让渡给欧盟。

《马斯特里赫特条约》和《阿姆斯特丹条约》使得欧洲政治一体化迈入了一个新的发展阶段，且充分涉及了外交、安全、防务、民政、司法等传统国家主权的范围。但即便如此，国家主权与超国家权力之间的平衡依然难以实现，并由此导致了各国在参与一体化过程中的程度差异。共同外交与安全政策奉行政府间主

---

① Hazel Smith, *European Union Foreign Policy, what it is and what it does*, Pluto Press, Virginia, 2002, p. 65.

义，超国家权力所占的比重几乎微不足道，国家权力依然是决定民族国家乃至欧洲对外政策的核心要素，所有这些因素综合在一起，使得各国在参与共同外交行动时必然面临难以相互压服、导致恶性竞争的尴尬局面，而这个局面，将使得共同外交与安全政策难以实现其预定的理想目标。

（二）国家利益的分歧

欧洲国家能够逐步走向联合，一个重要的原因是这种方式能够为成员国带来比单独行动更大的利益收入。这种利益的取得是经过成员国的磋商、讨价还价和协调并最终博弈而获得的结果。一旦各成员国间在利益与负担上分配不均，就会引发利益上的分歧与矛盾。欧洲一体化的历史已经表明，当本国利益和其他国家利益以及欧盟共同利益发生矛盾或者冲突的时候，成员国都倾向于维护本国利益，必要时甚至以牺牲集体利益为代价。在共同外交与安全政策问题上，成员国在维护国家利益上的分歧是显而易见的。在 1996 年政府间会议上，成员国在共同外交与安全政策的性质、表决规则等问题上也存在众多分歧，虽然都同意增强共同外交与安全政策的实施机制以及效用，但是在具体措施上却有不同的看法。关于共同外交与安全政策是否应该“共同体化”，当时的 15 个成员国之间难以达成一致意见。对于是否要增加多数表决机制，各成员国间也存在诸多分歧。欧盟扩大后，成员国之间的利益协调难度也同时增大，进而导致各国对该政策支柱的凝聚力有所涣散。值得注意的是，一直推动欧洲政治联合的法国也反对在共同外交与安全政策中引入多数表决机制，这些都表明国家利益对共同外交与安全政策的发展有着不可忽视的影响，而到目前为止，这种影响非常清晰地体现为推动与制约并存。2003 年，在美、英两国派兵对伊拉克进行军事干预的过程中，共同外交与安全政策的努力再次失败。法国、德国、比利时在联合国的框架下公开反对战争。而英国、西班牙、意大利和葡萄牙则积极支持美国的立场。并且这些国家的态度也得到中东欧一些申请加入欧盟的国家的支持。当这些申请国签署公开宣言支持美国立场的时候，法国总统希拉克则愤而指责它们有损欧盟理想的行为。利益的分歧使得成员国在共同外交与安全政策执行方面难以达成一致，而最后的结果是使政策的执行停留在纸面与口头上。

（三）制度安排的缺陷

欧洲联盟的一体化程度虽然已经达到当今世界最高程度，但是在体制上依旧存在诸多不足，在欧盟共同外交与安全政策领域也存在同样的问题。体制上的缺陷在于，欧盟共同外交与安全政策的运作机制一部分在具有超国家特色的共同体体系以及欧盟委员会内部完成；另一部分在政府间主义主导的欧盟理事会以及欧洲理事会中完成。这种跨部门、多层次的运作给共同外交的整体运行带来了一定的困难。欧洲若要应对它所处的国际环境带来的压力，即必须建立一套精简而有效的运行机制，有效调集可供使用的资源。但欧盟共同外交与安全政策所依赖的运行机制依然面临着各部门间相互分权、相互制约的现实。比如，依照相关规定，欧盟主席国可以利用主席的职务直接影响欧盟的对外政策，甚至利用欧盟共同外交政策之名而为本国外交政策谋实。例如，1994 年，奥地利、芬兰、瑞典、挪威积极要求加入欧盟，此时欧盟的最大事务应是与这四个申请国举行入盟谈判。但当时的理事会主席国希腊因为马其顿独立而与之发生冲突，在不承认马其顿的同时，反对马其顿在联合国内拥有合法席位。而其他的成员国如英国、德国和荷兰则公开宣布承认马其顿的独立，此举引起希腊的强烈不满，希腊外交部副部长西奥多勒斯·潘加洛斯（Theodorus Pangalos）甚至公开宣称德国是“仅具有儿童智力的猛兽”①。欧盟共同外交与安全政策最大的一个制度性缺陷，则是欧

① Financial Times，11，December 1993，p. 10.

共体对外运行机制和欧盟共同外交与安全政策的运行机制尚且不能完全融合，这也就使欧盟内部的各个机制之间无法充分协调和取长补短。并且，改革这样的结构并不容易，因为共同体机制不可能在短期内将共同外交与安全政策纳入其中。此外，决策效率低下也是困扰共同外交与安全政策的一大诟病。目前欧盟共同外交与安全政策的决策主体是欧盟理事会，虽然特定多数表决机制的场合与次数在增多，但实际上协议一致仍然居于支配地位。在欧盟内，这种决策方式虽然有利于求得妥协与合作，但却牺牲了效率。正是由于存在以上的不足，使得欧盟在最需要体现其整体性和发挥集体力量的地方显得笨拙而效率低下。

当然，从欧洲一体化以及发展欧洲共同外交的宏观体系中看来，欧盟共同外交与安全政策所表现出的积极作用仍然是不容忽视的。欧盟共同外交与安全政策体制创造了包括成员国政府首脑在内的各级别官员密集而定期会晤和观念交流的平台。频繁的磋商使他们对某些议题在价值观念上产生趋同，即所谓的对外政策的“布鲁塞尔化”或“欧洲化”，进而增强成员国间合作的可能性也在增大。这对于整合欧洲的国际影响力量、增强欧洲的国际地位而言，其重要意义是显而易见的。

从煤钢联营的一体化措施开始，到当前最高形式的欧洲一体化组织欧洲联盟，创建一个能彰显欧洲文明特性、体现欧洲整体利益、增强欧洲国际地位的共同外交，一直是欧洲一体化过程中所有成员国共同追求的目标。在这个目标的鼓舞之下，共同外交的建设步伐从个别经济部门的多边对外政策起步，历经政治与经济领域内的关税同盟、货币同盟、欧洲政治合作、统一大市场等多个阶段，发展成为当前的共同外交与安全政策。在此过程中，欧洲各国在支持并积极推动一部分共同外交措施的同时，也可能对其他的共同外交措施采取消极怠慢甚至是极力反对的态度。国家意愿的指向以及国家影响力的强弱，成为欧洲共同外交创建过程中最为关键的影响因素。由于国家利益的不同，成员国应对欧洲共同外交事业的态度也存在较大差别。一部分国家对某个问题采取支持态度，而另一部分国家则可能采取反对态度。当差别程度较小之时，各国间立场比较容易协调一致，共同外交发展进程也相对地顺利平稳；而当差别程度较大甚至各国之间立场对立、矛盾激化之时，共同外交必然遭受重大挫折。因此，各国在对共同外交建设方面的支持力量与反对力量之间对比，是决定共同外交建设在特定阶段前进抑或后退的主导因素。总之，欧洲各国在外交方面的政策安排相关行动也是构成欧洲共同外交的重要支柱。

第五章　欧洲共同外交的成员国家支柱

在欧洲一体化进程中，成员国家时刻都面临着国内外的体制变迁与环境变化，为应对这种变化所带来的影响，国家权力之间也展开了多个层次上的相互博弈。当外部压力较大时，各权力主体之间集结成共同组织以增强对外影响力，维护共同对外利益；当外部压力较小而内部纷争较大时，各权力主体依据自身利益与价值取向来调整各自的战略与策略，对欧洲一体化作出有力的回应，这种回应也必然直接影响到共同外交的实施状况以及欧洲的国际地位。例如，在科索沃战争期间，战争对欧洲安全的压力以及国际社会对欧盟的舆论压力成为欧洲各国面临的主要挑战。欧洲各国因利益基础不同而意见不一，欧盟更是由于成员国态度各异而无法发出统一的声音，因此在涉及自身利益的重大问题上表现的犹豫不决、模棱两可，在国际舞台上成为无足轻重的一方。[①]有学者在着重探讨若干个成员国对欧洲联盟对外关系不同态度的基础上，将这一现象描述得淋漓尽致："法国经常在外交和安全政策问题上起到推动作用，但在这方面得到德国的支持比在其他方面少。这主要是因为德国在安全和国防方面与美国有着紧密的联系。英国和荷兰对欧盟能否在安全和防御方面扮演独立角色尤

---

① 陈志强、关信平：《欧洲联盟的政治与社会研究》，天津人民出版社 2002 年版，第 19 页。

为怀疑。造成英国持这种怀疑态度的一部分原因是该国与美国关系密切，另一部分原因是英国不太赞成发展有强大政治影响的欧洲组织。英国支持发展欧盟外交和安全政策，但条件是该政策必须建立在所有成员国达成共识的基础之上，并且不受委员会和议会的干涉。荷兰一贯支持建立欧洲联盟，希望欧盟不仅仅是一个自由贸易组织。但是荷兰人对安全和防御持怀疑态度，因为他们担心这样会削弱与美国的联系，并使美国减少参与欧洲安全和防御行动。"①

相对于各个成员国来说，欧盟本身并不具有主权，各成员国只是将某些领域的主权转让给欧盟行使，这些权力包括欧盟可在世贸组织（WTO）的框架下进行经贸谈判，在欧元区内调控欧元等；而更多的重要政策基本上还是在国家层次上决定，例如能源、税收和社会福利政策；当然，目前欧盟已经在越来越多的领域中同成员国家分享管辖权，例如国防、司法、教育、环保、外交及国际组织的代表权、对外的经济与军事援助，等等。在权力让渡的过程中，各成员国都在探测让渡底线。主权让渡的决定权由成员国家掌握，因此，部分强烈冲击国家主权观念的一体化进程会遭到激烈反对。法国和荷兰 2005 年 5 月和 6 月的公民投票否决欧盟的宪法草案、英国无限推迟公民表决就是证明。

共同外交的建立与发展，是一项涵盖内容广泛、体系纷繁复杂的一体化事业。从整体角度而言，经济外交支柱从功能建设的角度，推动了共同外交的起步；政策安排支柱从全局规划的角度，设定了共同外交的发展部署。与经济外交和政策安排一样，欧盟各成员国家同样也担负着重要的支柱功能，而且与经济外交

① Svein S. Andersen、Kjell A. Eliassen：《欧洲政策制定》，陈寅章等译，国家行政学院出版社 2003 年版，第 142 页。

和政策安排支柱相比，这种成员国家支柱更为关键。依笔者管见，它的内涵应该包括以下几个方面：首先，成员国家是欧洲共同外交行为主体的基本构成单位，其数量多寡决定着共同外交发展进程与规模；其次，成员国家的实力是欧洲共同外交的力量来源，成员国家的国力强弱决定着共同外交的力量大小，这一点在欧洲共同外交的早期发展阶段已经被欧共体和欧洲自由贸易联盟的竞争所证实；再次，成员国家的价值取向与战略定位是欧洲共同外交确立其发展目标和行为方式的衡量标准，而且，从长久来看，成员国家对欧洲共同外交的态度变化还决定着它的发展速度与方向。

第一节 成员国家支柱的相关理论分析

关于成员国家与共同外交之间的关系，以布尔莫为代表的学者们已作出了一定的分析。他们认为，成员国家的内部政治环境与决策机制是影响欧洲一体化各项事业的决定性因素，而欧洲各国对一体化进程的认知理解以及参与意愿，则是欧洲一体化以及共同外交建设事业的基石所在。第一，国家政体是欧共体/欧盟的基本单位，当面对国际经济和政治的动荡而需要作出回应时，决定哪一个方式最适合维护国家利益的是各成员国政府。第二，每个成员国都有特定的决定其国家利益和政策内容的社会经济条件，这些特定条件同样决定了它们对欧共体/欧盟政策领域的态度差异。第三，对欧共体/欧盟的政策只是成员国政策的一部分，而这类政策与其他的国内政策在其政策目标与决策方式上是无法截然分开的。这样，国内决策的特性也将转移到成员国对欧共体/欧盟的决策中来，其利弊也随之转移。第四，成员国政府在本国和欧洲联盟的政治结合过程中，处于关键性的主导地位，国家政府将以排他性的主导权力从部长理事会等欧洲一体化组织中获得重要的地区治理权力，进而拥有影响一体化事业的能力。[①] 但是，尽管布尔莫等人的研究在此方面作出了有益的尝试，却未能进一步明确指出欧盟成员国家对共同外交的具体影响。

笔者认为，欧洲一体化进程的基石是民族国家的参与合作，民族国家的存在是欧洲一体化事业的前提条件。也正是在这个意义上，一体化的推进者戴高乐指出“欧洲的支柱……是国家”。戴高乐同时还强调，“统一的欧洲不可能是各个民族合为一体”[②]。对此，德国前外交部长菲舍尔也指出：“即使在欧洲的最终形式里，我们仍然是英国人、德国人、法国人、波兰人。民族国家将继续存在，将在欧洲层次上获得实质性的更重要的作用，就像德意志联邦各州在德国这样。”[③] 从整体来看，欧洲一体化的各项事业都积极地体现了这种思想。在欧盟层面，“一个超国家的欧洲联盟依然是多民族和多文化的政治实体，因此它不是对现代国家体系单元的取代，也就是说欧洲联盟实质上是国家的放大，依然按照国家主权的原则运行在国际体系中，它不是单元的主权国家，而是主权合营的国家集”[④]。具体到作为欧洲共同外交的制度安排支柱的欧盟共同外交与安全政策，欧盟委员会也明确表示：“这一称谓是经过精心选择的，它反映并承认各国对历史、地缘政治位置以及形势评估的不一致；它

---

① 参见胡瑾、宋全成、李巍《欧洲当代一体化思想与实践研究》，山东人民出版社 2002 年版，第 112 页。

② Alan Pedley, *De Gaulle's Vision of Europe as Revealed by His Mémories*, Europe, 1996, No. 1.

③ 菲舍尔：“从国家联盟到联邦：对欧洲一体化最终形式的思考——在洪堡大学的讲话（2000 年 5 月 12 日）”，载曹卫东主编《欧洲为何需要一部宪法》，中国人民大学出版社 2004 年版，第 11 页。

④ 姚勤华：《欧洲联盟集体身份的建构（1951—1995）》，上海社会科学院出版社 2003 年版，第 233 页。

的恰当性在于，根据平等原则，每个国家的意见都应得到尊重。”[①] 可以说，成员国家对于欧洲共同外交具有重要的“支柱”功能。但是，这种“支柱”功能绝不只体现为简单的物质性组合功能，它所包含的内容是多方面的。

第一，成员国家具有历史优势组合功能。联合过程中的欧洲不仅要将欧洲各国实力凝聚在一起，更要把历史上欧洲各国所获得的世界影响力整合为一体，以形成更强大的国际影响辐射面。欧洲国家曾经在近现代国际关系中纵横捭阖，形成了相当数量的宗主国—殖民地或半殖民地的特殊关系，虽然目前这些特殊关系正逐渐蜕变弱化，但依然属于欧洲各国重要的外交事务范畴，比如法国与前法属殖民地之间的政治纽带，又如英国与前英联邦国家的特殊联系，这些历史上形成的重要双边关系在相当程度上维持着它们作为世界重要国家的地位。在吸纳成员国加入一体化进程的同时，保留并加强这些曾经为欧洲带来辉煌地位和重大利益的双边关系，将大幅扩展欧洲共同外交的辐射面，这对于巩固和发展欧洲一体化的成果是非常有益的。因此，成员国家的支柱功能首先体现为“历史优势组合功能”。

第二，成员国家可以维护并体现欧洲共同外交的开放性与民主性。第二次世界大战结束后，国际关系的发展趋势是“以统治和服从为特征的强权型国际关系，向以独立自主、平等参与和互利合作为特征的民主型国际关系转化”[②]。具体到欧洲一体化进程中的成员国家来说，不同的成员国家也都体现出符合本国客观要求的外交诉求。比如，弱小国家总是希望充分表达自己的观点，并对大国形成一定的影响，而共同外交的决策机制为此提供了可

① Juliet Lodge and Val Flynn, “The CFSP after Amsterdam: The Policy Planning and Early Warning Unit”, *International Relations*, Vol. XIV, No. 1, April 1998, pp. 7 – 8.

② 俞正梁等：《全球化时代的国际关系》，复旦大学出版社 2000 年版，第 250 页。

能。欧洲共同外交的机制发展方向，是创立一个有别于联合国大会和欧洲安全与合作组织的、松散而开放的决策机制。在此前提下，各国不论大小、贫弱或体制差异，均可在外交决策过程中平等自由地发表言论。在欧盟各成员国的推动下，经由《阿姆斯特丹条约》所确定的轮值主席制度以及“三驾马车”合作机制，确保了各国之间外交立场的相互理解与融通，并使得参与欧洲共同外交决策的国家能够充分交换信息与意见。因此，各国在追求意愿自由表达的同时，也确保了共同外交的开放性与民主性。

第三，成员国家可以核查并平衡欧洲共同外交的运行与发展状况。依照欧洲共同外交决策机制，对外决策行为将通过多数表决机制予以实施，各成员国对欧洲共同外交的影响与控制权通过表决权得到体现。虽然在某些场合表决权数难分高低，甚至使得共同外交的表决机制由此受到牵制而近乎瘫痪，但这种现象对依然处于成长期的欧洲共同外交来说也绝非完全是负面影响。相反，它恰恰体现出谨慎而克制的“悬崖勒马”功能。[①] 集合各民族国家的意愿而推行共同外交，不仅对欧洲而言是一个伟大的尝试，甚至对整个人类社会来说都是一个全新的命题。对经历诸多战乱的欧洲来说，表决过程中权力的急速集中或膨胀反而是一种不理智的激进行为。因此，对外关系的一体化需要更为严格的审视与监督，以确保参与各方的权益平衡。面对这种集体行为，成员国的独立性和实际自控力可在欧洲共同外交发展过程中执行相关的核查与平衡功能，以匡正共同外交的发展方向。[②]

必须指出的是，虽然独立主权国家的存在对于共同外交来说是一种客观必要条件，甚至某些成员国家为维护其国家利益

① Elfriede Regelsberger, Philippe de Schoutheete de Tervarent, Wolfgang Wessels, *Foreign Policy of the European Union, From EPC to CFSP and Beyond*, Lynne Rienner Publishers, London, 1997, p. 91.

② Ibid., p. 9.

可能采取强烈措施来抵制共同外交，但这一事实并不能成为各国借以阻碍欧洲共同外交发展进程的理由。相反，一体化进程给参与国带来的相对收益以及机制联系，已经使得继续参与成为一种必然。首先，各成员国深知不可能退回到参与一体化进程之前的分散状态，各个成员国之间的合作已经成为确定无疑的、开展国家治理与国际行为过程中的一个常量。对此，西方学者克里斯托弗·希尔评价说：欧洲外交是各种对外关系所构成的综合体系，是各个国家行为体借以开展部分集体、个体的国际行为的共同事业。[1] 此外，成员国家与共同外交之间的关系正如自行车运动所揭示的道理那样，若要在车上停留，就必然保持骑车行驶的运动状态。对于欧洲成员国家而言，若要保持其成员国家身份，就必须跟随共同外交的发展趋势而调整自己的策略。由此，欧洲一体化进程中的共同外交一旦确立，各国一旦参与，就必须保持与之同步发展的趋势。其次，欧洲各成员国的认识已经出现了一定的趋同化态势，即使昔日的欧洲大国也认识到单边主义行为的弱点与不足。比如，无论是法国还是英国，尽管难以割舍对昔日作为世界强国辉煌的留恋，也可能在外交过程中略显怀旧的孤傲风格，但都认识到了参与共同行为的必要性。共同行动所带来的利益将对以后的不参与行为形成一定的遏制。一旦面临关键问题之时，成员国基本上会尽可能避免采取单边主义的方式，尽力谋求与其他国家之间的合作，至少不会将破坏欧洲的整体形象作为必要的代价。[2] 再次，通过对比参与共同外交前后的状态，弱小国家的参与意识以及对国际社会的责任感更为强烈。当然，共同外交使得这些国家的形象与地位都有所提升，由此也使得它们越来越依赖于欧共

---

① Christopher Hill, *The Actors in Europe's Foreign Policy*, Routledge, 1996, p. 5.

② Ibid., p. 292.

体/欧盟所提倡的共同外交倡议，更激发了它们推动欧洲共同外交的信心与决心。最后，经过较长时间的参与，欧洲共同外交的建设过程已经成为各国内部不可忽略的外交工作内容之一。从各个方面来看，成员国在欧洲一体化的过程中表现出了两者兼顾的特色——既与第三国保持双边关系的联系，同时也与欧共体/欧盟确保积极的合作与协调关系。

第二节　核心成员国家对共同外交的功能分析

作为欧洲一体化进程的参与者，欧洲各国都清醒地认识到并忠实地履行着其作为成员国家支柱的职能。早在20世纪60年代，戴高乐就提出，“统一的欧洲不可能是各个民族合为一体”。在戴高乐看来，欧洲一体化的建设支柱是国家，国家的存在与影响，是推动欧洲一体化事业的最重要因素。当然，也必须看到，各成员国对于欧洲共同外交的发展进程的影响力各不相同，其中核心成员国家的影响力更为关键。①

界定成员国家在欧洲一体化乃至欧洲共同外交方面是否为核心，这是一个既容易完成但又必然存在很大争议的问题。正如欧洲学者保罗·米夏埃尔·吕茨勒指出的那样：“读者并不知道，（核心欧洲）这个概念指的是加入欧元区的国家，还是欧洲经济共同体的六个初始成员国。但是众所周知的是，法国和德国这两个国家——它们是核心的核心——是包含在内的。”同时吕茨勒

① 从影响力来看，欧盟成员国大体可以分为“核心”与“非核心”两类，前者如法、德、英三国，后者如丹麦、卢森堡、希腊等；从其加入欧洲一体化进程的时间来看，可分为“老欧洲”与“新欧洲”两类，前者如法国、荷兰、比利时等，后者如波兰、捷克等。当然，在每个分类中又有具体区别，比如核心成员国家中，还可以根据其对欧洲一体化事业的一贯认同程度以及推进力度，分为“主流核心成员国家”（法国和德国）与“非主流核心成员国家”（英国）。

又指出："圣西门和梯叶里建议逐步'重新建设欧洲国家共同体'，他们所期望的核心欧洲是法国和英国的联合，因为这两个国家都经历了民主化。"吕茨勒进一步期望道："英国和法国联合起来以后，将德国作为第三个'核心'国家联合进来就不困难了。于是这三个国家就会对欧洲其他国家形成巨大的吸引力，结果就会出现一个遍及整个欧洲的同盟。"[①] 可见，在这位学者的眼中，英、法、德三国是欧洲一体化的核心部分。

一　主流核心成员国家的作用：对法国的分析

法德核心是促进欧洲一体化事业发展的首要动力。从整体来看，它们一直对促进欧洲一体化以及共同外交的发展持坚定而积极的支持态度，这种态度主导并推动了共同外交的持续发展。正如德国前外交部长菲舍尔所说："（欧洲）这个新的国家体系的一步一步的实现，都是建立在德法利益同盟的基础之上的。"[②] 按照国家影响力来看，法德两国可以称为一体化进程的主流核心成员国家。但在对共同外交的影响方面，德国一贯表现出的支持态度，反而不如法国所表现的支持与反对并存的态度更具代表性。此外，政府更迭以及国家领导人执政风格的差异，也使得这两个核心国家在对待欧洲共同外交的态度上有所差异；默克尔总理上台后，德国与法国对外政策的差异增大，默克尔总理更加注重同美国的协调合作，而希拉克总统依然珍视本国外交的独立和自主。两国政策上的差异导致双方在诸如欧洲防务、对俄关系、北约转型及作用等涉及欧洲安

① 保罗·米夏埃尔·吕茨勒："但愿我们成为一个共和国"，转引自童世骏、曹卫东主编《老欧洲，新欧洲："9·11"以来欧洲复兴思潮对美英单边主义的批判》，华东师范大学出版社2004年版，第114页。

② 菲舍尔："从国家联盟到联邦：对欧洲一体化最终形式的思考——在洪堡大学的讲话（2000年5月12日）"，载曹卫东主编《欧洲为何需要一部宪法》，中国人民大学出版社2004年版，第5页。

全战略问题上难以形成共同声音，这些因素必然制约共同外交的发展。相对于德国而言，法国对共同外交的推动，更为集中地体现了核心成员国家对这个一体化进程的贡献与支持程度。

（一）法国对共同外交的态度

第二次世界大战后，法国对欧洲共同外交的态度遵循这样一种逻辑：法国的强大与安全依赖于欧洲的共同命运与发展壮大，法国应当成为引导欧洲一体化的核心动力，而一个和谐的共同欧洲对外关系也将带动欧洲国际地位的提升。我国学者也对此指出："法国已经深刻认识到，欧洲只有用一个声音说话，才能在只有一个超级大国支配世界的情况下发挥有影响的外交作用。同时，法国还特别注重让欧洲的声音中带上明显的法国语音，以此来确立法国在欧洲一体化中的主导地位。"①

从第二次世界大战结束至今，法国一直根据国际形势的变化来调整外交策略，但其宗旨则保持一致，即同时推进欧洲共同外交建设与发展法国国际影响，利用欧洲共同外交建设的进程为法国国际利益服务。法国认为，欧洲的联合与法国的强大，都为历史所赋予它们的特性所决定，而这两种特性并不冲突。② 第二次世界大战后，法国面临着经济和军事力量孱弱、国际地位一落千丈的窘迫现状。从法国现实的国际地位出发，要实现维护民族独立和国家主权的目标，并进而恢复其大国地位，法国只能把自身对外政策的基本点放在欧洲。法国的政治家十分清楚地认识到，"法国所面对的问题在欧洲，而解决这些问题从根本上来说也要依靠欧洲共同的力量"③。为迅速地帮助法国摆脱国际地位微弱的

① 汪波："冷战后法国外交政策的调整"，《法国研究》2002 年第 1 期。

② Lan Manners and Richard G. Whitman, *The Foreign Policies of European Union Member States*, Manchester University Press, 2000, p. 23.

③ 李少军："一体化进程与'大欧洲'的对外战略"，载李慎明、王逸舟主编《2005：全球政治与安全报告》，社会科学文献出版社 2005 年版。

尴尬局面，法国政要明确了欧洲一体化对法国的重要性，甚至不惜牺牲部分主权来谋求一体化的起步。在 1946 年通过的第四共和国宪法的前言中，法国明确表示："在互惠的条件下，法国愿意接受对本国主权加以限制，如果这些限制是建立国际组织或者维护和平所必需的步骤。"① 同时，法国也特意强调自身的独特优势，利用相对游离于两极格局之间的自由优势尽力谋求国际社会的注意力，来提高自身的国际地位。

冷战结束，两极格局崩溃，对法国有利的国际环境也不复存在。在冷战时期，法国曾游离于两极格局之外，它依靠"隐身于中间阵线之后的战略地理优势"，借用国际力量对比所造成的不确定因素，屡屡发挥外交优势，赢得了充分的国际空间。但冷战结束后，两极格局不复存在，大部分令法国获益的各种有利条件消失殆尽，法国自主发挥其外交影响力的国际空间也相对缩小了。对此，法国领导人感叹道："法国曾经继承了近现代历史上所获得的优势，并借此构筑了强大的国际权力，但遗憾的是，自从 1989 年以后这些优势已经被相对弱化了。"② 但是，法国依然坚持自己的外交信念。法国认为，不论自身的经济实力如何，法国都应该拥有足够的辉煌与影响，应该是世界强国俱乐部的成员之一，应该在世界顶级峰会的圆桌边上有自己的一席。因此，法国积极寻求各种机会来重新为法国塑造在国际事务中的独立地位，而不断扩大规模的欧洲一体化就为法国提供了机会。法国认为："扩大的欧洲必然带来对扩大化的欧

---

① Philip Williams, 3rd edition (1964), *Crisis and Compromise*, *Politics in the Forth Republic*, Longmans, London, Appendis I, p. 479. Quoted from Gisela Hendriks, Annette Morgan, *The France – German Axis in European Integration*, Cheltenham: Edward Elgar, 2001, p. 23.

② Lan Manners and Richard G. Whitman, *The Foreign Policies of European Union Member States*, Manchester University Press, 2000, p. 19.

洲国际影响的客观需求，继续推进欧洲一体化将使得法国的国际地位得到有效保障。当然，法国还必须采取与扩大化的欧洲相适应的方式。”[1] 更为具体的内容，在法国后来采取的“新欧洲”策略中得到了详尽的表述。

（二）法国对欧洲共同外交建设的推动作用

1. 法国与共同外交的早期建设

戴高乐领导下的法国，对促进欧洲共同外交的诞生有诸多的积极意义。首先，戴高乐创设的外交会晤制度成为迈向欧洲共同外交的制度性起点。1959 年，戴高乐提议煤钢共同体六国应该定期会晤，商讨有关外交政策的问题，同时戴高乐倡议，应该在法国建立一个秘书处，以促进经常性的国家之间的政治合作。[2] 戴高乐的倡议引起了伙伴国家的重视，它们接纳了各国外交部长定期会晤的建议，这为以后的外交信息共享奠定了基础。1960 年，法国又积极倡议，为实现一个政府间合作的欧洲形象，主张举行各国首脑的定期峰会，且再次重申建立法国秘书处的建议。后来的富歇计划的出台，就是在这个倡议的推动之下产生的。其次，1958 年戴高乐上台后，与联邦德国总理阿登纳确立了两国的密切合作关系。1963 年两国合作条约的签订标志着全面和解与合作的实现。条约规定：“两国政府应就所有重大的外交政策问题，首先是共同关心的问题，在采取任何决定前将进行磋商，以便尽可能采取相似的立场。”[3] 法、德两国在外交政策上的共同磋商行为，成为日后各国在推进欧洲共同外交发展过程中奉行的模板。

---

① Lan Manners and Richard G. Whitman, *The Foreign Policies of European Union Member States*, Manchester University Press, 2000, p. 23.

② Hazel Smith, *European Union Foreign Policy, what it is and what it does*, Pluto Press, Virginia, 2002, p. 49.

③ 参见张锡昌、周剑卿《战后法国外交史（1944—1992）》，世界知识出版社 1993 年版，第 218—219 页。

再次，法国的强硬态度为保证欧洲共同外交的独立性奠定了基础。法国的目标是在法德特殊合作的基础之上建立以法国为主导的政治联盟，维持和提高法国的大国政治地位。在法国看来，建立一个强大而独立的欧洲，摆脱美国的控制，使欧洲成为制衡美国的重要一极在国际政治中发挥领导作用，最符合法国的国家利益。① 因而，它主张未来的欧洲联盟，应该是一个以欧洲民族国家为主体、同时面向苏联和东欧国家开放、保持对美国相对独立的联邦化的政治联合体。英国曾经在 1961 年和 1967 年两度申请加入欧共体，但均被法国拒绝。当时在戴高乐看来，一旦英美特殊关系随着英国加入欧共体而对欧洲一体化进程产生影响，欧洲联合的纯粹性就会受到伤害，而欧洲的独立性也无从谈起。② 可以说，法国对英国的强硬态度，由此奠定了后来欧洲联盟扩大的选择基础，不受美国的干涉，甚至与美国展开竞争，成为欧洲共同体的宗旨之一。最后，法国积极推动了相关经济政策的出台，为欧洲共同外交夯实了经济实力基础。戴高乐在任期间，敢于挑战国际经济体系中的美元霸权，并积极促成了欧洲经济共同体的共同农业政策，同时建立了与前殖民地的优惠贸易联系制度，这样，就帮助新生的联合中的欧洲有了一定的国际经济影响力，利于日后同美国展开竞争。

2. 法国与欧洲共同外交的转型

戴高乐之后的法国执政者基本上都执行了戴高乐主义，因此，法国的对外战略模式具有相当的连续性。法国对欧洲共同外交的设想可以概括为：国家利益、主权和独立自主是其发展基础，在欧洲联合的问题上应该坚持政府间的合作方式，体现“多

① 吴志成、刘丰：《欧盟治理与世界多极化》，载徐明祺《欧洲一体化与亚欧关系》，上海社会科学院出版社 2007 年版，第 116 页。

② Hazel Smith, *European Union Foreign Policy, what it is and what it does*, Pluto Press, Virginia, 2002, p. 57.

国家的欧洲"，同时反对"超国家的欧洲"。就欧洲共同外交而言，这意味着法国的基本政策取向是强调国家主体之间的协商合作、允许一定程度的经济一体化与各国经济主权让渡，反对过分的超国家主义扩张与超国家机构的建设。在具体政策上，法国原则上支持《罗马条约》所规定的共同体关税同盟和共同农业政策建设的努力，却反对过分增加共同体委员会的权利，以防止超越国家的管理职能，特别是国家的财政权能。但是，欧洲一体化毕竟是多国之间协商的进程，其中德国积极主动创新乃至激进的一体化建议在相当程度上与法国坚定的政府间主义形成了一定的冲突。作为一体化进程的核心动力，法国既要坚持自己的政策立场，同时还要确保这个多边进程不能偏离自己的设想框架，因此法国在此过程中采取了多个性质迥异的措施，比如法国为抵制联邦主义式的共同体改革制造了著名的空椅子危机；为促成共同体决策表决方式的转折性变化并抑制超国家主义的蔓延而提出卢森堡协议；积极推进经济外交成功模式转向政治合作模式，倡议开展欧洲政治合作机制；积极推动创造欧洲货币体系；努力增强欧洲的防务功能，促成西欧联盟的功能恢复；提出尤里卡计划，筹划空间共同体或者技术共同体，增强欧洲国际技术的竞争力。在法国看来，欧洲应该以多样化的方式来影响世界，因而扩展欧洲一体化的内涵是必要的。不能仅仅依靠一体化进程局限于某个领域，但是，法国更希望欧洲共同外交能在自身方式得以丰富的同时也增强法国的主导地位，这也可以说是法国不断为谋求自身对欧洲共同外交的新领导权。

3. 法国与冷战后欧洲共同外交的演进

冷战的结束，进一步增强了欧洲建设共同外交的必要性。与此相适应，希拉克政府改变了密特朗在位时期较为低迷的外交作风，从以下几个方面开展了对欧洲共同外交的促进工作。首先，希拉克表示，欧洲建设是法国外交政策的重点，法国将一如既往地为建设统一的欧洲而努力，法德之间的谅解是欧洲联盟机制必不可少的条件。这意味着法国再次强调了欧洲一体化过程中法德的核心地位与法国必须发挥的主导作用。其次，希拉克主张进一步整合欧洲对外关系的各种手段。希拉克强调，欧盟扩大后，应该实现统一的关税，制定共同的贸易、外交和安全战略，并对边界严格控制。再次，希拉克提出一系列主张以求解决欧盟扩大所带来的对外影响力不足的难题。他提出建设包括三个层次的“欧洲大家庭”：（1）“团结互助”的成员，它们之间应该建立起特殊的联系和加强合作；（2）共同的成员，也就是当时的 15 个成员国以及后来将可能发展到的 20—30 个成员国，它们应该拥有海关联盟、共同贸易政策、共同外交与安全政策并对边界严格控制；（3）扩大的成员，即发展俄罗斯与独联体的关系。最后，构建欧洲防务并使其独立于美国主导的北约进而拥有自主决策和行动能力是法国努力的目标。[①] 法国在共同外交的防务建设方面继续增进努力，其中包括恢复法国的核试验；强调西欧联盟应该成为欧盟防务的支柱并具备独立于北约的自主计划与指挥系统。特别需要注意的是，在冷战结束后的几次局部战争中，面对美国扩张体现出的军事霸权主义，法国坚持了欧洲外交的独立性，在科索沃战争与伊拉克战争中都表明了对美国的谴责态度，由此在一定程度上确保了欧洲核心成员国家在国际事务中的独立态度，这对坚持欧洲共同外交建设来说具有重大的意义。法国对欧洲共同外交的支持态度可以从希拉克政府期间外交部长多米尼克·德维尔潘的发言中体现出来：“为了实现真正的稳定，这个新世界必须建立在几个地区支柱的基础之上，以这样的结构面对当前的威胁。这些支柱国家不应该相互竞争，相反，它们之间应该是相互

---

① 吴志成、刘丰：“欧盟治理与世界多极化”，载徐明祺《欧洲一体化与亚欧关系》，上海社会科学院出版社 2007 年版，第 116 页。

补充相互支撑的。它们应该建立在团结和联合的基础上，这才是面对新的挑战的国际共同体的基础。欧洲国家决心发展共同外交与安全政策就是很好的反映。这种决心充分表现了欧洲国家愿意创建真正的欧洲身份的意志。"①

总体来看，法国政治领导人都秉承这样一个理念，他们相信建立一个强大的"政治欧洲"可以有效地扩大法国的实力。法国同时也描绘了一个充满希望的欧洲联盟的图景。在法国看来，欧盟是一个绝无仅有的国际组织，既能够有效地应对并定义全球化，也能够赋予全球化以人性的特点。欧洲对于法国，正如美国之于英国，因而支持欧洲一体化的发展必然能够充分增强法国的影响力。胡伯特·维德伦（Hubert Vedrine）对这种观点作了进一步的解释："建立欧洲联盟的政治框架，并不意味着法国要摒弃主权，相反，这可以延伸并扩大法国的实力。实际上，传统的主权在现代社会显得过分正式，它不仅限制了国家自由，并有可能使得部分国家权力无法实现，从而陷入虚拟化的困境。因此，在主权的实践过程中，有必要抛弃一些已经过时的权力主张。"法国总统以及各位部长也都努力维护法国传统的国家优势和行动的自由，同时，在法国的影响持续不断增加的前提下，法国的价值观增强了，因此法国极力推进这样的双重目标计划："强大的欧洲——强大的法国。"②

二　非主流核心成员国家的作用：对英国的分析

相对于法、德这两个核心成员国家以及其他弱小国家，英国

① 多米尼克·德维尔潘：《权力、力量和公正》（Dominique De Villepin，"Le Droit，La Force et la Justice"），在伦敦国际战略研究所的讲话，2003 年 3 月 27 日。转引自［比］尤利·德沃伊斯特、门镜《欧洲一体化进程——欧盟的决策与对外关系》，中国人民大学出版社 2007 年版，第 111 页。

② Lan Manners and Richard G. Whitman，*The Foreign Policies of European Union Member States*，Manchester University Press，2000，p. 23.

在欧洲一体化过程中表现出来的特立独行的离心主义倾向最为明显。如果说法国对欧洲共同外交的态度是以合作为主，那么英国的态度则是以保留或者离弃为主。尽管英国加入了欧洲一体化进程已有近40年的历史，且是《欧洲联盟条约》的签约国，但英国与共同外交之间的隔阂仍难以消除。

（一）英国对欧洲共同外交态度的影响因素

1. 英国与欧洲大陆的距离感

英国的国家利益观与欧洲观，与其岛国地理位置以及根深蒂固的帝国历史传统是分不开的。在地理上，英国虽然是一个欧洲国家，但却与欧洲大陆不相连，英国人总是习惯把欧洲其余部分称为大陆以示区别。虽然英吉利海峡最窄处只有32公里，但这一距离对英国的历史命运却是决定性的。正是这种与欧洲的距离，使得英国在数百年里能够超然于欧洲事务，不断玩弄均势游戏而保持自己在欧洲大陆的支配性影响。对欧洲而言，英吉利海峡产生的距离感既是地理上的，也是心理上的，丘吉尔说："我们同欧洲在一起，但是并不属于欧洲。我们同欧洲联系在一起，但并不失去自己的利益。我们对欧洲有兴趣，也有密切的联系，但我们不能被纳入欧洲。"① 因此，在战后相当长的一段时间内，英国与欧洲一体化以及共同外交保持着一定的距离。

2. 三环外交的思维定位

英国对于欧洲主义的反对早在它当时阻挠欧洲经济共同体诞生的行为中就有鲜明的体现。从发展根源来看，英国对共同外交的离心倾向以及实践行为直接受到丘吉尔三环外交思想的影响。三环外交思想是决定第二次世界大战后英国外交政策的主要思想

---

① 转引自计秋枫、冯梁《英国文化与外交》，世界知识出版社2002年版，第453页。

渊源，它为塑造英国外交政策的环境与决策过程起到了至关重要的作用。在 1948 年的英国保守党会议上，丘吉尔对三环外交的具体内涵做了界定："第一个环是英联邦和英帝国及其所包括的一切。其次是我国、加拿大和其他英联邦自治领域以及美国在其中起着如此重要作用的英语世界。最后是联合起来的欧洲。这三个大环是并存的，如果它们连接在一起，就没有任何一种力量或者联合的力量足以推翻它们，或者甚至向它们挑战。"丘吉尔进一步解释说，"我们（英国）是这三个大环中都占一大部分的唯一国家"①，并据此认为英国有充足的理由来发挥它对世界的领导作用。第一，英国是一个全球性的大国，理应维护其全球利益，而不能把英国看成是一个局限于地区利益的国家。第二，"三环外交"理念为英国外交提供了可靠而灵活的保证，足以使英国在各个领域都有出色的领导作用。第三，英国有能力同时加入这三个外交层次，而且这种能力还赋予英国充当各层次之间沟通桥梁的能力，因为在英帝国、英联邦、美国与欧洲之间，需要一个有能力的国家来搭建沟通渠道，而英国恰好能够担当这个角色。②三环外交的理念，对英国历届政府的外交定位都产生了不可忽视的影响，它使得英国外交对象多元化，而不像法国、德国那样重视欧洲，从而使得英国对欧关系一直处于较低的战略地位。

3. 对国家利益的追求

在对外关系中，英国一直关注自身利益的维护与稳定。在英国看来，"只有永恒的利益，没有永恒的朋友"，这种利益观念深刻地影响着英国与欧洲的关系。作为一个昔日的世界霸主，英国的国家利益组成异常复杂，既包含精神层面的国际影响力，也包

① ［美］W. F. 汉里德、G. P. 奥顿：《西德、法国和英国的外交政策》，商务印书馆 1989 年版，第 228 页。

② Brian White, *Understanding European Foreign Policy*, Palgrave Ltd., 2001, p. 121.

含物质层面的经济力量和军事实力；既包含能与世界强国对等博弈的资格，也包含对其他中小国家相对领导的能力。由于国家利益的复杂化，英国难以面对国际形势变化迅速作出舍弃。欧洲一体化起步初期，由于不愿割舍对欧洲其他国家的优越地位，英国摒弃了参与欧洲共同体的时机。但是，当欧洲一体化带来的经济收益远远超出英国的预期之后，英国开始感到自身利益受损的危机，经过组建欧洲自由贸易联盟等不成功的尝试，英国最终转变对欧共体的态度，以便从中分享经济一体化的收益并增强自身实力。

以上各因素均对英国与欧洲共同外交关系产生了一定程度的影响。但是，在不同的发展阶段以及针对事务领域的具体区别，各因素所起的作用也不尽相同。

（二）英国对欧洲共同外交的影响及意义

1. 英国与欧洲共同外交的起步

在欧洲共同外交起步时期，英国既起过积极的促进作用，也产生过消极的抵制作用，总体来看，后者不仅成为主导英国对欧洲共同外交态度的主导因素，并使得英国对起步时期的欧洲共同外交的影响主要呈现为负面作用。1951 年 10 月的英国大选中，保守党击败了执政的工党，由此，丘吉尔再次出任英国政府首相。在其任期内，他积极推行三环外交，力促欧洲联盟的建立。但必须指出的是，尽管他为欧洲联盟奔走呼号，但在当时包括他本人在内的英国主要政治家的心目中，这个联盟并不包括英国。为推动一体化而提出的“舒曼计划”，由于没有事先征得英国政府的意见，引起英国政府的不满。此外，英国对计划中建立超国家机构的建议也表示怀疑，认为这与英国的帝国心态以及对欧政策形成了冲突。经过长时间的考虑斟酌，工党政府按照下议院表决结果拒绝参加煤炭钢铁联营。但是，1954 年，英国与欧洲煤钢联营签订了正式联系协定，以世界性大国的地位与之建立了外交联系。英国的所作所为，说明它与欧洲之间存在着难以截然分开的紧密联系，也说明它对欧洲一体化进程有着一种复杂的心态。从此开始到20世纪60年代以前，英国一直对欧洲一体化持抵制态度，从而间接地影响到欧洲共同外交尤其是欧洲共同经济外交的发展。比如，当欧洲经济共同体问世之时，英国组织了七国小自由贸易区加以抗衡。英国的这一作为，对欧洲共同外交产生了不可忽视的负面影响。首先，由于英国的缺席，煤炭钢铁联营失去了英国在此领域的优势补充，从而使得欧洲一体化的起点处于较低水平；其次，英国组建欧洲自由贸易联盟与欧共体抗衡，虽然其对抗力度较小并且英国最终退出，但在当时依然分散了欧共体处理经济事务的精力，在一定程度上延缓了经济外交的发展进程。

2. 英国与欧洲共同外交的转型

英国在欧洲共同外交转型过程中，同样呈现出支持与反对并存的态度。但这一阶段内的英国，显然已经意识到了欧洲联合的重要性。希思执政期间，在1971年发布的白皮书中指出："单个的欧洲国家无力在世界上发挥更大的作用……而不断壮大的共同体将使欧洲国家的相互关系更加和谐。欧洲与世界其他国家尤其是与美国、苏联甚至将来有一天同中国的关系将更平衡。联合的欧洲将有助于恢复其分裂时失去的世界地位。"[①] 20世纪70年代以来的历届英国政府都比较积极参与并谋求推进欧洲政治合作进程。英国在政治上与外交上更多地采取了和欧洲共同体一致的立场，致力于西欧"用一种声音说话"[②]。特别是在80年代，英国政府在欧洲政治合作从对外政策的协调领域扩展到安全事务与西欧防务合作领域过程中作出了重大贡献。由于70年代末80年代

---

① 金安：《欧洲一体化的政治分析》，学林出版社2004年版，第164页。

② 同上。

初欧洲和世界形势发展的客观需要，加强西欧防务合作的问题提上了议事日程。1981 年在英国出任欧洲理事会主席国期间发表的伦敦报告，建议将欧洲政治合作的范围扩展到对安全事务的讨论。根据英国草案制定的列入《欧洲第一法令》的有关欧洲政治合作条约，明确规定将安全事务的经济和政治方面列入政治合作的范畴。1987 年 10 月西欧联盟各国在海牙举行会议，通过了欧洲安全纲领。英国在会上就加强欧洲支柱问题提出从原则转向实践的建议，引起了与会各国代表的极大兴趣。英国还采取实际步骤加强同法国、联邦德国的军事防务合作，英、法、联邦德国三国建立了协调战略的三边常设小组。英法两国逾越历来不能涉及的独立防务禁区，探索了在两国核潜艇巡逻问题上实行合作的可能性，并决定共同研制一种空对地短程核导弹。不过，英国在推进西欧防务合作的同时，强调政治合作应局限于外交政策的协调，防务政策是北约组织的特权，任何有关欧洲防务合作的行动都应该有利于加强大西洋联盟的欧洲支柱，而不应离开大西洋联盟，更不能疏远美国而另立欧洲自己的独立防务体系。

与此同时，英国政府对欧洲共同外交中经济外交支柱部分的支撑作用表现得较为无力，甚至对它进行了激烈的反对。曾经主管过欧共体经贸关系事务的英国前贸工大臣这样概括撒切尔政府对欧共体建设的立场：“英国从不反对欧洲大市场，但是反对欧洲合众国。”在欧洲逐步向一体化货币迈进的过程中，英国始终坚持反对态度，认为一体化货币侵犯了国家主权。撒切尔夫人甚至言辞激烈地说：“我怎么可能到女王那里去对她说，在我们的货币上以后不再印有她的头像了?”[①] 而此后的梅杰与布莱尔政府在货币一体化问题上依然采取观望态度，时至今日，英国依然停

① 路透社罗马 1990 年 10 月 28 日电，转引自陈乐民主编《战后英国外交史》，世界知识出版社 1994 年版，第 186 页。

留在共同货币体系的门槛之外。

3. 英国与冷战后的欧洲共同外交

冷战后，英国依然围绕自身的利益而不断调整它对欧洲共同外交的态度。由于冷战结束，世界形势发生了剧变，国际格局朝着一超多强的方向发展，同时，冷战时期遗留的地区冲突以惊人的速度爆发出来，各种国际力量由此展开新一轮的博弈，这种现象重新激发了英国充当“国际角色”的冲动，并对欧洲共同外交造成了多重而复杂的影响。

首先，英国希望通过主动促进欧洲共同外交的防务功能建设来增强英国在欧洲内部的领导地位，进而利用欧洲整体力量为英国成为世界重要国家而服务。必须要说明的是，英国对欧洲独立防务能力建设态度的转变是与英国对自身的国家利益的认识分不开的。此前英国一直支持西欧联盟维护政治独立的立场，而1998年秋天这个政策发生巨大转折，一方面由于当时的布莱尔政府希望领导积极的欧洲政策，另一方面也是因为美国在南斯拉夫实施西方政策的讨论引发了英国的不满情绪。英国政府认为美国破坏了波斯尼亚的万斯—欧文计划，这使英国政府十分失望。因此，英国政府宣布英国将支持欧盟在独立维护欧洲安全方面扮演重要角色。为此，英国与法国在法国的圣马洛达成了《关于欧洲防务的声明》，增强共同外交与安全政策向独立防务方面发展的巨大障碍被扫除了，这个转变极大地促进了欧洲安全和防务功能的发展。[①] 在科索沃战争中，英国首相布莱尔特别指出：“我们欧洲人需要重建我们的防务能力，将我们的部队、舰艇和飞机部署到本国基地之外并维持其生存，使之具有对付任何可能面临的冲突的装备。”尽管英国坚持认为欧洲防务应该以保持北约的领导地位

① 参见 Svein S. Andersen、Kjell A. Eliassen《欧洲政策制定》，陈寅章等译，国家行政学院出版社 2003 年版，第 146—147 页。

为前提，这对欧洲防务的独立性形成了一定的消极影响，但它的努力仍然对欧洲共同外交的结构完善与发展有着积极的意义。

其次，英国充当国际角色的“冲动”对共同外交也造成了一定的损害。“9·11”之后，英国再次与美国靠近，特殊关系再次升温的同时，英国对欧洲共同外交的态度也在悄然冷却。在冷战后举世瞩目的伊拉克战争中，英国再次与法德等欧洲核心成员国家在共同外交立场上分道扬镳，转而追随美国，使得欧洲共同外交立场再次受到来自内部的挑战。英国在事先不通知法、德等国的情况下，与美国共同轰炸巴格达。此后，尽管受到法国外交部的强烈批评，但英国依然坚持与美国协同作战的姿态，展示出与欧洲其他国家截然不同的外交立场。英国背离欧洲共同外交基本原则的行为，破坏了欧盟通过政治谈判解决伊拉克问题的设想，更使得欧洲共同外交出现了巨大的裂痕。英国作为欧盟的成员国，在关键问题上撇开其他成员国单独行动，这对于正在开展的欧盟共同外交与安全政策来说，不能不说是一个极大的嘲讽。总体来看，虽然英国意识到了参与欧洲共同外交的重要性，但当欧洲共同外交面临着关键问题的时刻，“英国的习惯思维，保守思想和现实主义考虑便对其欧盟政策的有效开展产生不可逾越的障碍”①。事实上，正是在这种分离观念的驱使下，英国对欧洲共同外交建设过程也产生了相当强烈的观念抵触现象。比如，当法国等国试图通过欧洲共同外交来促使欧洲成为世界政治格局的一极之时，英国前首相布莱尔却认为，一个多极世界很快会导致彼此竞争的权力中心的产生。布莱尔甚至反对欧洲应该与美国抗衡的观点，因为在他看来，这样做是危险而不稳定的。②

---

① 计秋枫、冯梁：《英国文化与外交》，世界知识出版社2002年版，第479页。

② ［比］尤利·德沃伊斯特、门镜：《欧洲一体化进程——欧盟的决策与对外关系》，中国人民大学出版社2007年版，第111页。

三　成员国家支柱的配合缺陷及其对共同外交的影响

共同外交目标的成功实现，依赖于成员国家支柱的积极配合。如果成员国家之间不能实现有效配合，必然造成支柱功能的缺失，进而导致共同外交的功效大打折扣。欧洲致力于在国际舞台上扮演统一的角色，要实现这一目标的首要条件之一，就是在各个成员国之间以及成员国和欧洲共同体/欧盟之间能形成真正意义上的团结协作。在《欧洲经济共同体条约》第五条中，曾经对这种团结协作的目标和行为作出明确的表示：成员国必须采取一切必要措施确保条约规定的义务的遵守；成员国必须支持共同体所要完成的任务；成员国不得对条约规定的目标的实现起破坏作用。欧洲法院认为这些责任是成员国需要遵守的总的原则框架下的内容，共同体机构与成员国之间存在互相支持与合作的义务。而对欧盟而言，根据《马斯特里赫特条约》，欧盟则负有明确的责任，即“在一致性和团结性精神指导下，处理与成员国的关系，以及与其公民之间的关系”①。在经济领域，欧盟如愿以偿实现了一体化。但在外交和安全政策方面，欧盟各成员国均不愿将权力交给布鲁塞尔，那里依旧是各国外长们的“世袭领地”。欧盟在外交政策领域实现统一的道路是漫长而又曲折的，欧洲共同外交的建设将是一个长期的试验性过程。

如前所述，英国对欧洲共同经济政策的回避，弱化了欧洲共同外交中经济手段的功能。一体化初期，英国组织欧洲自由贸易联盟以便与欧共体抗衡，从一定意义上来说，这实际上导致了欧洲内部贸易的封锁与内讧。就欧洲同一货币政策来说，英国所产生的消极影响则更为突出。英国与其他中等强国不同的是，它手中握有历史和传统沿袭下来的仍然可观的国际资源，其中包括无

① ［比］尤利·德沃伊斯特、门镜：《欧洲一体化进程——欧盟的决策与对外关系》，中国人民大学出版社2007年版，第159页。

形的软资源。例如，英国具有底蕴深厚的外交传统，遍布世界各地的英联邦的特殊外交关系，以及十分成熟老到的金融资本运作体系。而英国长期停留在统一货币区以外，不仅无法增强欧洲共同外交中的金融力量，而且不能借助统一货币来增强英国金融的世界影响力。更为严重的是，英国对于欧洲统一货币单位以及欧元的进展一直抱冷漠态度，视之为异己。有资料说明，欧元被英国人看作是“法国人的设计”并由“德国影响下的大陆官僚”精心打造的产物，因而不愿意接受。[①] 目前英国仍然未加入欧元区，这更加说明了欧洲共同外交当中金融力量因素的缺憾，也显示了建设欧洲共同外交的艰难。

英法之间国际政治立场的不协调，在一定程度上弱化了欧洲共同外交的国际政治影响。英法作为仅有的两个拥有核武器的欧洲国家，同时又具有安理会常任理事国这样的世界性政治资格，对欧洲共同外交而言，本来是一个国际社会里其他地区无法比拟的优势。实际上，欧洲联盟也对这种举世无双的独特政治优势给予充分的重视，《欧洲联盟条约》第J·5（4）条就作出规定：“系联合国安全理事会成员的成员国，应一致行动并使其他成员国充分了解情况。作为安全理事会常任理事的成员国，在履行职能时，应在不妨碍它们根据《联合国宪章》规定而承担的职责的前提下，保证联盟的立场与利益得到维护。”[②] 但是，恰恰由于英、法两国之间在共同外交当中力量支撑作用的差异，特别是英国的分离趋势，导致欧洲政治优势的巨大流失。可见，成员国家支柱对于共同外交来说，协调不力会造成重大的政治资源浪费。

尽管从当前欧洲共同外交的角度看来，成员国家支柱的不配合，必然产生一定的负面效果，但从整个人类历史长河来看，

---

① 金安：《欧洲一体化的政治分析》，学林出版社2004年版，第161页。

② 戴炳然译：《欧洲共同体条约集》，复旦大学出版社1993年版，第491页。

现阶段的负面效果，又可能在将来具有一定的积极意义，因为任何事物都有两面性。正如国内学者所言，“以欧盟为核心的欧洲国家向世人演绎的是民族国家弱化的一幕”①，这是欧洲国家体现的主要特征，一定时期的反对一体化并不能从总体上否定它们参与一体化的历史必然性。在这个意义上，英国当前的不配合，可能意味着欧洲共同外交某些措施实际上发展得还不甚成熟，甚至存在某些缺陷。自从1973年英国加入欧洲经济共同体成为欧盟一员以来，历届英国政府对欧洲一体化过程当中的各项举措都有过或强或弱的反对态度。这种态度对于欧洲一体化起到的是牵制作用。当然，作为一个在国际关系当中外交技巧较为娴熟、外交传统较为深厚的国家，英国对欧洲共同外交所采取的消极甚至是反对的态度，说明包括欧洲共同外交在内的欧洲一体化过程中还存在众多的尚待完善之处。正是这种原因，导致共同外交发生、发展的过程充满波折与反复，而这种波折与反复又使得包括英国在内的一些国家难以充分信任欧洲共同外交。从另外的角度来看，作为一个宏观的、涉及社会因素众多的一体化过程，欧洲共同外交牵扯包含的因素太多，发展的速度过快，反而可能是一种不切实际的、催化早熟的激进过程，步伐太大可能引致发展方向偏激。英国的反对态度，使得欧洲共同外交有更多的时间来考虑权衡，以便选择更佳的时机或更好的方式。如此一来，成员国家支柱的配合必定得到加强，欧洲共同外交也必将得到较快的发展。

第三节　非核心成员国对共同外交的影响

随着欧洲一体化进程的延续，成员国的数量也随之增大，但

① 徐蓉：“冷战后美欧关系的结构分析”，《国际观察》2004年第5期。

推动并主导欧洲一体化事业的核心成员国家，依然是法、德、英三国。相比之下，非核心成员国的数量是巨大的，虽然它们对共同外交不能起到决定性的作用，但其成员国家支柱的功能同样不可忽视。非核心成员国家对欧洲共同外交的认同与支持，也是欧洲的国际影响力得以壮大的坚强后盾，丹麦、波兰在其中具有一定的代表性。

一 老欧洲非核心成员国的影响：对丹麦的分析

丹麦对欧洲共同外交的态度，经历了一个较为明显的变化转折时期。1973 年丹麦与爱尔兰、英国一道加入欧共体后，由于担心主权让渡加深会导致其受到大国的支配，从而丧失自己的独立地位，因此对共同外交持怀疑和保留态度。但是，这种态度并不妨碍丹麦对共同外交的逐渐认同，尤其是科索沃战争后，丹麦对共同外交与安全政策的完善和实施表现出了极大的热情。

在一体化早期，1965 年丹麦当时的外交部长海克雅卜（Hakkerup）曾经讲过，如果没有国际背景的支持，小国要谨慎地制定自己的对外政策，不要主动追逐任何理想的对外政策，也不要奢望主动参与国际事务。① 与此同时，丹麦认为本国的对外政策中具有四个组成部分，分别是联合国、北约、北欧合作以及欧共体。这四个部分在丹麦对外政策中同等重要，具有不同的功能，欧共体在丹麦的视野里主要是为经济合作服务，丹麦还认为，如果将欧共体和欧洲政治合作并为一体，就会打破这四个部分间的平衡，从而导致欧共体成为超级大国或者成为两极格局界中的第三极，并引发世界局势的动荡不安。显然，尽管丹麦本身的顾虑没能影响到欧洲共同外交的主要发展方向，也没有阻止后来核心成员国家逐渐把欧共体与欧洲政治合作的功能相融合的步伐，但

① 张东升："丹麦对欧盟共同外交与全政策的参与"，《欧洲》2001 年第 3 期。

丹麦的不参与，至少说明共同外交在欧洲范围内并非普遍受到信任。

冷战结束后，丹麦把共同外交与安全政策看作是政府间的合作行为，但不希望其发展成为共同体化的共同外交与安全政策。同时，丹麦在这个基础上支持欧共体在外部事务中进行政治和经济方面的协调，支持欧盟在国际行为中的一致性和联合性。显然，丹麦开始注意并支持促进共同外交的功能融合。不过，丹麦对于共同外交决策体系依旧持保留态度。在丹麦看来，欧盟的共同外交与安全政策并不是理想的政策，因为它具有某些欧洲大国对外政策的特征，被欧洲大国的外交方针所控制。① 因此，丹麦坚持反对在决策过程中使用特定多数的表决机制，极力使自己的声音和意愿在表决过程中得以表达。② 此外，丹麦曾经在1992年爱丁堡高峰会议上争取到了特殊例外的地位，凭借此特殊例外地位，丹麦可以既不参加西欧联盟，也不参与共同防务政策。但与此同时，丹麦声明不会阻止其他成员国在这个领域发展更加紧密的合作。之所以在这些方面还有所保留，是因为它对欧洲共同外交行为的方式还不十分信赖。丹麦外交部长曾说："欧盟共同外交与安全政策还没有达到我们所希望的程度，其能力不能与欧盟的经济实力相比，也缺乏维护成员利益的外交手段。"③ 另外，美国主导下北约力量的存在，也是导致丹麦对欧洲防务建设兴趣较为淡薄的重要原因之一。

总体而言，丹麦对共同外交的态度逐渐呈现支持大于不合作的趋势。就其影响程度而言，其不合作态度并不能阻止欧洲共同外交向前发展的步伐，因为其影响力还不能与核心成员国家抗

① 张东升："丹麦对欧盟共同外交与全政策的参与"，《欧洲》2001年第3期。

② Christopher Hill, *The Actors in Europe's Foreign Policy*, Routledge, 1996, p. 293.

③ 张东升："丹麦对欧盟共同外交与全政策的参与"，《欧洲》2001年第3期。

衡；当然，丹麦在采取不合作态度时，也仅仅是在自身范围内采取相关措施，并不会将它强加于其他成员国，这也可以看作是一种欧洲范围的孤立主义。从另外一面讲，丹麦的支持态度却能给共同外交增加合理性，至少在欧洲范围内相关决策与行动的合法性会由于丹麦的参与而增加相应的可能性。

二 新欧洲非核心成员国的影响：对波兰的分析

欧洲“努力用一个声音说话”的努力不仅受挫于新老成员国由于受益不均而产生的矛盾，更随着近年来政治上难以消弭的“新”、“老”欧洲之争而面临风雨飘摇的窘境。

2004 年5 月，欧盟展开了历史上规模最大的一次扩大。10 个中东欧国家成为欧洲一体化的新成员。相对于此前已经存在的老欧洲成员国，这 10 个国家被称为新欧洲。虽然欧盟新老成员国努力以欧盟整体立场在国际舞台上说话，但由于不同的地缘环境、历史经历和巨大的经济、文化差异，彼此之间也存在分歧。[①]特别是一旦涉及欧盟—俄罗斯关系、欧盟—乌克兰关系等敏感领域，并与各自具体的历史条件相结合，新成员国的立场必然与欧盟大多数成员国不同。[②] 欧盟新成员国不愿陷入选择美国还是欧洲的困境之中，它们既要和美国搞好关系，又承认其命运与欧盟相连；它们怀疑欧盟的硬安全能力，在很多政策领域需要依靠、支持美国，并视北约为军事保护伞。[③]

---

① Elfriedge Regelsberger, “The Impact of EU Enlargement on CFSP: ‘Growing Homogeneity of Views amongst the Twenty – Five’”, *in Fornet*, November 2003, Vol. 1, Issue 3, p. 5.

② D. R. Simon Duke, “The European Union and its Enlargement Challenges for the Future”, Presentation to the Center for International Relations and The Konrad – Adenauer – Stiftung, March 30th, 2004. 转引自徐明祺《欧洲一体化与亚欧关系》，上海社会科学院出版社 2007 年版，第 116 页。

③ Fraser Cameron and Antoinette Primatarova, “Enlargement, CFSP and the Convention: The Role of the Assession States”, EPIN Working Paper, No. 5, June 2003, pp. 8 – 9.

新欧洲国家的加入，不仅给欧洲共同外交带来了对外交往影响力增强的可能，同时也带来了当前与部分老欧洲国家所持外交立场不同的现象。“这些新成员国除了和‘老欧洲’拥有共同的宗教信仰之外，在文化、语言、习俗和历史经历上与‘老欧洲’国家少有共同点。”① 这就在客观上造成一种不利于欧洲一体化乃至欧洲共同外交建设的现象，影响欧洲凝聚力的负面因素随着新国家的加入而增加，至少在短期内看来不会迅速消失。正如欧洲学者吕茨勒所说：“欧盟扩大后成员国大大增加，这使得欧盟在可预见的将来还不大可能推行统一的欧洲外交政策。”② 就目前而言，新欧洲国家对欧洲共同外交的影响是负面的，甚至是分裂性的，其中波兰具有明显的代表性。美国宣布对伊拉克发动战争后，由于波兰派出数百人的特种部队参加了美英联军在伊拉克的战争，战后得到了美国特殊的待遇，享有领导一支稳定部队的大权。这支由一位波兰将军指挥的多国部队包括 8000 人，其中波兰派出 2300 人，乌克兰派出 1700 人，西班牙派出 1100 人，保加利亚、立陶宛、罗马尼亚和匈牙利也派出部队参与。同年 5 月，北约应波兰请求作出决议，同意利用北约的军事指挥设施从侦察和通信方面予以协助。

在同样从政治上对美国发动伊拉克战争表示支持的国家中，美国唯独挑选了波兰承担如此重任，很重要的一个原因是波兰自身表现出了与欧洲共同外交之间的鲜明裂痕。冷战结束以来，波兰一方面着眼于它的安全，另一方面要通过这种关系提高它在欧洲和国际上的发言权和地位。正如德国《法兰克福汇报》在一篇

---

① 伍慧萍、陈秋琴：“欧洲后国家人认同的缺失和建构”，《德国研究》2006 年第 2 期。

② 保罗·米夏埃尔·吕茨勒：“但愿我们成为一个共和国”，转引自童世骏、曹卫东主编《老欧洲，新欧洲：“9·11”以来欧洲复兴思潮对美英单边主义的批判》，华东师范大学出版社 2004 年版，第 113 页。

报道中所说，波兰等中东欧国家一面从欧盟拿钱，一面却从一开始就在政治上抛弃了它，从而成为西欧尤其是法国和德国的“一个不舒服的伙伴”。值得注意的是，尽管波兰对于欧洲共同外交的分裂行动引起了主流核心国家的批评与谴责，但波兰对此并不在意，而且波兰的新任领导人也继承了这种外交立场。2006 年 9 月 13 日，波兰《日报》刊登了对于波兰总理卡钦斯基的专访。在被问及美国是否能以伙伴身份增强波兰在对俄和对德关系中的地位时，卡钦斯基表明他不希望波德关系中掺杂有来自大西洋对岸的干预。2006 年 7 月 13 日，刚刚上任的卡钦斯基开始对美国进行正式访问。此前他曾在 8 月底访问欧盟总部，与欧盟委员会主席巴罗佐举行了会晤。卡钦斯基宣称，波兰在伊拉克问题上支持美国，这是一个主权国家的外交政策。如果因此而在欧盟遭受批评，也不算是付出太高的代价。他强调，波兰再也不必在欧盟和美国之间作出取舍，“我对布鲁塞尔和美国的访问充分证明了这一点”。卡钦斯基称，他身为波兰总理，无论是在国内还是国际事务中，都不会受制于任何一种固有理念，他首先考虑的是“波兰人的利益”①。问题在于，像波兰这样的思想广泛存在于中东欧国家之中。它们对欧盟共同外交与安全政策没有兴趣的基本倾向，非常鲜明地体现在捷克总统瓦茨拉夫·克劳斯的一次谈话中，他说：“我不需要什么欧洲的外交政策。这比其他一切都更危险。我们不需要政策的一致化，而是在外交政策中需要思想的多样性。”②

新欧洲成员在外交立场上与核心欧洲存在分歧，同样与美国的影响力有关。在伊拉克战争中，中东欧国家对美国表示了忠诚

① http://news.eastday.com/eastday/node81844/node81849/node160889/u1a2319933.html.

② 江建国：“两个欧洲——伊拉克战后的欧洲内部关系”，《人民日报》2003 年 6 月 17 日。

的同时，违背了大部分老欧洲国家在共同外交与安全政策当中所采取的立场，究其原因，安全战略因素是其外交政策的优先重点，这种大西洋主义外交政策选择的基本出发点是需要美国成为欧洲的平衡力量与安全保障。另外它们也担心，一旦美国退出了欧洲势力范围，那么欧洲一体化的法德核心成员国家则成为真正意义上的权力核心，而中东欧国家将面临“边缘化”的风险。① 另外，美国鼓励波兰在入盟后保持自己国家的个性特点，不要等待老欧洲所安排的一切事务决定，而要积极参与欧盟决策，使“波兰思想”成为欧盟主流思想的组成部分。② 对此，国际新闻界曾有精彩评论说：“(美国) 把德国和法国看成是腐败的、落后的老欧洲，然后把现在东欧的这些脱离苏联阵营的那些国家称为新欧洲，同时也稳住俄罗斯。这么一种情况下，实际上是要把欧洲分而化之，分别对付。”③

2007 年 1 月，美国向波兰和捷克提出恢复导弹防御合作谈判。根据美方的提议，美国将在波兰设立导弹防御基地，部署 10 枚拦截导弹，在捷克部署与之相关的雷达设备。整个部署行动预计于 2013 年完成。届时波兰和捷克将构成美国在国外的第一个反导基地。波、捷两国政府对美国的提议已经表示同意。但是，美国的这一计划立即遭到了俄罗斯的强烈反对。俄罗斯外长拉夫罗夫明确表示，美国在东欧部署导弹防御系统“毫无根据”。俄罗斯总参谋长巴卢耶夫斯基则威胁说：“鉴于美国在反导弹领域所采取的行动，俄罗斯可能单方面退出苏联时期与美国签订的中

① 孙晓青、王莉：“中东欧国家的外交政策：定位、取向及影响”，《欧洲研究》2004 年第 2 期。

② Christopher R. Hill, *The U.S.*, *Poland and Europe*, *A Partnership for the Future*, October 30, 2002, http: // www.usinfo.State.gov/ ambassador/speeches/does/ceuw – eng.htm.

③ 曹景行、董嘉耀：“‘欧洲宪法’与欧洲的未来”，载曹卫东主编《欧洲为何需要一部宪法》，中国人民大学出版社 2004 年版，第 83 页。

导条约。”因为美俄双方产生的严重分歧，国际社会担心双方出现“新的冷战”的忧虑程度不断上升。值得注意的是，老欧洲国家对此也给予强烈关注：卢森堡政府认为，美国在东欧设立反导基地“不可理解”，把俄罗斯逼到墙脚不利于欧洲稳定。德国方面则认为美国和北约应当在这个问题上打消俄罗斯的顾虑，同时担心欧洲会回到冷战时代的安全困境。法国总统希拉克则更为明确地表示，美国“应当谨慎行事，避免欧洲出现新的分裂或者回到过去的秩序中”。

显然，老欧洲国家普遍担心由此事件而导致的间接效应——欧洲出现分裂。从地缘政治考虑，这种担心不无道理。老欧洲国家是大西洋彼岸美国的盟友，欧洲的安全从很大程度上讲要依靠美国。而同时，俄罗斯又是不可回避的东方近邻，必须与之建立协调关系来确保欧洲大陆的安全，更何况同俄罗斯保持良好关系也是欧洲经济利益之所在。因此，美俄关系一旦出现紧张局势，势必对欧洲的安全产生十分不利的影响。因此，它们忧心忡忡，并且频频发出警告，并为此采取积极促和的立场。按照欧洲共同外交的模式，新加入的成员国应该与法、德等核心国家一道，共同努力将该消极后果出现的可能性降低到最低程度，但正如新成员国在伊拉克战争中所采取的亲美政策一样，波兰和捷克两国依旧追随美国，这不仅使得美国增强了“反导计划”的信心进而加剧了同俄罗斯的矛盾，同时更导致了欧盟内部的分歧扩大，这是法、德等国担忧的另一个原因，更是导致欧盟在国际社会中态度尴尬的直接原因。现实情况表明，西欧国家寻求同俄罗斯发展伙伴关系而东欧国家追随美国、对俄罗斯抱有极大不信任，这是欧盟在众多问题上难以达成一致的重要原因。

对于初现雏形的欧洲共同外交而言，中东欧国家对外战略的大西洋化将不可避免地产生负面影响。欧洲共同外交的目标是建立欧洲各国一致对外的外交立场与行动，为实现这一目标，就必然要求各成员国应该逐渐放弃对欧洲以外的国际势力的依赖，转而寻求欧盟内部的相互依存与合作。一旦成员国家脱离欧洲共同外交这一核心要求，必然导致欧盟各国对外政策取向的多元化，并可能催生众多复杂多变的不确定因素，从而对欧洲共同外交的运作机制造成内部损耗。所以，欧盟扩大带来的仅仅是欧盟影响世界的实力基础的扩大，要将这种实力基础转化为真正意义上的国际影响力，欧洲各国之间，特别是新近加入欧盟的成员国与老欧洲国家之间，还需要一段时间的磨合与调整。

通过新、老非核心成员国对欧洲共同外交态度的对比，我们不难发现两者之间的本质区别。老成员国持有的是有所保留但不反对的态度和立场，而新成员国持有的是突如其来的分裂态度和立场。如果将所有非核心成员国作一比较，大概只有最初欧共体成立时的比利时、卢森堡等非核心成员国对待共同外交的态度一直比较积极，而后来陆续加入欧洲一体化进程的国家，大多存在一定的“逆反心理”。这一点似乎可以说明，欧洲面对的“扩大”还是“深化”的问题，不仅存在于欧洲内部事务中，更广泛存在于对外关系中。如果深化的问题不解决，即使拥有惊人的扩大幅度，也不可能迅速增强欧洲一致对外的国际影响力。

第四节　成员国家支柱的利益动因与相关发展问题

“国家利益是国际政治的动因和直接目标，是各国参与国际政治活动和扮演行为体角色的出发点和归宿。”① 欧盟各成员国对欧洲共同外交的支柱功能产生如此之多的差异，其根本原因在于各国具体的国家利益千差万别，而当前共同外交的行动方式以及

① 梁守德、洪银娴：《国际政治学理论》，北京大学出版社2000年版，第81页。

发展程度还无法充分满足它们差异化的利益要求。按照目前欧洲共同外交的状况来看，在可预见的一段时间内，各国利益还难以充分协调一致，由此产生的诸多问题也必然影响到共同外交进一步的发展。

一 成员国家支柱的利益动因

根据传统现实主义的观点，利益是以权力来定义的。国际体系被认为是由主权国家组成，并按照物质利益来行事，而不是遵照共同的规则、特点或价值观。只有当各个主权国家都面临共同的外来威胁，或者它们的国家利益一致时，才有可能进行合作。一旦它们的利益不再一致，合作也将结束。

从理想状态而言，欧洲共同外交将创造一种欧盟属下各国依照平等合作的原则共享权力与利益的局面。但从实际状况来看，欧洲要实现这一目标还有诸多难题有待克服。在创造与发展欧洲共同外交的过程中，相当一部分成员国家不愿意采取积极主动的姿态去促进共同外交的发展，更不愿意激发自身的成员国家支柱的功能，其原因在于以下几个方面。

第一，共同外交所指的期望中的共享利益与当前的专属利益形成冲突，期望利益的出现可能会导致这种专属利益的减弱甚至丧失。所谓专属利益，是指某个国家在特定的历史阶段所形成的国际利益，具有排外性与不平等性，例如，第二次世界大战后英国借助英美特殊关系而保持的世界影响力就是英国的专属利益，在英国看来，一体化壮大增强了欧洲实力，并且会破坏英美特殊关系的基础，进而有可能促使美国放弃这一特殊关系转而构建与其他欧洲国家的特殊关系。此外，英国还认为，当前的英美特殊关系已经使得英国的利益接近了它所追求的最大化程度，如果退而追求共同外交，则会令已经拥有的专属权益被众多的欧洲国家分享，从而降低自身的国际地位。正是在这个意义上，冷战结束以后，英国无法专注于欧洲共同外交事务的发展，而是希望回归其“国际角色”，以防该专属利益被逐渐淡化。[①] 实际上，这种专属利益和共享利益的冲突普遍存在于欧盟成员国与欧洲共同外交的相互关系中。比如，1994 年，意大利与斯洛文尼亚就伊斯特里亚半岛的归属产生外交争执，因该半岛在第二次世界大战前归意大利管辖，斯洛文尼亚独立后重提该岛的归属问题，遭到意大利的反对，因此意大利投票否决了欧盟将斯洛文尼亚确定为联系国的建议。

第二，当前共同外交措施还无法充分显示其对欧洲共同利益的巨大促进作用，从而也无法使成员国家充分认识到当前专属利益与期望中的共享利益之间的程度差距。同时，部分成员国也认为，联合起来的欧洲所追求到的国际利益，反而有可能弱于依靠传统的民族国家力量得到的利益。因此，这些国家在分享欧洲一体化已有的成果时，不愿意为发展目标还较为模糊的共享利益付出代价，而是以自身的国家利益为重使彼此间的共同立场受到破坏，正如一位批评家在评价某些欧盟成员国在八国首脑会议中的作用时所指出的那样：“成员国并没有积极合作以推进一致的立场，一旦要推行共同政策，僵化、无理和固执（就）充斥于谈判中。”[②] 这种因共同目标模糊而导致国家之间产生分歧的现象在新近加入欧盟的成员国中，尤其是中东欧国家中也较为普遍。冷战结束后，欧洲东扩的进程加速，但大量中东欧国家进入欧洲联盟后，并未能以完全入盟的心态来支持欧洲的共同外交立场。部分新入盟国家对美国的依赖心态非常严重，在很大程度上破坏了欧

---

① 唐永胜：“回归欧洲与充当‘国际角色’——21 世纪初英国外交基本取向分析”，《欧洲研究》2003 年第 5 期。

② G. J. Ikenbury, Salvaging the G – 7, Foerign Affairs 72, 2 (Spring 1993), p. 135. 另参见姚勤华《欧洲联盟集体身份的建构（1951—1995）》，上海社会科学院出版社 2003 年版，第 250 页。

洲共同外交的统一性。从美国方面来看，中欧国家被美国视为实现其欧洲甚至全球战略目标的主要借重力量。[①] 为此，美国在多个方面为这些新入盟国家作出了具有更大诱惑力的许诺，这些许诺所包含的利益在新入盟国家的利弊权衡中远远超出了加入欧盟的长远利益，在很大程度上影响到了它们支持欧洲共同外交的程度。

第三，部分国家的利益认识较为超脱，甚至包含孤立主义的消极成分。这些国家认为当前拥有的国家利益足以使自身的民族特性维持下去，因而没有必要通过共同外交去创造一种全球化的欧洲文化影响力。可以说，这部分国家对待共同外交的态度是不以破坏自身民族利益与特性为标准。因此，它们在自身利益与民族特性得以维持的前提下，可能对共同外交方面的尝试与努力采取消极对待的态度，包括荷兰在内的北欧国家大多属于此类。

第四，一部分国家的利益需求过激，导致了与其他成员国家利益需求之间的冲突。欧洲共同外交的目标是推动欧洲成为世界格局中的一极，所有欧盟成员国家均有权分享这一重要国际地位所带来的权力与利益。但是，由于各国在欧洲一体化当中占据的位置不同，它们分享所得的份额也必然有所差异。处于核心领导地位的国家的份额将不可避免地多于那些非核心成员国家的份额。出于这一利益考虑，一部分国家为获得更大份额的权力与利益，试图采用过激的手段与法德等核心成员国家展开竞争，甚至不惜破坏共同外交立场的原则以追求国际社会的瞩目。例如，在伊拉克战争中，西班牙和波兰采取了与老牌欧洲国家相对立的外交立场，转而同美国合作，这就是典型的希望通过与超级大国合作而突现自身国际影响力的行为，波兰总理米勒是美国最为热情

① 孙晓青、王莉：“中东欧国家的外交政策：定位、取向及影响”，《欧洲研究》2004 年第 2 期。

的支持者，他在伊拉克问题上甚至公开宣称："如果是小布什总统的观点，那也就是我的观点。"① 由此对欧洲共同外交形成了严重的伤害。

国家利益是民族国家生存与发展的基石，而国家利益的判断则与民族国家对国家生存与发展所依存的国际环境的认识密切相关。具体到欧洲共同外交方面而言，欧盟成员国在选择针对这一共同外交建设过程的态度时，也必然受到各自历史传统、国家政策与外交战略的影响，换言之，欧洲共同外交的具体目标与各成员国家的外交相关度有直接的联系。对此，欧盟委员会驻华代表团大使曾有过具体的论述："由于历史原因欧盟的成员国都有不同的历史和文化，每一个成员国与俄罗斯、美国、阿拉伯等国家和地区都会有不同的关系。比如，涉及对俄关系时，由于地缘政治和历史的原因，欧盟内部的前苏联国家爱沙尼亚、立陶宛等就会与东欧国家比如波兰持不同的观点，与欧洲最西部的葡萄牙、西班牙的观点就更为悬殊。再比如，与北欧国家相比，法国及地中海国家和阿拉伯世界的关系就要密切一些。因此我们很清楚地看到，这些国家的外交政策及外交理念不尽相同是毫不奇怪的。如果要出台一个共同的外交政策，欧盟还需要一些时间，甚至是几代人的时间。我们并非不想采取共同的外交政策，而是因为在一个民主的欧盟之内，一个国家不能把自己的外交政策强加给另一个国家。"②

欧洲一体化规模的扩大，导致所囊括的成员国数量呈现逐渐上升的趋势，而成员国数量的增多，必然使得国家间利益的认识差异以及对待共同外交的态度差异出现更加纷繁复杂的态势，从

① David E. Sanger, "Alliance with Europe: Bush Redraws Map", *The New York Times*, 24 January 2003.

② 光明日报网站："我不相信欧盟影响力比美国弱"，http://www.gmw.cn/content/2007—03/26/content_ 578303. htm。

而导致共同外交发展进程中面临更多的变数。要逐一分析并化解这些变数是一件不可能的任务。对于欧洲共同外交建设进程及其推进者来说，只有掌握其中的主要部分，提出对各成员国家均有效的共同措施，在增进欧洲共同利益的同时提升各国的专属利益，才能有效激发成员国家对共同外交的支持愿望，进一步取得更大的成功。可见，"如何提高成员国之间的'同质性'，是欧洲当前面临的最大挑战"。①

二 当前成员国家支柱的若干发展问题

一体化进程中的欧洲，成员国与欧洲联盟之间关系如何，这个争论一直到今天仍旧在继续。冷战结束后，国际格局中积聚的能量被释放出来，各国际行为体之间形成新一轮的国际博弈。欧洲能否在这轮国际博弈中整合力量，成为国际社会重要一极，成为人们必须关注的问题。而在这个问题分析的过程中，成员国家支柱是我们不能忽视的因素，它对共同外交的发展起着至关重要的作用。

（一）关于共同外交性质的争论

对欧洲一体化以及共同外交建设的性质界定，已经在政府间主义、联邦主义、超国家主义中争论良久，至今尚无定论，且这种争论势必影响到各国对共同外交的参与度。2000 年 5 月，德国外长菲舍尔在柏林洪堡大学发表题为《从国家联盟到联邦——关于欧洲一体化前途的思考》的演讲中指出，欧盟将推进欧洲统一最终建立一个事实上的国家。他说："欧盟面临的种种问题，其解决办法只有一个，那就是欧洲各国缔结宪法条约，形成欧盟政府与欧洲议会为核心的联邦，欧洲如不作出大胆决断，就无法在

① Jean－Yves Haine, "The EU'S Soft Power, Not Hard Enough?", *Georgetown Journal of International Affairs*, Winter/Spring, 2004.

经济和政治的全球竞争中占据一席之地。”① 但是，法国在如何界定欧洲联盟的性质问题上，与德国产生了较为重大的分歧。法国总理若斯潘 2001 年 5 月在巴黎对欧洲大学生发表谈话说：“我们要建设欧洲，也不想削弱法国，不想削弱其他欧洲国家，因此，建立‘国家——民族联邦’是我们的美好理想，按照有些人阐述的新的联邦框架，现在欧盟各国就是德国或者美国的州的地位，法国不同意这样的联邦的设想。如果人们想通过‘联邦’逐步地、有控制地在欧盟一级实行职能的分配或者转移，我们对此完全赞同。如果我们朝着这个联邦方向发展，就必须明确联盟和国家各自的职能，必须按辅佐性原则来做这个事情，而且不应该使迄今为止在欧盟范围内已经确定和执行的各项政策再退缩到各自国家政策的老路上去。”② 从法国的论调看来，它所设想的欧洲联盟也应该是在某项职能上有具体分工的。那么，在共同外交与安全政策这个具体事项上，欧洲联盟与成员国家的具体分工就更加应该明显。当然，在分工过程之中，隐含着民族国家保护自主权的要求，或者说，要保持民族国家对欧洲联盟的独立性。国家与联盟之间应该是互相协调的，而不是上下级的服从关系。因此，确定分工的原则，实际上就确定了民族国家在“共同外交”这个框架之下的倡议权、执行权以及自主权。与此同时，英国也发表了自己的看法，英国认为更多的权利应该掌握在各个成员国手中，保持政府之间的协调模式，限制欧盟委员会和欧洲议会的权力。对共同外交的性质认定，与对主权的关注程度紧密联系在一起。共同外交性质的不当定位，只能使得欧盟属下各国降低其支持力度，以防止主权的流失与受损。

① 李树勋：“欧元与欧洲一体化新世纪展望——欧盟未来‘政治屋顶’初探”，载胡荣花《走向新世纪的欧洲联盟》，上海财经大学出版社 2003 年版，第 20 页。

② 同上书，第 23 页。

（二）欧洲内部的“多速欧洲”问题

在当前27个欧盟成员国中，实力发展水平极不平衡。出于对自身国家利益的考虑以及对大国主导地位的忧虑，各国之间在各项一体化政策上都存在相当的差异，这在一定程度上拖滞了欧洲一体化的发展。1994年9月，法、德两国提出了建立核心欧洲的主张，旨在避免被那些不愿意继续向前迈进的成员国所拖累，推动欧盟一体化向纵深发展。尽管法德的主张招到了众多成员国的反对，但是欧盟三个大国（德国、法国、英国）都倾向于以不同的速度来发展，一个多速度的欧洲是不可避免的。

多速欧洲的出现，既是各国实力优胜劣汰的自然结果，同时也是诱发新一轮国家竞争的起点。一体化的欧洲开始对外部世界施加影响始于20世纪50年代初期，从那以后，所有加入一体化进程的国家，都在欧洲内部深化、外部扩大的总体进程中借用一体化所带来的利益来发展自己的国家实力。当前的“多速欧洲”现象的出现，说明共同政策乃至共同外交带来的并不是平均化的国家利益增长，相反，各个成员国在利益分配中将继续一种非平衡机制。由此所催生的成员国家进一步参与欧洲共同外交的热情与决心，也将产生程度的差别。总体而言，在形成一项外交与安全政策之时，除了英、法、德三大国之外，其他欧盟成员国大多充当次要角色；有些成员国往往追随欧盟大国（如荷兰、比利时、卢森堡追随法国或者英国）；有些成员国可能充当一种可靠但是比较软弱的合作角色（如西班牙）；许多成员国则往往追随大多数建议，前提是它们能够因此获得来自核心集团足够的附带报酬。这种错综复杂的利益分歧是制约欧盟共同外交与安全政策的关键因素，短期内难以得到妥善解决。正如欧洲学者吕茨勒所指出的那样：“目前核心欧洲应当作为维护和平的力量在全球范围内起作用。但现在的问题是，如此专门注重于核心欧洲的优先地位是否有意义？因为存在这样的危险：由于强调核心欧洲的优先地位而将其余部分置于第二等的位置上，欧洲大陆将会分裂而不是统一。"①

（三）成员国家支柱的公民基础

当前，欧洲一体化过程中所涉及的权力来源与欧洲公民存在一定的距离。比如，欧盟的权力不是来自公民，而是来自各成员国，欧盟的合法性来自依据国家间条约让渡的部分主权，而不是来自欧洲公民所赋予的权力。② 这使得欧洲公民与他们所归属的国家在对欧洲共同外交的认同程度方面也必然存在差异。在某个特定的时刻或领域，国家或者政府认可的共同外交举措，在公民看来则可能是有损于国家或民族利益的。由于西方国家普遍实行议会制，因此公民可以通过推动议会否决来阻止国家批准或者加入某些共同外交的条约以及措施。当前，欧洲国家试图通过欧盟宪法来巩固欧洲一体化的政治基础并提高共同外交政策的执行力度，但正是因为各国公民的认同度不高，导致这一举措面临欧洲范围内成员国家支柱普遍坍塌的危险，而这也是本书在欧洲共同外交的结构与功能调整一章中将要集中论述的问题。

① 保罗·米夏埃尔·吕茨勒："但愿我们成为一个共和国"，转引自童世骏、曹卫东主编《老欧洲，新欧洲："9·11"以来欧洲复兴思潮对美英单边主义的批判》，华东师范大学出版社2004年版，第116页。

② 刘泓："欧盟与欧盟属下的民族国家"，《世界民族》2005年第1期。

第六章　欧洲共同外交的结构与功能调整

欧洲共同外交的发展，从经济外交政策的一体化尝试开始，在欧洲各国的不断推进下，于20世纪70年代逐步转型为经济外交与政治合作并举，到《马斯特里赫特条约》确定共同外交与安全政策为止，共同外交的结构建设已经基本完成。该结构包括三大支柱，即经济外交支柱、政策安排支柱与成员国家支柱。尽管如此，欧洲共同外交的实际效果比欧洲各国所设想的都要糟糕，这说明基本结构还不算完善，结构缺陷以及功能缺失则直接导致众多对外政策的失败。比如，冷战结束后不久爆发的前南冲突是对欧洲共同外交的一场严峻考验，欧洲原本也将之视为建立由其主导的欧洲新格局的绝好机会。但是，在这一关键问题上，欧洲各成员国的表现却四分五裂，先是德国承认了克罗地亚和斯洛文尼亚的独立，使欧盟客观上失去了仲裁资格。接着，各个成员国又在干预方式上争执不休，最终不得不让美国接过了主导权。此外，欧洲在影响中东地区事务乃至西欧传统的“后院”非洲部族冲突中都难以协调一致；在对伊拉克实施的禁运中，各国政策迥异，其中英国态度强硬，法国则比较温和；在对卢旺达种族冲突的应对过程中，法国独自进行了军事干预，但由于经常在欧盟内部孤立无援，最终不得不实行战略收缩。此后发生的科索沃战争以及伊拉克战争，则更加验证了欧洲共同外交存在着比较严重的缺陷，必须进行结构与功能的调整。种种迹象说明，尽管欧洲共同外交已经迈出了不可倒退的步伐，但还面临着更多的挑战与纷争，更为直观地说，欧洲共同外交的结构与功能有众多不足，直接导致了共同外交的实施乏力。如果要寻求欧洲共同外交的有效性和可持续性，结构与功能的调整势在必行。

在欧洲共同外交这样庞大的国家间合作框架内调整其功能与结构，并非易事。毕竟它所涉及的因素不仅包括超国家主义层面机构的调整，同时也包括国家利益与立场的协调，更为重要的是，它还需尽力保证欧洲共同外交能在近乎5亿的欧盟公民内部拥有广大的认同感。此外，欧洲共同外交之所以效果不甚理想，甚至总体的欧洲对外关系效果不如欧洲单个民族国家的外交效果，[①] 原因在于它相对于美国这样的国家行为体而言，共同外交的执行功能与保障功能还存在相当的欠缺。这意味着，共同外交的结构调整应该是全方位的改革，应该具备合乎宪法的基本权利、相应的外交执行与保障条件，例如军队力量、智力支持和大批的外交机构与人员。总而言之，"一个名至实归的欧洲共同外交应能在高级政治事务方面作出清晰而有力的决策，同时有能力控制相关的外交资源与工具"[②]。

实际上，自欧洲共同外交以萌芽形式发生以来，它所经历的每一个阶段，都存在着各种形式的考量与修订行为，而每个阶段中间的考量与修订措施又有很大的不同。比如，20世纪70年代以来共同外交的机制基础是《罗马条约》以及欧洲政治合作机制，而此后的行为机制，则建立在政府间主义所指导的共同外交

---

① 张茂明："欧盟在世界格局中的位置评估——兼评中国学者的观点和政府的政策"，《世界经济与政治》2002年第4期。

② Ben Tonra, *The Europeanisation of National Foreign Policy, Dutch, Danish and Irish Foreign Policy in the European Union*, Ashgate Publishing Limited, 2001, p. 44.

与安全政策之上。① 因此可以说，共同外交自身发展的过程同时也是结构与功能调整的过程。基于对这一点的认识，本章所分析的欧洲共同外交的结构与功能调整，既包括已经发生的调整措施，也包括当前的以及将来应该采取的调整措施。

第一节 欧洲共同外交三大支柱的调整

一 三大支柱的现状与相互关系

如前所述，欧洲共同外交的结构由三大支柱构成：一是欧洲经济外交支柱，即共同体执行的对外经济关系，具有超国家主义的性质；二是政策安排支柱，即欧洲联盟所设立的共同外交与安全政策，它为引导并协调欧洲综合应用各类外交手段提供了一个政策平台，充分体现了政府间主义的特征；三是欧盟各成员国对共同外交的政治支持与参与，主要表现为成员国对外政策的“欧洲化”②。从总体来看，这个结构是欧洲共同外交在发展过程中逐步确立的职能分工体系，它使得欧洲共同外交的具体作用机制开始在各个领域都有所作为，并且逐渐表现出了欧洲在国际社会中的作用和影响力。③ 目前来看，三大支柱的发展水平并不均衡。经济外交支柱的影响面较为宽广，基础也较为深厚，而政策安排支柱与成员国家支柱尚存在一定缺陷，其功能有待提高；此外，

---

① Hazel Smith, *European Union Foreign Policy, what it is and what it does*, Pluto Press, Virginia, 2002, p. 63.

② 欧盟与欧共体实则是在一体化过程中建立起来的代表整体欧洲的并行组织，两者都具有独立的国际法主体资格，也都可对外执行欧洲共同立场与行动，但其行动内容有所差别，欧洲共同体的行动领域主要在经济领域，欧盟则大多偏向政治与外交、安全领域。两者之间的功能有一定的重叠，甚至在国际缔约权方面也可以互相对等代替，不过从目前的情况来看，在国际条约缔约方面，大多由欧共体执行缔约权。

③ Roy H. Ginsberg, *The European Union in International Politics*, Rowman & Littlefield Publishers, Inc., New York, 2001, p. 49.

各支柱之间配合不尽如人意，如果这种状况得不到有效的解决，势必影响到欧洲共同外交的进一步发展。

经过数十年的发展，经济外交支柱已经具备了完善的行为机制，包含共同商业政策、发展合作政策以及对外援助政策三个层次，同时，经济外交也具备了强大的行动能力。需要指出的是，经济外交支柱所依存的超国家主义，在集合欧洲国家力量以组建欧洲整体力量的同时，也对部分有损整体利益的国家行为进行了有效的遏制。1988 年，法国与欧共体委员会在关贸总协定理事会公开的矛盾中，凭借自己《关贸总协定》缔约国的地位，试图组织一个有关油菜子的争议解决方案的形成。欧共体委员会的代表明确指出，共同商业政策是欧共体的专有权力，而共同体在关贸总协定理事会上是以欧共体委员会为代表的。因此，法国无权反对已经不属于其权力范围内的事务。欧共体委员会同时强调，共同体在贸易政策上的责任是为其他签约国提供保证和安全。如果欧共体委员会被迫考虑法国的要求，就会使欧共体现有的义务和权利产生问题。由于以上原因，欧共体的官员总结道，即便法国是一个签约国，它的贸易政策的观点也只能被看作是空洞无效的，而关贸总协定理事会主席也对此表示赞同。① 正是基于这样的成就，欧洲树立了它在世界经济格局内的重要主导地位。受当时国际环境的影响，欧洲以发展对外贸易为主要经济目标，因此，欧共体将共同商业政策作为主要的经济外交手段，与世界大多数国家建立了较为稳定的双边贸易关系。通过这种经济外交机制，欧洲经济共同体可以确定和调整欧洲对外关税、缔结经济贸易协定、指导贸易自由化和出口政策、实施贸易保护和反倾销以及执行开发与援助政

① 转引自［比］尤利·德沃伊斯特、门镜《欧洲一体化进程——欧盟的决策与对外关系》，中国人民大学出版社 2007 年版，第 100 页。

策等，从多个方面调整对外经济关系。从20世纪80年代以后，为顺应世界贸易自由化与贸易谈判多边化的趋势，欧洲共同体及时采取措施调整了共同商业政策的涵盖范围，并通过机制建设有效地增强了对欧洲经济外交实践的管辖能力。例如，在新技术、新产品层出不穷，世界贸易多样化的前提下，欧共体及时改革了共同商业政策，实现了从以前对有形商品的单一管辖局面向当前对有形商品与无形商品实行双重管辖的跨越，这使得欧洲在促进经济繁荣的同时，也保持着对世界经济发展趋势的引导地位，更增强了它应对世界经济挑战的能力。冷战之后，各国之间的经济相互依存进一步增强，发生重大军事冲突的可能性逐渐降低，“欧洲对可能的入侵者实施威胁以保证欧洲安全的必要性越来越小，相反，保持周边国家经济繁荣和社会稳定对欧洲安全利益的影响越来越大”①。为适应这种国际战略的宏观转变，欧洲采取了相关措施，有效调整了各项政策在欧洲经济外交中的比例，并增强了彼此之间的相互融合。比如，为谋求对东欧国家的政治吸引，同时又考虑到欧共体国家的经济发展需要，在冷战结束后，欧共体对中东欧国家采取了发展合作政策与共同商业政策并重的外交方针，努力实现合作项目的功能多元化，尽力寻求政策的功能性融合。在与东欧国家开展贸易合作的同时采取优惠措施，这样，既可以实现其贸易目标，又可以帮助东欧国家减轻贸易负担。

作为欧洲共同外交的政策安排支柱，欧盟共同外交与安全政策拥有较为完整的行为手段与方式，包括共同立场、共同声明和共同行动等，同时，该支柱也设立了最高代表以便有效地协调成

① Woolcock, S. and Hodges, M., “EU Policy in the Uruguay Round”, in H. Wallace and W. Wallace (eds) *Policy - making in the European Union*, (*3rd*), Oxford: Oxford University Press, 1996, pp. 301 - 324.

员国政策。[①] 欧盟共同外交与安全政策的提出，并不仅仅是因为政治方面的需求所导致，而是各方面综合需要所推动的结果。近年来，以推动欧盟宪法为契机，欧盟又提出了设立欧盟外交部长一职的设想，以便进一步增强其制度设置。与经济外交支柱所奉行的超国家主义不同，共同外交的政策安排支柱是政府间主义性质的，虽然这一支柱的功能还不甚完善，也没有对美国、俄罗斯等强势国际行为体形成较大的冲击力，但是它在某些区域已经显示了其独特的综合效应。比如在开展欧亚对话机制方面，共同外交与安全政策已经在相当程度上协调了各国之间的立场，并已经在欧亚之间搭建起了稳定合作的桥梁。欧洲之所以积极建设共同外交，虽然其直接目标是寻求强大的政治地位与长远的安全状态，但从另一方面看来，如果不能实现经济方面的繁荣发展，政治与安全方面的需求就永远不能实现，因此，经济繁荣与发展也是共同外交建设的必要任务之一。在实践过程中看来，要推行欧洲经济外交，仅仅依靠经济政策自身而不依靠其他外交与安全方面政策的辅佐和配合，也难以实现其预定目标。[②] 因此，欧盟共同外交与安全政策与对外经济关系同为构成共同外交的支柱，彼此之间应该实现功能互补。

从共同外交的整体发展历程来看，成员国家支柱贯穿了欧洲共同外交建设的全过程，是欧洲共同外交发展进程中的主导线，欧洲一体化各项事业的推进都离不开成员国家的参与。在一定意义上，经济外交支柱与政策安排支柱的产生有赖于成员国家支柱的功能发挥。相比较而言，成员国家支柱在经济外交合作领域所体现的促进作用，远大于它在外交政策安排领域的促进作用。也

① 崔宏伟：“21 世纪初欧盟对亚洲新战略与中国在其中的地位”，《世界经济研究》2003 年第 7 期。

② Kiell A. Eliassen, *Foreign and Security Policy in the European Union*, SAGE Publications Ltd., London, 1998, p. 1.

可以说，成员国家支柱与经济外交支柱的配合程度较为突出，而在与政策安排支柱的功能配合方面则徘徊不前。欧洲共同外交的成功实现，需要成员国不遗余力地推进与支持，因此，成员国家支柱的功能配合程度不高，势必导致欧盟无法制定真正有效的共同外交与安全政策。其他国家和国际组织之所以与欧盟开展相互合作，是因为看重其日渐强大的经济实力与经济地位，而不仅仅是看重其作为一个政治实体所体现出来的政治影响力。比如，俄罗斯非常重视与欧共体的经济合作，甚至为实现欧俄经济合作而愿意承担巨大交易成本同欧洲国家逐一展开协商谈判，但俄罗斯迄今为止仍未将欧盟作为世界重要的政治一极给予足够的重视。[①]可见，成员国家支柱的不完善，牵制了共同外交的政策安排支柱的正常功能发挥，也抑制了经济外交支柱的功能扩大，最终影响到欧洲共同外交的整体功效。

共同外交的三个支柱之间配合，如实地体现了欧洲联盟的整合程度。经济外交支柱中的共同商业政策实际上具有了超国家的性质，在诸多问题的解决方式上，该政策不但有很强的独立性，而且已经能够对各个成员国产生指导性和规范性的影响。当某成员国的政策与共同体政策发生冲突时，共同体政策具有被优先采用的权力。当两个成员国的政策发生冲突时，共同体政策拥有最终的解释权和指导权。共同体有权依靠法制和规则来调整欧洲经济外交的各项事务，就连欧共体委员会也不能随意干涉，[②] 尽管经济外交的涵盖面不如政策安排支柱那样宽泛，但它所拥有的超国家特性足以代表欧洲共同外交的最高成就。相比较而言，经济外交支柱已经渡过了国家之间纷争的互相牵制阶段，形成了相对

---

① 范军："欧俄关系：一个共同的家园?"，《华东师范大学学报》2004 年第 1 期。

② Brian White, *Understanding European Foreign Policy*, Palgrave Ltd. 2001, p. 15.

统一的对外立场，目前面临的问题是怎样把已有的最高成果在欧洲共同外交范围内进一步推广与普及，而成员国家支柱与政策安排支柱由于涉及欧洲联盟的政治发展与建设进程，与各国关注的主权让渡密切相关，总是难以实现预期目标，因此是目前欧洲共同外交当中最为基本而关键的问题。比如，某个具体的共同外交与安全政策的制定与讨论，不论从政策本身实质而言，抑或从其发展过程来看，均体现出鲜明的政府间主义特色。这一特色决定了各国政府在协商解决相关事务之时，势必将绝大部分的时间与精力耗费在外交斡旋与沟通方面，但同时对作出一致决定与行动的期望又无绝对把握。因此，发展与推进欧洲共同外交的首要任务，是实现各支柱之间的功能均衡发展与配合，将目前所取得的局部成就与经验推广到整体领域。具体而言，就是要借鉴经济外交支柱的成功经验，对政策安排支柱与成员国家支柱开展必要的改革，争取更多成员国家的配合，充分挖掘共同外交与安全政策的机制调整能力，推进欧洲共同外交的全面进步。

二　政策安排支柱以及欧盟政治领导层的调整

欧洲共同外交推动欧洲一体化进程的主要功能之一，就是借用著名欧洲人士的影响力来推进民众对欧洲一体化以及欧洲国际地位的认识。在这方面，作为共同外交体系政策安排支柱的欧盟共同外交与安全政策的高级代表索拉纳、前任欧盟委员会主席普罗迪以及现任主席巴罗佐的指导作用就体现得非常明显。

在外界看来，索拉纳是“一个坚定政治信仰的理性的人”。索拉纳对他所承担的高级代表这一职务有着非常清醒而高瞻远瞩的认识，他认为：“任何一个通情达理的政治家的成功之处，都在于寻求共识，找到双方立场的共同点，寻求有助于将事情推向前进的方式或方法。当我们展望世界时，我们会发现有那么多的事情需要人们的共识，需要多个国家的领导人坐到一起来共同工作解决问题。当今的时代可以称之为全球化或者多极化时代，全球化一方面可以带来很多裨益，例如我们可以开阔自己全球性的视野，但是我们也要尽力防止一些不应全球化的事务受到全球化的推波助澜，例如核武器扩散、有组织犯罪等。这就是我们为什么需要加强合作。当今的世界就是合作的世界，当今的世界就是建设性合作的世界，当今的世界是没有一个国家能够单独解决全部问题的世界，因为这些问题要由一个国家单独解决实在太难了，不得不得到其他国家的协助。”此外，索拉纳凭借丰富的国际事务处理经验和对国际关系的远见卓识，为推行共同外交提出了诸多中肯而切实的建议。比如，他对中国与欧盟的关系有着非常深刻的认识，他认为：“经贸联系传统上一直是中欧关系的基石。现在，中欧之间的战略伙伴关系已经有了更大的广度，同时在经济合作的深度上也在飞速发展。经济关系对于中欧双方而言无疑极其重要。中欧战略伙伴关系绝不仅仅是经济伙伴关系。中国与欧盟在投资、贸易等经济领域的确有着深入而广泛的合作，但是中欧关系决非止于经济与贸易关系。”同时，他采用较为委婉的“希望能够从欧盟委员会的同事那里尽早听到好消息”的说法，为中欧双方妥善而友好地处理双边经贸关系提出了建议。对中国崛起给世界带来的影响方面，索拉纳更是对欧洲方面制定对华政策提出了战略性的建议。索拉纳认为，中国代表着机遇，而不是一种威胁。中国作为一支维护正义的力量在世界上做了很多事情，包括通过外交手段、发展项目和派遣维和部队等。同时索拉纳认为中国可以在防务活动中表现得更加开放，这可以体现在防务预算、防务原则和防务计划等方面。这也许将很好地消除外界舆论的忧虑。必须指出的是，索拉纳作为欧盟以及欧洲一体化进程最为重要的代表人物之一，他的言论与观点在很大程度上为欧洲共同外交的进展起到了拨云见日的作用，使得欧洲民众能从其言论中认识到欧洲一体化进程乃至欧洲对外交往过程中种种事态发生的可能性。比如，索拉纳认为："欧盟宪法草案当然能够给欧盟的共同安全与外交活动增添更大的制度凝聚力。但是即便没有一部共同宪法，欧盟也同样能够继续在国际事务中开展高度有效的行动。"① 这实际上是在告诫欧洲民众，即使欧洲政治一体化的进程受到阻滞，欧洲仍然应该将对外关系作为欧洲一体化的重要目标，切不可因内部问题而影响到外部关系的进展。

在诸多的欧洲一体化政治人物中，普罗迪对欧盟共同外交与安全政策的见解与贡献同样值得关注。普罗迪是西方国家普遍公认的经济专家。他执政期间，实行财政紧缩政策，成功地使意大利于1999年1月成为首批欧元区成员国，赢得广泛赞誉。普罗迪就任欧盟委员会主席后积极推动欧盟一体化建设，主张欧盟不仅应在经济上联合，也应建立独立的安全防务体系。普罗迪说，欧洲应该朝拥有共同的外交和防务政策的方向发展，培育一个真正的政治实体。他说："我们不能仅仅履行欧洲财政方面的责任，而把安全领域留给美国。"普罗迪承认，在伊拉克问题上，"由于成员国之间分裂和美国操纵局势的巧妙方式，欧洲的外交政策遭受影响"。不过他表示，欧洲并未因伊拉克战争而彻底分裂，欧盟目前在伊拉克重建问题上似乎正再次走到一起。对于欧盟的发展定位，普罗迪认为，尽管美国无疑是当今世界的超级大国，但欧盟应该"试图向世界提供另一个可选择的模式，正如欧洲在《京都议定书》、国际战争罪法庭或者欧元问题上已经做的那样"。针对10个新入盟的部分中东欧国家与美国在安全问题上联系紧密的问题，普罗迪表示，欧盟应该在北约内部发出自己的声音。他说："这样，我们将真正有一个建立在两个支柱（欧洲和美国）

① 索拉纳对中欧关系、欧洲联盟共同外交与安全政策的观点，参见《人民日报》对索拉纳的专访（http：//world. people. com. cn/GB/1032/3673176. html）。

之上的大西洋联盟。”①

现任欧盟委员会主席巴罗佐同样是一位具有卓越领导才能的欧洲政治家，他对于新世纪以来欧洲共同外交的发展方向有着重要的指导作用。冷战结束后，非洲因其巨大的能源储备而成为世界资源争夺的焦点。在历史上欧洲与非洲曾因《洛美协定》和《科托努协定》而建立了较为稳定的互惠关系，在《科托努协定》即将到期之际，欧盟与非加太国家（ACP）之间就新的合作协定——《经济伙伴关系协定》展开谈判。谈判进行期间，欧洲国家因津巴布韦问题而屡次推迟双边峰会，而非洲国家也因为担心新协议将为欧盟更廉价和受到补贴的商品打开大门，扼杀非洲本土的工业和农业，不愿与欧盟签订协议，谈判由此陷入僵局。② 到 2007 年 12 月新一轮峰会开始时，已经进行了 5 年多的谈判仍然进展甚微。巴罗佐从各个方面加以指导，一方面，他指出谈判本身的艰巨性，使欧非各方均充分认识到这一客观事实。他指出：“显而易见的是，正在进行中的谈判无论对欧盟还是对非洲国家来说都将是一种考验，谈判的确需要时间。”另一方面，巴罗佐敦促非洲国家与欧盟尽快就签署《经济伙伴关系协定》进行谈判，同时建议用“过渡协定”维持谈判，避免谈判本身因僵局而中断。巴罗佐指出，过渡协定并不等于《经济伙伴关系协定》，而只是在《科托努协定》到期后让非洲国家避免损失的权宜之计。他说：“但只要签署了过渡协定，我们就赢得了时间，从而可以心平气和地来讨论下一个步骤，深入讨论有关非洲地区一体化所带来的利与弊。”③

---

① http://past.people.com.cn/GB/news/6056/20030507/986345.html.

② “非洲与欧盟恐难如期达成《经济伙伴协议》”，《经济参考报》2007 年 10 月 9 日第 3 版。

③ “欧盟：难以停歇的外交步伐”，《人民日报》2007 年 12 月 10 日第 3 版；另参见“巴罗佐敦促非洲国家尽快与欧盟签署贸易协定”，http://news.sohu.com/20071210/n253895212.shtml。

欧洲一体化的发展，与舒曼和阿登纳这样的政治人物的推进是分不开的。而欧洲共同外交的发展，同样需要一部分卓越的政治人物的引导与促进。可以预见，在共同外交的调整过程中，政治人物的选择与其能力的发挥将是一个重要的方面。

三　经济外交支柱与政策安排支柱的相互关系调整

在当前共同外交体系中，经济外交支柱的发展最为充分与成熟。经济外交支柱的成功，在相当大的程度上促进了政策安排支柱的产生，与此同时，经济外交支柱本身的发展，也与政策安排支柱的发展呈现密切交织的关系。随着经济外交政策的开展，许多欧洲的经济合作对象希望通过建立平等的政治对话机制来促进双方外交关系的稳定与升级，例如在欧盟与中东欧国家和地中海国家的联系国协议中都有政治对话的内容。而且，政治对话的操作层次都是在联合的欧洲联盟一级而不是侧重于个别的欧洲国家层次。第二次世界大战后世界各国追求的国力发展是综合性的发展，而不是单纯地侧重于经济或政治层面，政治稳定的同时实现经济实力的增长、文化的繁荣，成为世界各国治国方略的普遍共同内容。这个客观现象带来的必然结果是，欧洲参与的各类多边国际合作，实际上都是政治和经济因素同时包含在内的综合性多边合作，因此，欧洲经济外交的开展通常与政治合作同时进行，或者互相渗透。而体现在欧洲共同外交体系方面，经济支柱与政策安排支柱的配合更是不可或缺。依据欧洲政治领导人对共同外交的设计，这两个支柱之间应该呈现逐一递进、相互和谐、彼此促进的关系。首先，经济外交支柱应该在经济建设与物质发展方面对共同政策安排支柱起到物质支持的作用，[①] 其次，政策安排

① Enzo Cannizzaro, *The European Union as an Actor in International Relations*, Kluwer Law International Publishing Press, 2002, p. 52.

支柱在受益于经济外交支柱物质支持的同时，也可以为经济外交支柱提供新的功能发挥空间。这样，欧洲共同外交会因为两个支柱的相互支持而不断扩大在世界事务中的辐射面。但实际上，由于诸多原因，两大支柱之间并没有出现上述的功能配合。

（一）两大支柱之间的功能定位冲突

国外学者从两个方面对两大支柱的功能协调问题进行了分析，发现存在一系列的矛盾之处。第一，两大支柱的某些目标定位有所冲突，导致共同外交无法正常实现。在此方面，军事装备贸易是一个较为突出的案例。为了谋求军火出口贸易的巨额利润，欧洲各国与欧共体极力扩大军火出口，增强对外军火贸易成为欧洲对外经济关系的必然组成部分，进而在经济外交支柱中占据重要地位。但是，欧盟在推行共同外交与安全政策之时，又必须采取一定的减少军火贸易的措施，以实现其谋求世界和平的目的。这样，经济外交支柱与政策安排支柱在军火贸易方面产生了冲突。面对冲突，欧洲内部一种观点是依照保护经济利益的法律规则，应该继续进行军火贸易；但另外一种更强大的观点是，从欧洲政治影响的角度来看，各国应该加强对话，克制对短期利益的追求，突出欧洲国家统一对外的态度。经过长时间的酝酿与斗争，欧洲理事会作出相关裁决，认为“军火贸易行为应该服从于以削减或打击军备扩散为目标的共同外交与安全政策”①。但从该裁决的事实效果来看，并没有完全消除两大支柱之间的冲突。类似于这样的冲突还有多例，大多内容烦琐，需要长时间的欧洲内部协调，这势必将影响到欧洲共同外交的实施效果。

（二）两大支柱在资源共享方面存在冲突

一些欧洲政治观察家已经指出，政策安排支柱在一定程度

① Enzo Cannizzaro, *The European Union as an Actor in International Relations*, Kluwer Law International Publishing Press, 2002, p. 53.

上侵占了经济外交支柱的财政资源，从而弱化了经济外交支柱的能力与基础。根据《欧洲联盟条约》第二十八条以及第三十九条、第四十条的规定，由于实行共同外交与安全政策所需的财务支出，应该包含在欧洲联盟的总财政支出之内。但是，欧洲联盟的财政支出又需要以欧洲共同体条约为依据而加以管理与规范，因此，共同外交与安全政策的财政支出最终应该由欧洲共同体负责。这就意味着，欧共体也必须为所有的欧盟对外行为提供财政支持。如果共同外交与安全政策和共同体的目标重合时，使用共同体财政支持本无可厚非。但是，当某个欧盟对外行为超出了欧共体范畴，甚至两者之间发生严重冲突之时，共同外交与安全政策对欧共体的财政需求就是不合理的，因为它在占据欧共体财政资源的同时，对欧共体的性质也造成了损害。更进一步来说，共同外交与安全政策如果消耗过多的欧共体财政资源，将使得欧洲无法充分实现其对外经济政策，从而弱化经济外交支柱的行为能力。

（三）两大支柱之间的功能对比失衡

欧洲一体化各个领域的发展不平衡，直接导致欧洲对外影响力的不平衡。1992 年，约瑟夫·奈曾指出："欧洲共同体作为西方世界的一部分，其在均势上的分量主要体现在政治和经济方面，而不是军事方面。"① 比利时前首相伊斯更斯则进一步强调了这种不平衡，他针对欧洲的整体状况评论说，欧洲是一个典型的"经济巨人，政治矮子，军事侏儒"②。以上评论准确地表达了欧洲共同外交中的支柱功能发展不平衡的现象。按照欧洲一体化的远期发展目标，欧洲应该成为未来多极世界中的一极，而成为世

① J. S. Nye, "What New World Order?", *Foreign Affairs* 71, 2 (Spring 1992), p. 88. 转引自姚勤华《欧洲联盟集体身份的建构（1951—1995）》，上海社会科学院出版社 2003 年版，第 239 页。

② 路透社伦敦 1995 年 11 月 22 日电，《参考消息》1995 年 11 月 25 日。

界一极的前提条件是政治与经济实力相对均衡的发展与强大。但从目前来看，欧洲的整体政治影响力远远不如欧洲共同体所主导的经济影响力，究其原因，共同外交政策安排支柱的缺陷是主要因素，因此，欧洲观察家也着重指出："共同外交与安全政策在外界的影响远远不能与共同体政策同日而语。"①

欧洲政治领导人也注意到了上述问题，借助一系列重大政治条约签署并生效的时机，欧盟开始着手解决这些问题。总体来看，进入20世纪90年代以后，欧盟正从指导思想、体制等各个方面将对外经济政策纳入欧盟统一的对外政策框架中，使经济政策成为欧盟外交的一个重要支柱。② 第一，利用当前共同经济外交的成功机制来加强它对政策安排支柱的辅助作用。实际上，欧洲在此方面所做的调整工作已经有较长历史，比如在利用某些经济手段来帮助政策安排支柱处理与广大发展中国家的关系，在一定程度上，这些措施为增强共同外交与安全政策的影响力奠定了基础。例如，欧盟应用关税同盟来加强共同对外政治立场的方式就突出地体现了两大支柱之间的相互辅佐作用。关税同盟是欧洲对外经济关系中最为关键的一个方面，也是使用频率与效果最为突出的一种经济外交手段，它不仅为欧洲的一体化事业提供了关键的财政支持，同时还在相当大的程度上影响着欧洲共同体与发展中国家的贸易关系。共同体通过广泛的运用各种特惠税率和普遍优惠税率安排，大大加强了共同体对周边国家和广大发展中国家的经济影响，并且成为共同体和欧洲联盟在世界事务中获得政治支持的一个重要基础。正是在这个意义上，前共同体委员会副主席达维农指出，关税同盟"实际上是共同体对外政策的一种主

---

① Brian White, *Understanding European Foreign Policy*, Palgrave Ltd., 2001, p. 2.

② ［比］古斯塔夫·盖拉茨、陈志敏：《欧盟对外政策的一体化——不可能的使命?》，时事出版社2003年版，第173页。

要工具”[1]。第二，欧洲积极促使经济外交中较为成功的决策机制与经验向政策安排支柱建设的领域扩散。经济领域一体化的成功表明，为推动欧洲的一体化，需要降低成员国家在决策过程中的影响力度，提高超国家组织的影响力。为此，《马斯特里赫特条约》规定，共同外交与安全政策将欧洲理事会置于建立共同外交的核心地位，共同外交与安全政策的原则和总指导方针由欧洲理事会决定。“在纳入共同外交与安全政策的事务上，欧洲联盟由理事会主席代表。”欧盟委员会应该“充分地参与共同外交与安全政策等领域的相关工作”。在“共同外交与安全政策的主要方面和基本抉择上”，理事会主席将征询欧洲议会的意见，并保证欧洲议会的意见得到应有的考虑。理事会主席和委员会还应向欧洲议会“定期通报信息”，欧洲议会可以提出质询或提出建议。不过，尽管欧盟开始效仿其在经济外交方面的机制，积极推动一体化组织以及相关决策机制的比重，但由于共同外交与安全政策的条款是共同体成员多年以来的妥协结果，短期内扭转这一现象还存在很大的难度，所以，在共同外交与安全政策方面推行超国家主义的决策机制，尽管其积极意义值得肯定，但其有效性仍很有限。[2]

四　成员国家支柱的功能调整

长期以来，欧洲一体化进程中成员国家之间的政治合作与协商，缺乏一个清晰明确的指导框架。1993 年《欧洲联盟条约》生效后，新生的欧洲联盟依然无力将欧洲共同外交方面的理想付诸实践，这种尴尬状态大大降低了人们对《阿姆斯特丹条约》所述

---

① Hazel Smith, *European Union Foreign Policy, what it is and what it does*, Pluto Press, Virginia, 2002, p. 116.

② 薛君度、周荣耀：《面向 21 世纪的中欧关系》，中国社会科学出版社 2000 年版，第 123 页。

目标的期望，也严重挫伤了欧洲公民对欧洲共同外交的信任度。尤其在经历了科索沃战争之后，欧洲民众对欧洲联盟外交能力的期望进一步降低，甚至开始怀疑欧洲联盟以及欧洲一体化的必要性与合法性。造成共同外交目标无法实现的原因是多方面的，而其中最重要的一个原因则是共同外交所依赖的多边行为机制无法克服其约束力小、效率低下的弊端。共同外交与安全政策所依赖的各国政策协调的基础是欧洲范围内的多边行为体系，而国家对共同政策的不配合以及国家之间的分歧，直接决定了多边行为体系之瓶颈难以打破的局面。在政府间主义的思想影响下，要改造这一瓶颈，只能采取有限措施来增强成员国家的对共同外交信任度，以此降低成员国家支柱不配合所带来的负面影响。冷战结束以后，欧洲一体化进程中大致已经或正在采用以下四项举措来调整成员国家支柱，以增强共同外交的行动能力。

（一）推动核心成员国家继续发挥核心领导作用

共同外交行为是一种集体行为，在很大程度上依赖于核心成员国家的带动作用。法、德两国以及相互之间的合作在欧洲共同外交发展过程中起到了不可替代、不可忽视的凝聚作用与推动作用。因此，调整当前共同外交的结构与功能，仍旧需要法、德两国发挥核心功能。1995 年，法国外交部长德沙雷特在接受《费加罗报》记者的采访时，详细而明确地阐述了新的条件下法、德两国应该采取的政策。他认为，欧洲仍然是法国外交政策的核心，法国积极支持在欧盟内部出现一个“西欧极”的设想，即在欧洲建设上，法国将更努力使那些“更积极、更团结、步子迈得更大、一体化程度更高的国家围绕法德核心凝聚在一起，引导欧盟前进”①。同样，德国也采取了持续发挥其核心成员国家的主导作

① 陈永祥、谭炳华：“法国欧洲外交的新构想”，《湘潭大学学报》1997 年第 1 期。

用、积极推进欧洲共同外交的政策。德国新总理默尔克上台后，把法、德两国的核心地位与作用放在了对欧政策的中心位置，她认为，法德核心应该继续推动欧洲向更高的一体化程度前进。

（二）改革决策机制，增强各国与各欧洲一体化组织的共同立场

1993 年 10 月，《欧洲联盟条约》得以批准，在随后几年的时间里，经过各项周密的准备工作，于 1996 年 3 月在意大利都灵召开了政府首脑会议。《阿姆斯特丹条约》签订以后不到一年的时间内，2000 年 1 月份就召开了政府间会议。会议中心任务是完成《阿姆斯特丹条约》未能完成的工作，为扩大的欧盟提供合适的机制程序，以便欧盟与 12 个申请国展开谈判。根据《马斯特里赫特条约》，欧共体共同外交政策的制定与执行遵循以下的程序：外交政策由欧洲理事会、欧盟理事会以及欧盟委员会共同制定。欧共体的外交政策由欧共体的轮值主席，欧共体的“三驾马车”（欧共体上届、现任以及下任轮值主席共同组成）负责执行，秘书处协助他们工作，委员会在相应的权限范围内负责执行已经制定的政策，欧洲议会对欧共体的外交政策实行民主监督，欧共体的轮值主席在共同外交及安全政策制定、执行过程中依然占有重要地位。总体来看，这些政策机制保留了欧洲政治合作强调各国共同外交立场的特色，特别是“三驾马车”机制的保留，使得对外政策的延续性以及外交立场的共同性得以在扩大的欧盟中继续发挥作用。当然，《阿姆斯特丹条约》对欧洲各国采取共同外交立场提出了更高的要求，并通过一系列的决议来推动这一目标的实现，这与欧洲政治合作相比，显然是迈进了一大步。

（三）扩大成员国数量，降低负面力量的比重

欧共体/欧盟在共同外交决策过程中实行多数表决机制。这意味着，票数的多寡将决定共同外交举措的成败。具体而言，即使一部分国家反对某个具体的共同外交举措，但如果在投票表决中支持票数占绝大优势，那么该举措依旧可以获得通过并付诸实施。由此可见，成员国数量的增多，有可能加大表决票数的对比范围，更有可能增加共同外交政策得以推行的频数。当然，新加入的成员国也并非绝对地服从共同外交政策的指导，比如波兰等中东欧国家在对待伊拉克战争的立场上就与绝大多数老欧洲国家意见相左，但在欧盟看来，纵然“新欧洲”成员也可能增大欧洲外交立场的分裂，但只要经过一定时间的磨合，“新欧洲”国家将会回归到欧洲的立场上来，并有效增强欧洲共同外交的一致性；更何况，老欧洲还可以通过一系列加入欧盟的规则制度来限定“新欧洲”国家的行为，降低其与核心成员国家外交立场的分裂可能性。2003 年 4 月，欧盟国家领导人在希腊首都雅典卫城举行首脑会议，与 10 个新成员国的领导人签署了接纳后者于 2004 年 5 月正式加入欧盟的条约。2004 年 5 月，波兰、斯洛文尼亚等 10 国如期成为欧盟的新成员国，同时也成为共同外交的新成员国。2007 年，罗马尼亚和保加利亚加入欧盟，使欧盟成员国数量扩大为 27 个。目前正在着手进行与土耳其的入盟谈判。必须指出的是，虽然欧盟扩大的目的不仅仅是为了降低共同外交表决中的负面因素，但欧盟在这方面的考虑是不能忽视的。

（四）有限推进决策过程中的超国家主义机制比重

在欧洲对外决策机制中，有限地增加超国家主义的比重，既不会对各国的主权形成严重侵蚀，也可以提高共同外交决策的效率，对于这一点，各成员国在《阿姆斯特丹条约》之前就已经达成一致意见。经过《阿姆斯特丹条约》以及后来《尼斯条约》的推进，欧洲理事会等一体化组织在共同外交中的主导作用进一步增强。经授权，欧洲理事会为共同外交政策与行动设定行动战略与指导方针，以便在更宽泛的含义上解释说明要求达到的目标和将要采用的方式与手段。此外，欧洲总务理事会确定了具体的工作职责，即通过多种决策方式来实施战略与指导方针。在指导方针的实施方面，采用一致同意的方式，同时允许不超过三分之一的成员国在不采取否决权的情况下放弃投票表决。这种方式，被认为是一种具有建设性意义的弃权，它使得欧洲有可能采用意愿一致的方式来采取行动。在一致战略规则指导之下提出的共同外交行动倡议，只要有最少十个以上的国家构成特定多数就可以确定。在此期间，任何一个国家只要觉得理由重要且充分，就可以有效阻止针对该项倡议的投票表决。委员会可以将该问题汇报给欧洲理事会，但此举同样需要各成员国的一致同意。最后，任何有关军事行动的决议，都必须通过一致同意方可实施。可见，通过一系列的超国家表决机制，在相当程度上加大了成员国家的“独立成本”，从而引导成员国家逐渐向共同外交的宗旨靠拢。①

尽管欧洲共同外交体系内现有三大支柱的结构与功能已经历过部分调整，但从其效果来看，依然不能保证欧洲共同外交在近期内取得较快的发展。欧洲共同外交这一庞大的建设工程，需要欧洲从多个方面努力，才有可能实现欧洲用一个共同而强大的声音来应对国际事务的挑战。

第二节　欧洲共同外交的结构完善：欧洲独立防务机制的发展

欧洲共同外交是欧洲内部一体化建设的外在反映。内部建设的不完善之处，必然导致共同外交的功能缺陷。由于缺乏足够的军事防务力量，欧洲国家无法应对发生在欧洲大陆的重大事件，美国领导下的北约长期主导欧洲的安全事务，这种安全依赖极大

① 所谓独立成本，是指某个成员国与其他主流国家所提倡的行为相背离时所付出的代价。具体而言，独立成本包括与主流国家之间交涉谈判所必需的时间成本、因背离行为而无法享受共同受益所导致的损失等。

地挤压了欧洲共同外交的生存空间。欧洲理事会明确承认："欧盟若要在国际舞台上处于充分发挥它作用的地位，共同外交与安全政策支柱就必须为可信的军事行动能力所支持。"① 因此，当欧洲共同外交发展到一定阶段，其经济实力以及政策机制已经有相应基础的前提下，建设欧洲独立的防务能力以弥补其功能不足，成为一项必须完成的任务。

一 20世纪90年代的欧洲独立防务建设

冷战时期，欧洲安全主要依靠北约来保障，既不可能也无须发展自己的防务合作。冷战后，美国呼吁欧洲盟国分担相应的防务责任，不希望继续传统的"欧洲推动一体化，美国则负责维和"的美欧合作模式。② 与此同时，北约在华约解体后也进行了相应的战略调整，以重新适应新的安全环境，在域外行动上寻求突破。在此形势下，欧洲国家难以继续依靠美国和北约的安全保障，发展独立的危机处理机制以及防务机制已成为保障欧洲安全的当务之急。这样，欧洲政治家不再满足于在低效率的欧洲政治合作机制基础上进行政治合作，转而坚定决心深化防务建设。1991年10月，德国总理科尔和法国总统密特朗表达了将西欧联盟建设成为欧洲共同安全与防务政策基础的决心，并宣布计划建立一支由3万人组成的法德军团，以便作为将来欧洲军团的基础。与此同时，《马斯特里赫特条约》也在共同外交与安全政策中为将来的防务发展奠定了基础，提出共同外交与安全政策的目标是建设成独立的欧洲防务体系。1998年12月，英法首脑发表了《圣马洛声明》，主张推动欧洲独立防务建设，德国总理施罗

① Sir William Nicill & Trevor C. Salmon, *Understanding the European Union*, London, Longman 2001, p. 380.

② Charles A. Kupchan, "In Defence of European Defence: An American Perspective", *Survival*, Summer 2000, Vol. 42, Iss., 2, p. 16.

德也支持这一立场，并积极寻求与英法的军事合作。在1999年的朗布依埃会议上，英法两国研究了一项集外交与武力于一体的总体战略。两国宣布派出部队，以确保和平协议的实施。德国和意大利也对此表示支持。欧洲国家对这一系列举措给予了高度评价，认为"在形成共同外交方面，这是欧洲国家一次真正的觉醒"①。

尽管冷战后欧洲国家防务建设经历了近10年的发展，但1999年的科索沃战争仍然暴露了欧洲防务能力的软弱。虽然包括英、法、德、意等国在内的大多数欧盟国家都参与了科索沃战争，但在对南斯拉夫长达78天的轰炸中，80%以上的任务是由美国军人来承担的，作为北约的盟友，欧洲250万军队中只有极少部队能够快速部署，7000架飞机只有一小部分能够进行精确轰炸。很多欧洲部队的组织结构依然延续与华约作战的模式，显然不能适应于科索沃的战争环境。② 科索沃战争结束后，在欧盟各国200多万军人中居然很难抽出4万人去科索沃执行维和任务，科索沃战争突出表现了美欧之间的军事差距。当时欧盟15国用于防务支出的费用相当于美国防务费用的60%，但是军事行动能力仅仅相当于美国的10%。科索沃危机再次证明了欧盟不能独立地解决本地区的严重危机，仍然需要在北约的框架内依赖美国的军事力量。共同外交的成败在一定程度上取决于军事手段可靠与否，对此，法国总统希拉克直言不讳地指出："科索沃战争的重要教训是使我们看到了积极推动欧洲建设共同防务的紧迫性。"③

---

① 陈绍锋："共同外交与安全政策的动态发展及其制度性缺陷"，载林甦、张茂明、罗天虹主编《欧盟共同外交和安全政策与中国—欧盟关系》，法律出版社2002年版，第89页。

② Peter Riddell, "Robertson comes to defence of Europe", *The Times*, March 9, 1999, p. 10.

③ 侯小河等：《联盟战车：北约军事战略发展与现状》，解放军出版社2002年版，第340页。

二 世纪之交的欧洲独立防务建设

1999年12月10日，欧盟赫尔辛基首脑会议宣布在2003年年底以前组建一支6万人的“欧洲快速反应部队”，以使欧盟有能力在北约不参与的情况下独立实施危机控制，维持和平以及救援行动。这支部队应该在接到任务后60天内部署到位，具备进入像科索沃那样的热点地区的能力，并在不损害北约效率的情况下借用北约资产维持至少一年的军事行动。会议同时宣布，部队的总人数应该有20万人。该决定展示了欧盟建立独立防务计划的初步轮廓，标志着酝酿已久的欧盟防务计划正式启动。从此，欧洲着重在以下几个方面提高其防务能力：

（一）组织结构

2000年12月，根据欧盟尼斯首脑会议的决定，欧盟成立了三个常设的新机构：政治安全委员会、军事委员会和作为军事委员会下属机构的参谋部。负责起草独立的安全政策，组建欧盟快速反应部队的整体结构。值得注意的是，这三个机构是未来欧洲独立防务政治安全委员会、军事委员会和军事参谋部的雏形。上述机构的建立使欧盟具备了独立制定军事战略计划、实施政治控制的能力。2004年，欧盟理事会正式决定建立欧盟防务局，该局主要任务是发展危机管理领域的防务能力，促进和加强军备合作，加强欧洲防务工业和技术基础等。欧盟防务局享有独立法人地位，首任局长为索拉纳，它的决策机构由参与国的国防部长及其代表组成，每年至少举行两次国防部长会议。

（二）军事能力

欧盟继续执行了1999年关于组建快速反应部队的决议，另外，2000年6月欧盟费拉首脑会议又决定，在2003年以前建立一支5000人的警察队伍。以保证欧盟具备处理危机的“民事管理能力”。2000年11月，欧盟成员国布鲁塞尔会议签署《军事能力承诺宣言》，同意向这支快速反应部队提供总数达到10万人的兵源、400架作战飞机以及100艘作战舰只，从而满足赫尔辛基会议规定重点目标的数量指标。为弥补欧洲军事实力以及防务目标之间的差距，各国在以下四个方面统一作出努力：(1) 提供该部队的可获得性、可不属性、可持续性和多任务性；(2) 发展战略能力，包括战略运输、指挥与控制能力、情报与通信能力；(3) 加强战术行动能力，包括战场搜索与营救能力、反导弹能力、发射精密制导武器能力、后勤支援能力；(4) 加强军工合作。[①] 此后，欧盟首脑会议还决定建设小型的军事行动核心计划，并使之具备“需要发起特定行动时迅速建立行动中心的能力”。

（三）安全战略

缺乏统一的安全战略，使得欧洲在伊拉克战争中陷入内部分裂。为此，2003年12月，欧盟首脑会议根据索拉纳的草案文件通过了正式的欧盟安全战略文件——《更美好世界中的欧洲安全》。该文件第一次系统阐明了欧盟所面临的安全威胁、欧盟安全战略的目标以及相应的应对措施。文件提出，欧盟的战略安全目标是积极应对各种威胁，在欧洲周边构建安全，在有效的多边主义基础上建构国际秩序。2004年各国首脑通过的《欧盟宪法条约》中，有关战略思想得到了进一步的发展和阐述，其中包括欧盟向防务同盟的转型、在域外干预方面扩大军事行动范围、设立欧盟外交部长等。

（四）军事行动

以2003年欧盟警察团在波斯尼亚和黑塞哥维那执行使命开始，欧盟启动了第一个危机管理行动。从此开始，欧盟的军事化

---

① “Military Capabilities Commitment Declaration”, *Brussels*, November 2000. http://ue.eu.int/uedocs/cmsUpload/Military%20Capabilities%20Commitment%20Declaration.pdf.

进程终于从机构和能力建设阶段跨入行动实施阶段。2003 年 3 月，开始实施代号“协和”的马其顿维和行动。2004 年 6 月，北约首脑会议决定当年底终止北约在波黑的维和行动，由欧盟接替北约，此举象征着欧盟安全与防务政策的成熟。①

从 2000 年 4 月开始，由法国、德国、比利时、西班牙和荷兰五国军队组成的欧洲军团从北约手中接管了在科索沃维和部队的指挥权，这是首次由非北约部队指挥北约主导的作战行动，也是对欧盟在军事领域自立能力的考验。

欧洲独立防务虽然存在一系列局限和不足，但毕竟标志着欧盟一体化进程有了一个新的进展。正如经历了一个艰难曲折过程而于 1999 年 1 月 1 日正式启动的欧洲单一货币体系那样，目前尚处于雏形阶段的欧洲独立防务将随着成员国之间共识的逐步增加而趋向成熟。

三 欧盟独立防务建设对欧洲共同外交的影响及其制约因素

欧盟独立防务能力的建设取得了一定的成就，并已经在欧洲内外开始发挥其防务及维和功能。同时，欧盟防务能力的发展，对欧洲共同外交也产生了一定的积极影响。

欧洲独立防务能力的初步形成，已使得欧盟成为国际舞台上的一个新生军事力量。它所具备的军事机构、安全战略以及相应的军事能力和军事行动，使得欧盟强化了其军事干预范围与能力。虽然目前欧盟的防务能力还不能与美国及其主导的北约军事能力相提并论，但欧盟现有的军事能力，加上欧盟不断扩大的人口以及当前世界第一的经济实力，使得欧盟成为一个全球行为体，可以为分担全球责任做好相应的准备。因此，在一定意义

① Rory Keone, “EU Mission for Bosnia by the End of 2004”, *European Security Review*, July 2004, No. 24, p. 2.

上，欧盟不断加强的军事力量同时也在加强其转变为崛起中的世界强权的条件。尽管欧盟防务能力还处在发展期，但它毕竟在一定程度上弥补了欧洲共同外交中的薄弱环节，这对于欧洲共同外交结构的发展与完善来说具有非常重要的意义。随着欧盟军事行动能力的发展，共同外交中采取"硬干预"的倾向将增大。目前，欧盟已经初步制定了出兵原则与干预地域，规定欧盟可以在三种情况下派出军事部队执行任务：联合国安理会授权；应冲突国合法政府的要求；欧盟自我授权。其中，欧盟自我授权这一前提条件的确立，标志着欧洲共同外交自主性的显著增强。可以预料，随着欧洲快速反应部队的扩大，欧洲共同外交的触角将延伸到欧洲以外的地区实施军事干预。对此，法国国防部长里夏尔的态度非常具有说服力，他明确声称："欧盟快速反应部队的建立意味着欧洲的影响将不仅仅限于欧洲大陆。"①

值得注意的是，尽管欧盟已经作出了较大的努力，但由于起步较晚，加之受到欧美关系格局以及北约组织的限制，独立防务建设还面临着一系列的制约因素。

首先，欧洲防务能力的建设将受到北约的制衡。美国对欧盟共同外交与安全政策的发展尤其是欧盟发展独立防务持矛盾态度，即在保持北约在欧洲安全的主导地位和美国在北约中的领导地位的前提下支持西欧在北约内建立"欧洲安全与防务实体"，同时又反对建立任何重复北约职能或与之竞争的西欧防务实体。②以美国为首的北约在今后的相当长时期内，仍将控制欧洲安全的主导权，维持美国对北约的领导权以及北约在欧洲的最高军事地位，欧盟与北约的关系将是"可以区分但不可分割"的。在北约

① 转引自高华"欧盟独立防务——开端，问题和前景"，《世界经济与政治》2002年第7期。

② 吴志成、刘丰："欧盟治理与世界多极化"，载徐明祺《欧洲一体化与亚欧关系》，上海社会科学院出版社2007年版，第116页。

框架外，欧盟国家的军事行动能力极为有限，它们自己的信息资源和快速运输工具都显得不足。因此，欧盟国家及西欧联盟目前只能依靠北约的军事手段。这种依赖状态必然会使欧洲的外交意图受到限制，因而欧盟刚刚起步的共同外交与安全政策的实际动作显得乏力也就不足为奇了。此外，英、法两国对欧盟独立防务建设的定位不同，也在一定程度上牵制了欧洲独立防务建设的步伐，在可预见的将来，欧盟还无法成为一个可以与美国相匹敌的军事力量。

其次，欧盟防务能力建设将引发美欧关系的新变数，进而延缓欧洲独立防务能力建设的进程。军事防务能力的提高，在很大程度上将促进国际地位的增强。正是出于这种考虑，美国方面对欧洲防务能力建设一直持谨慎而怀疑的态度。北约成为美国借以压制欧洲防务能力发展的最大理由。布什总统的顾问约翰·博尔顿曾说，欧洲想建立一支独立于北约的快速反应部队是对北约的一种亵渎，一种背叛，是刺向北约心脏的一支利剑，也是对北约的致命一击。① 2003 年 4 月，法德等国最初提出的发展独立于北约的共同安全与防务计划曾遭到美国的强烈反对，美国认为此举将影响其全球战略的实施，削弱美国在欧洲的影响力，甚至会改变世界战略格局，损害美国利益。美国前国防部长拉姆斯菲尔德不无严厉地指出：欧盟关于建立一个独立于北约之外的军事体系的建议将“破坏北约的稳定”②。可以肯定，美国无法借助北约来彻底遏制欧洲发展独立防务的决心，而欧洲独立防务能力的建设又必然在一定程度上独立于北约的同时对欧美关系产生不可避免的影响。这对欧洲来说是一个巨大挑战，毕竟欧盟防务还不能完

① 原载［英］《星期日邮报》，转引自《环球时报》2001 年 1 月 12 日。

② 郭京花：“美国开始亮‘红灯’，欧盟防务步步艰难”，人民网 2003 年 12 月 16 日，http：//www. people. com. cn/GB/junshi/1078/2248618. html。

全摆脱对美国领导下的北约的依赖。这种尴尬的防务局面将使得美国与欧洲关系中出现诸多变数，而欧洲方面只有依靠共同立场应对美国才能赢得更大的独立防务发展空间。

最后，欧盟发展独立防务的另一个障碍是欧盟中斯堪的纳维亚国家各种复杂的政治地位与共同安全政策关系之间，存在着诸多杂乱的干扰因素。爱尔兰、芬兰、瑞典、奥地利等中小国家多顾及维护本国主权与安全利益，因此它们心存疑虑，觉得法德核心并不可靠，还是依靠以美国为首的北约比较保险，因此对参加集体防务持冷淡态度。丹麦国防大臣海格鲁普在欧盟国防部长非正式会议上说："在可能预见的时间内，我不相信欧盟有能力独立解决欧洲的安全危机。"① 比利时的一位外交官也指出："要中立国参加集体防务，可能性很小。" 此外，作为北约成员国的土耳其还不是欧盟成员国，如何对待与土耳其的军事行动是一个难题。可以预料，各国在为欧洲部队提供兵源问题上会讨价还价，在防务经费上也会斤斤计较，所有这些干扰因素都将阻碍欧盟独立防务的顺利发展，进而影响到欧洲共同外交的整体效果。②

第三节　欧洲共同外交的文化支柱设计与发展

欧洲共同外交的建设领域不仅涉及经济与军事领域，更涉及文化与价值领域。正如同约瑟夫·奈所指出的，国际力量不仅仅体现在硬实力，更体现为软实力。欧洲共同外交的目的是在世界范围内维护欧洲的利益与安全。（欧洲）国家在世界上

① 转引自2003年3月17日《环球时报》。

② 参见中国社会科学院世界经济与政治研究所工作论文，No. 010—2002，《论欧盟独立防务》。

的影响力在很大程度上与它们在其他国家的印象有密切关系。①欧洲共同外交的发展壮大，客观上需要欧洲整合并提升以欧洲为主体的文化外交，以实现欧洲国际影响力的全面发展和提升。

一 欧洲一体化进程中的文化要素

欧盟在建设一体化过程中很注意思想和意识形态教育，欧洲一体化的推动者将文化交流视为实现一体化不可缺少的组成部分。2007 年 8 月，欧盟委员会举行了题为“人民与文化之间对话：艺术家和文化工作者”会议，来自 100 多个文化艺术团体的 600 多位欧洲著名艺术家和文化工作者被邀请与会。欧盟委员会主席巴罗佐在讲话中强调了欧洲不同文化之间对话在欧洲一体化中的重要作用，指出：“经济对我们的生命是必要的，但文化使我们的生命更富有价值。”②

必须注意的是，文化在欧洲一体化的范畴中，具有特殊的政治意义。如果说文化是欧洲民族国家的历史传统，需要国家去继承与发展，那么在一体化的欧洲范畴中，文化则需要在创造出能够凝聚欧洲民众民意的文化成果的同时，在世界范围内拓展欧洲作为一个整体的影响力，使欧洲以一个团结的国家组织而不是分散的国家群体的形象出现于世界舞台上。

第一，文化是使欧洲得以凝聚、一体化最终得以实现的精神动力。欧洲一体化是欧洲各国从分散状态走向集合状态的过程，期间需要各种力量在多种事务方面进行角逐与妥协。虽然惨痛的战争记忆是促使欧洲民众认识到一体化之重要的关键因素，经济

① Presentation by Giis de Vries at the conference of the Goethe Institutue and the European Cultural Foundation under the auspices of the German Presidency of the EU, *Shaping Soft Power – Cultural Relations as a Dimension of EU Foreign Policy*, March 2007.

② 中华人民共和国驻欧盟使团网站新闻：欧盟强调文化在欧洲一体化中的作用，http：//www. chinamission. be/chn/sbgx/wh/ZY/t354720. htm。

利益的互补是加强一体化的现实因素，但各民族国家之间是否愿意推进一体化，特别是是否愿意以淡化自我的国家形象为代价，而以强化的国家组织的集体形象出现在国际舞台上，这关系到一种内在的但却起着决定性作用的精神因素。归根结底，欧洲范围内的认同，是欧洲一体化的关键所在。欧盟委员会前执行主席德洛尔也曾经指出："谁会爱上一个共同市场，必须还有其他东西才有用。"① 在《马斯特里赫特条约》被通过之前他进一步指出："欧洲认同的建构是此后欧盟最关键的任务。"② 总之，在欧洲政治精英看来，欧洲一体化的重心绝不是经济利益或政治制度，而是文化或教育。

第二，文化认同是使欧洲一体化得以深化的重要工具和途径。在欧洲一体化过程中，老成员对于新成员的接纳，必然伴随着复杂而激烈的身份认定。文化方面的排斥或反对经常成为老成员拒绝接纳新成员的直接因素。英国申请加入欧共体时遭到法国的反对，以及世纪之交土耳其申请加入遭到的质疑等，都直接反映了文化认同因素的存在及其影响力。当然，认同并非是天生的，更不是一成不变的。依据建构主义的观点，认同是人为的，或可使用理性选择的方式取得，甚且会随着情境的变动而具高度的可塑性。但是，认同的可创造性并不代表欧洲一体化不断扩大其规模、新成员的加入总是可以实现。实际上，认同之可创造性的最终实现，关键在于创造认同工作的及时开展以及方式的灵活有效，而且必须认识到该工作的必要性。欧盟委员会文教委员菲杰尔对此解释说："为什么这么急迫？因为欧盟正处在十字路

① Uyan, Pinar, 2001, *The Formation of Collective Identities: The case of European Identity*, Paper prepared for the 42nd ISA Annual Convention, Chicago, February 20 – 24.

② Lesaar, Henrik Richard, "Semper idem? The Relationship of European and National Identities", in Drulak, Petr (Hrsg.), *National and European Identities in EU Enlargement*, Prag 2001, pp. 179 – 194.

口。”因此，欧盟特地将2008年定为欧洲文化对话年。进一步而言，欧洲一体化过程中的各项重要事务都涉及欧洲公民对欧洲一体化的认同态度，而认同态度则与人们内在的文化本质有直接的联系。因此，需要通过文化和不同文化之间的对话赢得公民的思想，并进一步赢得公民的信任。为此，应该强调公民要树立基于全欧意识的多重身份感，即一个公民不仅属于一个城市、一个地区、一个国家，而且也属于欧盟的公民理念。

第三，注重文化外交是维护欧洲文化多样性、最终维护欧洲独特吸引力的重要途径。任何民族文化之间的交流与对话都不可能一蹴而就。欧洲范围内的文化尽管具有相当程度的同根同源性，但各种文化之间对话同样也不可忽视。文化交流是一个不可能终结的任务，对欧盟及欧洲公民而言则是个永久性的挑战。正是由于这一原因，欧盟始终支持不同文化之间的对话，并积极加以经济赞助。欧盟强调，树立公民全欧意识的同时，还应该保护文化的多元性，也就是说，要在公民中树立欧盟是多样化之统一的观点。正如欧盟委员会文教委员菲杰尔所指出的：“我们主张尊敬、保护和丰富不同文化的特征和价值，这是欧洲模式的特征。”在文化多元化的原则指导之下，欧盟范围内成员规模的逐步扩大以及民族文化的不断增加应该被看作是丰富多彩的象征，而不是被视为对原有文化的挑战或威胁。欧洲之所以为欧洲，是因为其民族文化的群体与多样化优势，而这一优势只有在民族文化之间不断进行深化，才有可能继续保持下去。

二　欧洲共同外交的文化外交支柱与政策设计

欧盟委员会文教委员菲杰尔曾经指出：“在欧洲一体化进程中，注重文化和艺术是必要的，而不是奢侈，必须把文化和不同文化之间的对话当成实现欧洲一体化和增进与周边和世界其他国家关系的不可缺少的组成部分。”对于欧洲一体化来说，彼此间的国家认同是稳定民主制度以及彰显国际影响力的基础，意识到这一点，因此，欧盟精英期待的是如何通过文化以及教育政策，将萌芽中的欧洲意识升华为欧洲认同，以便确保选民对于欧盟政治整合的支持。欧洲政治精英期待通过文化以及教育政策，将萌芽中的欧洲意识升华为欧洲认同。但文化本身具有抽象而宽泛、难以把握的特点，因此，如何设计科学有效的文化外交方式，就成为一项具有挑战的宏观课题。

究竟如何来塑造欧洲认同？法国和德国的两种观念形态具有一定的代表性。法国注重文化式的集体认同，强调共同的历史、文化与传统；而德国则强调公民式的集体认同，重视公民的价值，特别是民主、人权、市场经验、福利国家以及多元文化。在当前看来，欧盟较为注重公民式的认同。比如，申请国如不严格遵守老成员国所推崇的价值观以及由此衍生的指导原则，将不可能被接受为成员国，西班牙以及土耳其的申请过程就鲜明地体现了这一标准。此外，欧盟也逐渐开始注重一些文化符号的实际效应。比如通过确定欧盟盟旗、欧盟日（5 月 9 日），欧盟盟歌（贝多芬第九交响曲），或是通过统一的护照、驾驶执照、汽车牌照上的欧盟图案，以及 2002 年面世的欧元，让欧洲公民对欧洲认同有直观的印象。以法德为代表的观点争论，从一个方面说明欧洲文化外交工作的复杂性，这意味着欧洲需要从多个角度来开展文化外交支柱的设计工作。

第一，如何在欧洲一体化的范畴中界定欧洲文化以及文化外交的内涵。对于欧洲共同外交的文化外交支柱而言，其文化内涵究竟应该如何界定？文化外交要传播怎样的精髓？这是让欧洲政治精英与民众都必须深入思考的重大问题。从实现的方式来看，文化外交可以通过旅游、教育、新闻等多个形式实现，但多种形式都是为一个中心服务，那就是解释并传递欧洲的价值观。价值观是欧洲文化体系的核心要素。索拉纳对欧洲价值观作出如下解释：对受难者的同情；通过联合缔造和平与和谐；致力于人权、民主与法制事业；通过互谅与务实的方式推进法制型国际体系的建立。① 传递价值观成为文化外交的重要目标。欧盟曾明确表示："欧盟将不会将自身的体制强加于国际伙伴，但对欧洲的价值观却充满自信。"②

第二，文化外交应该在欧洲共同外交体系中占据怎样的地位。欧洲共同外交的建设起步于经济外交，目前致力于通过推行欧盟共同外交与安全政策来形成一体化的对外政策体系。共同外交的建设领域宽广而复杂，但欧洲共同外交的目标却是明确而紧迫的。相较于其他几类支柱，文化外交对共同外交的发展促进作用虽不能与经济外交支柱相提并论，但它的功能以及应有的地位依然不可忽视。此外，就欧洲共同外交所要实现的目标而言，文化外交这一"软实力"范畴应该处于与"硬实力"相当的核心地位，因此，欧洲政治精英认为："有必要将推广欧洲价值观放置于欧盟共同外交与安全政策的核心位置。"③

第三，文化外交应该以怎样的方式予以推行。欧盟官员指出，文化外交不应是仅仅为在国家和民族之间达到互相理解目标而开展的信息、艺术、思想交流，文化外交必须要注意对基本价值观的传播与扩散。在开展文化外交的主体设计方面，部分政治家提出应由欧洲一体化组织与欧盟成员国共同开展文化外交，曾担任欧盟反恐怖协调官员的吉伊斯·弗里斯（Giis de Vries）认

---

① Presentation by Giis de Vries at the conference of the Goethe Institutue and the European Cultural Foundation under the auspices of the German Presidency of the EU, *Shaping Soft Power – Cultural Relations as a Dimension of EU Foreign Policy*, March 2007.

② European Commission Direction – General for Communication Publications, *The Eu in the World, the Foreign Policy of the European Union*, June 2007, p. 3.

③ Presentation by Giis de Vries at the conference of the Goethe Institutue and the European Cultural Foundation under the auspices of the German Presidency of the EU, *Shaping Soft Power – Cultural Relations as a Dimension of EU Foreign Policy*, March 2007.

为："世界对欧洲充满了疑惑。在缺乏一个共同的欧洲外交服务机构的前提下，应该由各国外交代表对他国民众解释和宣传欧洲的政策、经验以及价值，而不应仅仅将这一任务托付给欧盟委员会。"① 因此，既要借助欧洲联盟这样的一体化组织的集合效应，同时也必须依赖于欧盟成员国发挥其固有的历史文化传统，以突出欧洲文化的多样性。一体化组织以及成员国家的二元组合，方是推行欧洲文化外交的理想组合模式。就当前现状看来，这一组合体系所起的作用并不均衡，相比之下，欧洲各国要比欧洲联盟对文化外交更为重视。

第四，文化外交应该达到怎样的目的。欧洲一体化的终极目标是在世界上用"同一个声音说话"。强化欧洲的发言权这一目标，意味着欧洲必须在欧洲内部和外部两个世界为增强自己的影响力而有所作为。文化外交的直接意图在于使世界增强对欧洲的认同感，而其根本意图则在于弱化与同欧洲对立的声音，使"欧洲通过传播自身的规范与价值观来增强环境的安全程度"②。

在对欧洲文化外交支柱的模式有所考量之后，更为重要的是欧洲如何开展文化外交的实践。进入21世纪以来，受到多方面因素的影响，欧洲的文化外交行动更加密集，特别是2007年5月10日由欧盟委员会通过的题为《世界全球化中的欧洲文化战略》文件，集中体现了欧洲今后开展文化外交的思路和趋势。值得注意的是，虽然欧盟制定的文化计划、指令、法规和政策文件不计其数，但提出共同的"欧洲文化战略"尚属首次。这一文化战略

① Presentation by Giis de Vries at the conference of the Goethe Institutue and the European Cultural Foundation under the auspices of the German Presidency of the EU, *Shaping Soft Power – Cultural Relations as a Dimension of EU Foreign Policy*, March 2007.

② Elsa Tulmets, "Can the Discourse on 'Soft Power' Help the EU to Bridge its Capability – Expectations Gap?", *European Political Economy Review*, No. 7, Summer 2007, pp. 195 – 226.

主要包括三个主要目标和一个合作方式，大篇幅地强调了文化在欧洲一体化和国际关系中的重要作用及欧盟为文化所作的贡献。

第一个目标：促进欧洲文化的多样性和不同文化之间的对话。《欧洲宪法条约》中提出的一个重要目标是使欧盟成员国的文化呈现多样性并存的繁荣态势。欧盟认为，要建立文化多样性社会，需要培养人们树立开放意识，要加强不同文化之间的对话和交流，从而提高人们对不同文化的欣赏力和认可性。这对经济全球化中所涉及的提高就业能力和适应性，促进文化领域工作者和艺术家的自由流动及艺术作品的自由流通都是很重要的。为实现这一目标，文件中提出如下具体目标：

一是促进文化领域艺术家和专家的流动，促进艺术作品在国外的流通。其中包括：（1）动员公共和私人单位支持欧盟文化领域艺术家和工作人员的流动；（2）促进艺术作品和其他艺术表现形式的流通；（3）对影响文化工作者在欧盟成员国内流动的问题要加强协调，充分考虑文化工作者在成员国内进行短期和经常性流动的需求。

二是促进和提高对不同文化的欣赏力和认可性，加强不同文化之间的对话，尤其要提高“文化意识和表达力”，“社会和公民的欣赏力”和“用外语交流的能力”。

第二个目标：加强文化对提高创造力、发展和就业所发挥的促进作用。文化产业和创作领域对提高欧洲国内生产总值和就业发挥着重要的作用。2006 年，欧盟曾对文化产业和革新创造对经济的影响进行了调研。结果显示，文化领域创造的财富高于化工产业。2003 年，欧盟在文化和创作领域（如电视、电影、音乐、表演艺术、娱乐等）的收入是 6540 亿欧元，占欧盟国内生产总值的 2.6%，高于欧盟 1999—2003 年间经济增长的平均数。欧盟文化领域就业人数 2004 年达 580 万人以上，占欧盟 25 个国家就业总人数的 3.1% 以上，2007 年年初增到 720 万人。文化产业也推动了信息通讯技术的迅速发展，促进了旅游业并帮助了不发达和落后地区。欧盟认为，在全球化竞争中，欧盟文化产业和创作领域所创造的财富对欧洲经济起到了不可或缺的作用。另外，文化领域间接地影响了欧洲社会和经济环境并推动了里斯本战略的实现。欧盟认为，在支持和推进革新创造中，必须发掘和促进文化的作用。发挥创造力是社会和技术革新的基础，是欧盟发展、提高竞争力和增加就业岗位的重要推动力。为实现第二个目标，文件中提出如下具体目标：（1）教育人们在参与文化活动中提高创造力，把挖掘文化潜力和提高文化艺术水平视之为终生学习的内容并列入正规和非正规教育；（2）加强文化领域能力建设，支持文化领域进行如下方面的培训：管理能力、企业家能力、欧洲市场活动、发掘资金来源等；（3）发展文化领域与其他领域（如信息通讯、研究、旅游、社会伙伴等）的伙伴关系，加强文化和创造投资对社会和经济的影响力，特别是对促进发展和增加就业，提高地区和城市魅力等方面的影响力。

第三个目标：推动文化外交成为欧盟国际关系中的重要组成部分。欧盟为通过联合国教科文组织的《保护和促进文化表现形式多样性公约》起到了积极的推动作用。作为公约批准组织，欧盟在文化战略文件中积极履行条约所赋予的义务。欧盟提出，在制定对外和发展政策、项目和计划时，要自动地将多种文化交流融入其中，这样可以提高外交质量，使欧盟的各种合作活动充满活力并持续发展。欧盟强调对具体文化活动要给予积极支持。为此，欧盟建议创建“欧盟—非洲、加勒比和太平洋国家文化基金会”，鼓励建立地方市场和产业，支持和促进非加太国家文化产品进入欧洲市场。欧盟委员会建议，欧盟在2007—2013年之间向该基金会拨款约3000万欧元，还鼓励成员国给该基金会额外资金赞助。为实现第三个目标，文件提出如下具体目标：（1）加强与各国和地区进行文化政治对话，促进欧盟与第三国和地区的文化交流。(2) 通过授予的优惠待遇或与贸易相关的措施，促进发展中国家文化产品和服务向欧洲市场或其他市场的准入。(3) 利用对外和发展政策保护和促进文化的多样性，一方面通过财政和技术支持保护文化遗产，另一方面积极鼓励和促进在世界开展文化活动。(4) 确保在所有合作计划和项目中，从设计到执行，都充分考虑地方文化的特点，考虑提高人民参加文化活动的出席率，包括人与人的接触。注重对文化的宣传教育，将文化列入发展中国家的各级教育日程。(5) 促进欧盟积极参与国际文化组织的文化交流活动。

为实现文化战略的三大目标，文件特别指出应在文化领域建立开放式的合作方式，这样可使欧盟机构、成员国之间和与第三国的文化合作方式既有框架机制，又有灵活性，免于束缚；既使合作伙伴关系密切，又承认各自的多样性，避免强制性的保持一致。开放式的合作方式包括政府间文化政策和活动的透明度，定期组织利益攸关者举行文化论坛，进行对话和交流经验，欧盟委员会和成员国每两年共同回顾总结为实现总体目标开展的工作情况。

欧盟认为，面对当今世界全球化的现实，制定一个新的欧洲文化战略的时机已经成熟。欧洲文化战略文件确立了文化在欧洲一体化和经济全球化中的重要地位，众多的欧洲高级政要对该文件赋予极大的期望。欧洲委员会主席巴罗佐说："文化和创造触及公民的日常生活。文化和创造是个人成长、社会凝聚力和经济发展的重要推动力。此外，它们还有更多的作用：它们具有共同价值观和共同遗产，同时承认和尊重多样性的一个欧洲项目的重要组成部分。今日的战略促进了不同文化之间的理解，确立了文化在我们政策中的中心位置。"而欧盟教育文化司长 VLADIMIR SUCHA 评价道："这是提高文化形象和把文化合作推向新阶段的极好机会……文化战略将会对欧洲社会团结和繁荣起到长久的积极影响。”

三　欧洲文化外交现状与调整规划

从20世纪60年代开始，欧洲开始注重以“一体化的欧洲”为主体实施文化外交。欧洲文化外交的客体分为两类。第一类是数量庞大且地域分布广泛的非欧洲国家，随着欧洲文化外交战略的不断明晰以及欧洲一体化规模的扩大，欧洲将交往对象国家统称为“非成员国”，这鲜明地体现出了文化交往范畴中“自我”与“他者”的角色定位。冷战后国际格局发生重大变化，美国一超独强的局面成为当今世界的最显著特征之一，这对欧洲维持自身国际强权地位的政治追求形成了强大压力。为寻求更多国家的支持以及更为广泛的国际影响空间，欧洲文化外交特别注重对前苏联势力范围以及其他发展中国家和地区的文化与价值输出。为实现这一目的，欧洲针对非加太地区、地中海区域、拉美、中东欧与亚洲的文化外交占据了其整体文化外交的主导地位。第二类交往对象是数量不断增长且国际影响力日渐增强的国际组织。借助欧洲一体化进程所带来的多边合作的丰富经验与成果，欧洲的文化外交在内部注重发挥欧盟委员会与欧洲理事会等有影响力的组织机构的主导功能，在外部则特别重视与联合国教科文组织等这样的国际组织进行合作。

在文化外交的内容与形式方面，欧洲不断丰富文化合作内涵并积极探索文化交往的新方式，通过文化与政治、经济等领域之间的联系纽带，不断拓展文化外交的实施领域与方式。就文化层面而言，以欧盟为主体，欧洲开展了文化资金援助、文化交流、文化产业发展等多个项目。比如，欧盟根据“文化2000年计划”，为在非成员国开展的有关欧洲主题的非官方文化项目提供赞助。又如，欧盟发起“媒体计划”以支持欧洲电影和听视觉媒体制品在国际市场上的销售和流通。此外，欧盟在对外文化交流合作的同时也特别注重对相关国际文化问题谈判进程的推进，并力图在谈判过程中取得话语主导权。欧洲之所以重视文化外交，其根本动因在于欧洲充分认识到了文化因素以及文化外交在巩固欧洲一体化之成果、维护欧洲作为世界重要一极等方面的独特作用。首先，欧盟曾以官方文件的方式表明，不同文化之间的交流是创造和平的关键性条件，而和平则是经历了世界大战之痛的欧洲各国的期望所在；其次，欧盟认为文化外交对于那些仍旧处于动荡和冲突中的国家以及其他发展中国家具有相当的启蒙作用。在欧洲看来，文化外交可以让目标国家发现并模仿欧洲的发展模式与成果，因此，定位准确的文化外交不仅能为促成这些国家的经济和社会发展提供机遇，更可以在帮助这些国家建立民主机制和实现持久和平等方面起到积极的作用。

自 20 世纪 60 年代起，欧洲开始对非成员国开展文化外交。根据对外战略的部署以及相关互惠政策的指导，当时的欧共体及其成员国首先与非洲、加勒比海、太平洋和地中海盆地的众多国家签署了协议，此后又与拉美、亚洲、中东欧国家签署了相关协议。值得注意的是，尽管这些协议并非仅仅围绕文化项目展开，但在文化合作和交流中占有重要位置。实际上，文化外交虽然不是欧洲对外交往的唯一目标，但因其实现方式灵活多样，可以充当欧洲与第三国之间的沟通与了解渠道，成为欧洲对外交往的不可或缺的组成部分，因此有关文化外交的政策表达在相关协议中均有相应程度的体现。冷战结束后，欧洲文化外交在秉承既有政策与原则的同时，积极提升欧盟的主体地位，针对不同的地域实施相应的文化外交，以求灵活而有效地实现作为整体的欧洲与交往对象国家之间的真正了解。此外，欧盟也特别注重在整体格局方面对文化外交方式的协调与统一，力求在文化外交的总体框架和政策设计方面突出欧洲的文化特性。可以说，因地制宜与整体协调相结合，既是文化外交本身的客观要求与普遍规律，更是欧洲所要努力实现的目标。

正如前文所述，包含中东欧在内的广大发展中国家和地区是欧洲文化外交的目标与期望所在。欧洲能否维护其作为国际重要力量的地位，关键取决于欧洲能否获得数量庞大的发展中国家和地区的认同与支持，因此，针对这些国家和地区的文化外交成为欧洲整体文化外交的重中之重。本书在此略选几例加以阐述。

非洲、加勒比海和太平洋国家是欧洲共同外交特别是欧洲经济外交的主要起源地之一，随着共同外交体系的发展，这些国家也成为文化外交的重要目标。欧洲针对非加太国家的文化外交一直持续而稳定，进入21世纪后，欧洲依旧保持了同样力度的文化外交，但在内容和形式上都有所更新。欧盟于2000年6月23日在贝宁签署了《科托努协议》。该协议主要对欧盟与非洲、加勒比海和太平洋77个国家协调彼此经济与合作关系做出了指导性的规定，其中该协议的第二十七条“社会与人类发展”对文化发展援助作了充分的表述。欧盟自称，与非加太国家进行文化合作的目的是促进这些国家发展本国民族文化，鼓励文化创新，帮助建立文化产品的生产和销售基地以及相关机构，并激发文化产业人员的创新精神。为达此目的，“欧洲发展基金会”将向非加太国家在文化遗产活动、艺术培训、合拍故事片电影、举办艺术节等一系列项目中提供资金支持。

地中海地区因其独特的地理位置而受到欧洲共同外交的高度战略关注。随着冷战后国际政治格局的转变以及欧洲对外战略的调整，针对地中海地区的文化外交在欧洲共同外交体系中的地位与重要性不断上升。为强化双边关系，1995年11月在欧—地中海会议上通过《巴塞罗那宣言》，宣布建立“欧—地伙伴关系”。这一伙伴关系涉及欧盟与摩洛哥、阿尔及利亚、突尼斯、埃及、以色列、约旦、巴勒斯坦、黎巴嫩、叙利亚和土耳其等10个地中海国家进行官方文化交流的内容。欧盟在这几个地区开展了一系列的文化合作活动，以促进不同文化之间的相互了解为目标，开展职业培训、激发基层艺术家的创造力以及推进文化遗产保护等项目。1998 年，双方经协商制定了“欧—地中海遗产”计划，目的是促进地中海地区的文化遗产保护、开发和利用工作。根据这一计划，欧洲文化部门将为地中海国家的遗产保护项目提供资金，组织文化遗产保护机构和人员进行经验交流和培训，并对文化旅游方面的研究和开发项目提供经费支持。为促进听视觉媒体（包括广播、电视和电影业）领域的交流，欧盟于 2000 年制定了“欧—地中海听视觉”计划。根据这个计划，欧盟将为双方特别是地中海地区的文化工作者提供在视听作品制作、销售和流通方面的合作机会。欧盟还制定了“欧洲—地中海青年”计划，该计划主要指导双方青年建立社会和文化领域的对话渠道，并在青年组织之间进行文化与经验交流。此外，欧盟特别设立了“欧洲—地中海信息社会”计划，该计划主要围绕五方面开展活动，包括文化遗产和旅游资料电子网络化。值得注意的是，欧盟委员会将按照相关协议为民间组织和个人提供资金，使他们有机会接触和参与讨论各种社会、经济以及文化问题，如开展“欧—地民间论坛”活动。欧盟常驻地中海国家的代表团每年拨款给东道国的部分地区，以资助其开展文化活动，如艺术节、电影制品宣传、剧场活动、研讨会和展览等。欧洲针对地中海地区的文化外交活动涉及面广，持续性强，在一定程度上已经成为欧洲文化外交的成功范例。

从地缘角度而言，拉美地区是美国的传统势力范围，但成为国际社会重要力量的外交期望，使得欧洲对拉美的重视程度不断提高，因此针对拉美地区的文化合作也转而成为欧洲与拉美双边关系的重要组成部分。从 20 世纪 60 年代起，欧洲就曾经与拉美国家在经济和政治方面展开合作。冷战结束后，欧洲试图在拉美地区增加外交影响力的期望值大幅提高。欧盟于 1995 年制定了双边关系新战略，以期推动欧洲与拉美双边合作的持续发展。该战略在1999年6月于里约热内卢举行的双边峰会上得以通过并付诸实施。值得注意的是，参加这一峰会的有欧盟委员会主席，欧盟成员国、拉美国家和政府的首脑，政治级别高，不仅使得在这次峰会上建立的欧盟—拉美伙伴关系备受瞩目，同样也使得该伙伴关系中的文化合作具有相当的战略意义。根据伙伴关系框架计划，欧盟将为针对拉美国家开展的6个项目提供赞助，其中2个为针对文化合作的专属项目。此外，欧盟还特别在遗产保护与建筑保护等方面为拉美国家提供经费支持。随着双方文化合作程度的不断加深，促进青年学生的交流开始成为欧盟与拉美国家文化合作的重要举措，在这方面，欧盟加强了与拉美高校的教育科研合作，并于2002年5月起为拉美高校大学生和研究生提供到欧盟国家学习的奖学金，以鼓励更多的拉美青年精英认识和接受欧洲。

随着亚洲地区的经济实力与国际影响力的提高，欧洲认识到，发展亚欧伙伴关系应该成为欧洲共同外交的重要目标之一，而改善与巩固欧洲在亚洲民众心目中的形象则是实现这一目标的重要条件。与此同时，部分欧洲政治家意识到，目前欧洲在亚洲民众心目中的形象并不完美，从经济层面来看，欧洲大陆的强势已经成为历史，而从政治层面来看，欧洲则显得虚弱而分裂。①为重新塑造欧洲的形象，在1996年曼谷峰会上，欧盟主席、欧盟成员国首脑和10个亚洲国家的首脑提议建立新的伙伴关系，并倡议定期召开亚欧部长会议，讨论和处理政治、经济与文化问题。为加强亚欧伙伴关系，亚欧双方于1997年在新加坡成立了

① Presentation by Giis de Vries at the conference of the Goethe Institutue and the European Cultural Foundation under the auspices of the German Presidency of the EU, *Shaping Soft Power—Cultural Relations as a Dimension of EU Foreign Policy*, March 2007.

“亚欧基金会”。该基金会是“亚欧会议”的下属机构，其职责在于积极促进亚欧文化、知识分子和专业技术人员之间的交流和接触，特别是青年艺术家之间的交流。该基金会可以围绕文化产业、保护和开发文化遗产、遗产地旅游、舞蹈、绘画、音乐等方面组织会议、研讨会和艺术节等。2003 年，欧盟启动了一项名为“亚洲城市计划——通过修复再创活力”的项目，目的在于帮助亚洲城市制定历史文化遗产的保护计划，确立相应的保护项目，并由欧盟提供经济和技术上的支持。2003 年 12 月，在中国召开“亚欧会议文化与文明会议”，会议发表的《主席声明》强调要加强文化的多样性，促进不同文化和文明之间的对话与合作。2005 年 6 月在法国巴黎召开了“第二届亚欧会议文化与文明会议”，通过了《主席声明》和《文化部长行动计划》。这次会议以“文化多样性：机遇与挑战——亚欧会议的长期计划”为主题，亚欧会议成员国代表团、欧盟委员会、联合国教科文组织的代表充分讨论了促进亚欧文化交流与合作的方式、促进各国文化和创意产业的发展、加强遗产保护和促进可持续的文化旅游、促进文化发展的因素等多个议题。总体来看，欧洲对亚洲的文化外交使亚欧双方在保护和促进文化多样性方面找到了许多共同点，有利于亚欧双方的认同与理解，也在一定程度上强化了欧洲在亚洲民众心目中的国际形象。但从另一方面来说，由于亚洲国家体制不一，经济发展差异很大，文化传统更是千差万别，导致欧洲在短期内难以制定出适应亚洲特性的文化外交战略与实施方式，这对欧洲文化外交而言是一个客观存在的挑战。

冷战结束后，中东欧以及中亚地区一时成为国际政治权力角逐的真空地带，发展与这一地区的合作关系不仅成为欧洲实现其国际战略蓝图的重要途径，更成为检验其国际影响力的关键所在。特别需要指出的是，中东欧国家由于同西欧国家类似的文化特质以及临近接壤的地缘关系，使得欧洲文化外交不仅具有吸引中东欧国家加入一体化进程的意义，更使其所包含的政治战略色彩异常浓厚。欧盟于1989年设立了“法尔计划”（PHARE Programme），该计划规定欧盟拨款给申请入盟的中东欧国家，帮助它们做好加入欧盟前的准备工作。2003年“法尔计划”的赞助费多达12.23亿欧元，包括当时新入盟的10个国家和即将入盟的罗马尼亚和保加利亚也都得到了赞助。“法尔计划”强调在欧盟国家与边界地区建立永久性关系，为跨国文化交流项目提供经费支持，如组织青少年交流、艺术、民间交流活动以及发展旅游业等。另外，欧盟的其他计划如“文化2000年计划”（Culture 2000）、“媒体计划”（MEDIA）、“地区战略计划”（CARDS Programme）等也将中东欧国家纳入合作范围之内。其中，地区战略计划赞助了一系列文化项目，如国际电影节和萨拉热窝电影节等。在中亚方面，冷战结束后，欧盟与俄罗斯、蒙古和新独立的中亚国家的双边关系有了很大的进展。通过1991年建立的技术合作计划，欧洲于20世纪90年代中期与绝大多数中亚国家签署了建立伙伴关系的合作协议。1999年欧洲理事会通过了两个共同战略，其目的在于帮助俄罗斯和乌克兰加入欧洲社会和经济领域一体化进程中来。这两个共同战略囊括了各领域的合作，但其主要内容均突出地体现了双方在教育和文化方面的合作意向。此外，欧盟还开展了名为“对独联体技术援助项目”（TACIS）的计划，向东欧和中亚13个国家（俄罗斯、乌克兰、白俄罗斯、蒙古、摩尔多瓦、格鲁吉亚、亚美尼亚、阿塞拜疆、哈萨克斯坦、吉尔吉斯斯坦、塔吉克斯坦、土库曼斯坦、乌兹别克斯坦）提供技术援助，如提高运输能力、加强边界控制、保护自然环境、改革法律制度、提高教育水平等，促进目标国家的非政府组织发展，总体而言，这一计划的目的在于促进这些国家的经济和民主发展，最终强化欧盟与中亚国家之间的关系。

目前看来，尽管欧洲文化外交的建设与发展已经有一定的成果，它不仅对欧盟的扩大和实现欧洲一体化设想起到了重要作用，而且增强了与非成员国的友好关系，更重要的是在一定程度上促进了自身经济、社会和政治的发展。但从全局观之，其具体实践还存在诸多有待改善之处。第一，文化活动的外向意义并不显著地强于其内部意义，当前文化外交依然主要为欧洲内部的政治认同服务；第二，文化活动的内涵依然混乱，导致对文化外交的界定不清；第三，当前文化活动的中心任务不突出，依然缺乏明确的项目分类与核心要素。这些缺点使得欧洲文化外交的形式与性质颇为模糊，更难以让外界对欧洲文化外交有客观而准确的了解与认知。上述三类不足往往相互交织，更加剧了其复杂性。比如，青年活动有时被囊括在国际文化交流中作为一个分支活动予以开展，而有时则单独进行。与此类似，教育和旅游与文化交流活动也难以分清界限，有时合并开展，有时却以独立名义进行。在欧盟的“摩洛哥计划”中跨文化对话隶属于文化合作部分，而在与突尼斯的相关计划中，跨文化对话则被归置于教育、培训与青年项目之下。与之相比，欧盟同土耳其开展的保护文化多样性合作项目中，跨文化对话则被划归为人权合作范畴。这些缺点与不足，意味着未来的欧洲文化外交还将经历更为彻底与全面的调整与改革，唯此方能构建体系完备的欧洲共同外交。

文化外交是一项“抽象”与“具体”特征兼备的宏观工程，对于欧洲这样一个自身依然处于文化多样性与同一性并存、一体化进程长期处于持续探索阶段的行为主体而言，其文化外交所要面临的挑战则更为艰巨。为了在维持自身内部文化多样性的同时，以一体化的欧洲为主体开展面向国际社会的文化外交，特别是在共同外交体系之下制定灵活而有效的文化外交政策，欧洲各国以及一体化组织为此作出了不懈的努力与尝试，并通过相应的政策规划来促进文化外交的发展。2007—2013 年文化计划是当前最主要的文化外交政策规划。

在对冷战后特别是新世纪中的世界形势做深入分析与度量后，为进一步发展欧洲文化外交，欧盟牵头制定了“2007—2013年文化计划”（Culture Programme 2007—2013）。欧盟“2007—2013年文化计划”总目标体现出了这样一个主旨：“为促进欧洲人对文化和共同的文化遗产应共同分享的理念并鼓励欧洲人树立‘欧洲公民’意识，参加文化计划的国家应努力推动文化艺术创作者、文化工作者和文化机构之间的文化合作。”欧盟对这一计划给予了很高的期望，认为这一计划具有连贯性、全球性和全面性的特点，在指导欧洲进行多元文化合作方面将发挥强大的作用，同时它将为广大欧洲民众普遍树立“欧洲公民”意识与增强对欧洲一体化的认同感起到推动作用。值得注意的是，这一文化计划提出的总目标与欧洲一体化进程紧密相关，突出强调了意识形态和价值观教育的重要性。因为欧盟认识到，要实现欧洲一体化并解决当前的文化外交困境，就必须从价值观和意识形态角度着手开展文化艺术交流活动，而开展成员国家之间的文化合作是争取民心的最好手段。

为使该计划具备较强的可操作性，欧盟还提出了开展文化交流与合作的三个具体目标与四个横向目标。三个具体目标分别是：(1）促进文化领域人员的跨国流动；（2）鼓励文化艺术作品和产品的跨国流通；（3）鼓励不同文化之间的对话。四个横向目标分别为：（1）加强自由言论的基本原则；（2）鼓励提高对可持续发展的认识；（3）寻求促进欧盟内部的相互理解和容忍；（4）努力消除各种歧视，如性别、种族、民族、宗教与信仰。为使该计划与欧洲共同外交保持总体协调，欧盟还强调，在与第三国进行文化合作方面要特别注意保持该计划与既有的《世界全球化中的欧洲文化战略》以及欧盟整体政策的一致性和互补性。

为使文化外交免受经费不足之困，欧盟大幅度提高了对2007—2013年文化计划的拨款额度，总预算达到4亿欧元。同时，该计划对赞助范围、比例和对象的经费分配做了如下明确规定：(1) 文化行动拨款占总经费的 77%；(2) 支持积极在欧洲开展文化活动的团体（如欧洲文化网），对团体拨款占 10%；(3) 支持对欧洲文化合作活动和文化政策进行大力报道、分析、收集和传播的行动，相关拨款占 5%；(4) 管理文化计划也应有相应的经费保证。该计划的经费资助对象也非常广泛，包括欧盟 27 个成员国，挪威、冰岛和列支敦士登，以及作为候选国的克罗地亚、土耳其和前南斯拉夫马其顿共和国也纳入了资助范围。

从总体来看，2007—2013 年文化计划的部署重点在欧洲内部，这似乎与文化外交的"外向"性特征存在一定差距。但实际上，这恰恰说明了欧洲文化外交本身所具有的阶段性特征以及欧洲文化外交战略的谨慎态度与务实作风。一方面，属于"软实力"范畴的文化外交虽在欧洲对外关系中早有体现，但它相对于经济和政治外交而言，仍属在冷战后国际形势相对和平的情境中才逐渐得到重视的新鲜事物，如何发掘文化外交的真实内涵并设计科学有效的文化外交政策，对于包括欧洲各国在内的任何国际行为体都是一个全新的命题。另一方面，在欧洲共同外交的体系中开展文化外交，必须有其他客观条件的保证与支撑。这些客观条件包括，欧洲政治外交的战略许可以及经济外交的物质支持，欧盟各成员国的文化多样性与欧洲文化外在形象同一性的辩证统一，欧洲民众与政治领导层对文化外交的时效性的认可，这些客观条件的成熟完备以及与相应文化外交政策的配合程度尚需时日。可以说，在欧洲一体化进程中建设并发展文化外交，它所面临的难度与最初发起欧洲共同外交的难度相差无几。因此，2007—2013 年文化计划将重点放在欧洲内部，是欧洲领导层全面权衡发展文化外交所需客观条件之后的慎重决策，也是文化外交自身发展过程所具有的"探索特征"所决定的必然结果。换言之，一体化的欧洲发展文化外交，首先应协调内部资源，整合各方立场，设立稳妥的行动计划，才能将文化外交的任务付诸实践。

第四节　欧洲共同外交的公民基础调整

针对欧洲共同外交的结构与功能而展开的改革，应是一项涵盖面广泛、涉及领域众多的综合性改革。基于这一战略性考虑，欧洲除协调当前共同外交体系中三大支柱间辅助关系、增加欧洲防务能力和发展文化外交支柱之外，还采取了相应措施以增强欧洲共同外交的公民基础。这一措施与增进欧洲一体化程度所采取的措施一样，是通过欧盟制宪来实现更高程度的一体化，进而夯实共同外交的公民基础，并试图利用欧盟宪法增强一体化决策机制的机会来改革当前的共同外交决策机制。

一　欧洲一体化及欧洲共同外交的公民基础概况

在一体化先驱者以及其后继者看来，人民之间的联盟才是他们最终所要实现的目标。① 因此，一体化进程的各项事业都是要忠实于“人民之间的联盟”这一核心原则的。欧洲共同外交的发展，从其合法性基础到直接推动力，都应结合公民认同、发展欧洲公民福利以及社会生活等方面加以实行。

欧洲一体化进程的每一次扩大都使欧盟的人口大幅增加。欧盟统计局 2008 年 12 月 15 日公布的首份人口统计预测报告显示，欧盟 27 国总人口将于 2009 年 1 月达到 4.997 亿。《马斯特里赫特条约》规定“成员国的每个公民都是欧盟的公民”，同时，欧盟的公民身份不取代国家公民身份，而是对国家公民身份的补充，

---

① 俞正梁：《大国战略研究：未来世界的美、俄、日、欧（盟）和中国》，中央编译出版社 1998 年版，第 275 页。

即赋予国家公民进一步的权利，例如在欧盟领土内自由迁徙和居住的权利，选举和被选举为欧洲议会议员及居住国市政官员的权利，在第三国获得外交及领事保护的权利，向欧洲议会请愿和投诉的权利，如此等等。可见，增强欧洲公民对欧盟的认同感和信任度，是当前欧盟着力追求的目标。

当前欧洲一体化进程的各项举措与意志，可以说是各成员国政府意愿的体现。从理论层面来看，这样的意愿在转化为实际政策过程中必须得到各国民众的认可。然而事实是，尽管欧洲一体化已经成为一种不可阻挡的趋势，但各国公众对欧洲联合的认同仍然存在很大的差异，不但政府层面与民众之间存在理念的差别，而且不同国家的民众意愿也有差别。实际上，欧洲人对于一体化的推进一直存在一种二元分化——国家领导人与民众常持有不同的态度。如果说前者的态度是积极推进，那么后者的态度则较为冷漠淡然。欧盟委员会的民意调查机构“欧洲晴雨表”于2006 年 10 月 10 日公布的一项调查结果显示，只有约 20% 的欧洲人知道当时的欧盟有 25 个成员国，而且仅有塞浦路斯、斯洛文尼亚和卢森堡三国的答对率超过 50% 。对此捷克前总统哈维尔曾经指出，欧洲正在分裂为一小群欧盟专家与大多数的欧盟文盲群众。可以说，民主基础的薄弱几乎是欧盟与生俱来的弊病。无疑，欧洲领导层所要推进的一体化进程，自然是希望欧洲一体化能够增强欧洲政治实力，以便在政治和经济上对抗美国以及其他新型国家带来的挑战，等等。而欧洲内部的普通民众更多地关心自身利益，比如东欧移民潮对西欧国家民众就业机会的消极影响等。① 欧洲民众对欧洲一体化的淡然或者反对，将直接地反映在欧盟领导层所进行的政治一体化举措当中。因此，尽管民众对经

① “欧洲一体化不进则退”，《21 世纪经济报道》，转引自 http：//finance1. jrj. com. cn/news/2008 - 06 - 13/000003750203. html。

济一体化的认同已经取得积极的进展，经济共同体的确立及其功能的持续发挥已经说明这一点，但“政治认同的进程却一直在进行之中”①。

这里所谈及的不论是政治认同还是经济认同，实际上都是一个欧洲层面上的欧洲认同，其核心要素在于欧洲民众将其信仰、忠诚、文化归属感从民族国家层面转移到欧洲一体化组织层面。尽管欧洲一体化已经取得不俗的成就，但总体来看，欧洲民众对欧洲联合的认同程度远低于对自身所归属的民族国家的认同。由于历史、文化和语言方面的隔阂，欧盟尚未形成一个同质的、均质的公民基础。目前，欧洲公民的归属感远远落后于国家公民的归属感。只有逾半数的人同时认同其本国国籍和欧盟公民的身份，另外接近半数的人只认同其本国国籍。2002 年，欧盟曾对当时 15 个成员国做过一次民意调查，调查数据并不令人乐观。尽管在欧盟当时 15 国中有 62% 的公民对作为“欧洲人”感到自豪，但各国之间的差别很大。法国感到自豪的公民有 61%，相当于欧盟范围内的平均水平；德国仅仅占到 51%；英国则只有 44%。值得注意的是，对于作为“欧洲人”不自豪的公民，英国也有 44% 的比例，而这种情况与英国政府对欧洲联合的若即若离的态度是比较吻合的。相比较而言，欧盟其他成员国的公民对作为“欧洲人”的认同度都比较高。另一项调查是关于欧洲公民针对欧盟成员国态度的数据调查。在这一调查中，德国的支持率最高，为 52%；一向赞同欧洲联合的法国只有 47%，而英国只有 32%。相反，在中小国家中，多数国家公民的支持率都比较高，最高的卢森堡达到 81%，其次是爱尔兰，占到 78%。② 从数据的比较可以

① 姚勤华：《欧洲联盟集体身份的建构（1951—1995）》，上海社会科学院出版社 2003 年版，第 244 页。

② 李少军：“一体化进程与‘大欧洲’的对外战略”，载李慎明、王逸舟主编《2005：全球政治与安全报告》，社会科学文献出版社 2005 年版。

看出，中小国家的欧洲联合观念有更为深厚的民众基础，而三大国的欧洲联合观则在更大程度上体现为基于政府的利益选择。但关键的问题是，在对欧洲联合影响程度最大的三个核心成员国家中，支持率大多在50%左右徘徊，甚至更低。这些数据意味着成员国政府对欧洲共同外交政策的态度可能随着国内公民支持率的变化而变化。

欧洲民众对欧洲认同的程度取决于多种因素，但其中最核心的因素依然在于他们对国家利益的认知，加入欧洲一体化对自己的国家究竟能够提升其国际地位还是有所贬损，直接影响到他们对欧洲认同的支持。在这方面，英国民众对待欧洲一体化的态度表现得最为鲜明。在大多数英国人看来，欧洲化被视为必然对英国自身国家主权和不列颠民族形成威胁的一种趋势，这样，“欧洲的英国”这一定位，显然就很容易被英国民众与国力衰落、失败等印象联系起来。① 仅有一小部分英国人认为，他们在形象上与欧洲紧密相连，而相比之下，绝大多数人认为英国应该给世界留下这样一个印象：“英国是与北约和大西洋联系在一起的。”这表明英国人与其他国家的民众相比，有一种独特的政治情感，而这种情感恰好决定了他们与欧洲一体化及其组织机构之间的距离。② 正是这种距离感，导致英国对共同外交的支持度一直较为低迷。类似于英国的现象在德国也同样存在。自欧元面世以后，众多的欧元国家长期以来一直面临着欧元升值可能带来的经济冲击，但是这种冲击对德国来说影响更为严重，因为德国对外贸易中有50%以上是与欧洲以外的国家展开的，欧元升值必然带来德国商品出口数量的下滑。对此，德国民众表现出了较强硬的反对

① Lene Hansen and Ole Waver, *European Integration and National Identity*, *The Challenge of the Nordic States*, Routledge, New York, 2002, p. 24.

② Wallace, Helen, “At Odds With Europe”, *Political Studies*, 1997. 4, p. 688.

姿态，这与欧共体对待欧元升值的态度形成了一定反差。与之形成鲜明对比的是，荷兰、比利时等国的对外贸易有70%左右在欧共体范围内进行，因此欧元升值给这些国家的负面影响不大。欧元作为经济一体化最高的表现形式之一，在相当程度上与欧洲对外经济关系以及共同外交密切相关，一旦欧洲公民对欧元等问题表示强烈不满，必然引发对共同外交的强烈抵制。

诚然，从机构设置的角度来看，欧洲议会在一定程度上代表了欧洲公民主张并施行其政治权利的保障机制的客观存在，但欧洲议会本身并未如人所愿地将欧洲公民的政治主张传递于欧洲一体化层面，因而也未能赢得欧洲公民的充分信任。欧洲议会在建立之初仅仅是一个咨询机构。在20世纪80年代中期，欧洲议会的权力才得到大幅度地增长。虽然目前欧洲议会取得了不少权力，但其与欧盟理事会中的各国政府相比仍然是相对软弱的。尽管欧洲议会的权力不断增加，但是至今却没有一个真正意义上的“欧洲选举”。在成员国国内选举中，各个政党都一致将欧洲事务排除出议事日程，而为了国内问题进行选举斗争，而欧洲议会选举则被政党与媒体视为国内选举的再现。另外，参加欧洲议会选举的人数持续走低。很明显，国内选举与欧洲议会选举中缺乏欧洲元素，这意味着欧洲公民对欧盟议事日程中待议事务的观点对欧盟相关政策的制定只有一定的间接影响。即便欧洲选举可行，欧盟还面临着“距离感”的问题。欧盟不同于成员国国内的政治机构，所以欧盟公民们并不了解欧盟，也不会认为这是一个民主化的政治机构，更加不会认可它。

在政治精英已经无法完全主导一体化的今天，民众“欧洲认同感”的弱化无疑将成为制约欧洲未来发展的最根本因素。欧洲一体化的公民基础情况不容乐观，已经对各项一体化事业的发展造成了巨大的拖滞作用，而冷战后欧洲政治生活中出现的新右翼势力抬头的现象，则更加对本已薄弱的欧洲认同的公民基础造成了新的打击。

欧洲是现代政党的发源地，政治派别纷纭林立。目前欧洲的极右翼政党有两个分支：一个是由顽固分子组成的形形色色的小党，例如德国的人民联盟、国家民主党、共和党，意大利的社会运动、民族联盟等。对这些组织，欧洲各国政府始终保持着高度警惕。另一个则是进入了议会或者拥有一定支持率的政党，如法国国民阵线拥有6万成员，它在1997年法国国民议会选举中获得15%的选票，分裂成两派后，在欧洲议会选举中得票率为9%；意大利北方联盟拥有包括工人、手工业者、企业家、商人等各阶层成员120万人，宣称要在北方地区建立一个叫巴达尼的独立国家。北方联盟连续三年在议会占有10%的席位，在伦巴第、威尼托、弗留利等大区则拥有20%—30%的选民支持。比利时的弗拉芒集团也是近年来引人注目的极右翼组织，1999年它拥有10%的选民支持，主张在操荷兰语的弗拉芒省实现独立，其力量呈增长势头。

传统右翼势力的影响之外，更为引人注目的是新右翼的崛起。新右翼又被称为右翼极端派，具有典型代表性的有奥地利自由党和瑞士人民党。奥地利自由党在1999年10月该国议会选举中获得26.9%的选票，成为第二大党并进入政府；瑞士的人民党在1999年10月联邦议会选举中获得23.3%的选票，成为瑞士第一大党。德国巴伐利亚基督教社会联盟领导人埃德蒙·施托伊贝尔也被认为是典型的新派右翼政治家。1999年奥地利选举后，他鼓励奥总理许塞尔与海德尔结盟，组成联合政府。丹麦人民党也是新右翼的重要组成部分。新右翼以国家、民族及平民利益为号召，具有强烈的民粹主义色彩。这些政党和历史上的法西斯主义并没有承继关系，一般也不与新法西斯主义政党勾结。新右翼是介于传统右翼和极右翼之间的政治派别，它比传统右翼更右，却在政治思想与行为模式上比极右翼更加温和。

冷战后欧洲政治经济形势的发展变化是欧洲政治新右翼势力生成崛起的重要原因。在这方面，瑞士人民党的崛起很有代表性。作为繁荣富裕、和平中立的国家，瑞士在两极世界中一直保持平衡，边境安全，政局稳定。然而，柏林墙倒塌后从东欧汹涌而来的难民潮使民众惶恐不安。此外，从1991年到1997年，瑞士经历了长期的经济衰退，失业率达到20世纪30年代的水平。这一切使民众对现存政治体制的信心严重动摇。新右翼政党就在此背景下迅速崛起。瑞士人民党在1989年以后逐步排挤了党内的温和派，政治主张急剧转变，它呼吁人民用“正直的心”、靠自己的力量重建秩序。此外，在赞成还是反对向欧洲开放，赞成还是反对加入欧盟的全国性大辩论中，人民党提出“恢复昔日幸福时光”的口号，迎合了害怕欧洲一体化或全球化损害其利益的弱势人群。1991年，该党在联邦议会选举中得票率还只有11.9%，而到了1999年就翻了一番。

西欧国家在全球化浪潮中不占上风，苏东剧变又给它们带来前所未有的冲击，而欧洲一体化进程更使众多欧洲人担心丧失民族身份特征，凡此种种，使许多人感到迷惘，充满焦虑。对全球化和一体化惶恐不安的，不仅是那些已经受到冲击和损害的“新穷人”，还有更多目前处于边缘化，并对未来缺乏安全感、充满危机感的人们。因此，从一定意义上说，新右翼的崛起是普遍存在于欧洲民众中对“不确定的未来的担心”的结果。此外，当今欧洲政坛，传统右翼正在失去自己的特性，向着新自由主义转变，他们往往对社会难题提不出有效的对策，而新右翼敢于触及各大政党所回避的社会经济问题，他们不像极右翼那样肆无忌惮、目无法纪，因此赢得了“有不满情绪的保守公民”的支持。

右翼势力的发展变化乃至在欧洲政治生活中的蔓延，是欧洲一体化以及欧洲共同外交的重要威胁因素。因为它对欧洲一体化的公民基础有着不可忽视的负面影响。新右翼政策主张的核心是反对外来移民、反对欧洲一体化、反对单一货币欧元。他们举起“国家”和“民族”的旗帜，强化反移民情绪，更甚者，奥地利右翼自由党主席海德尔把反移民视为“新爱国主义”。他们猛烈批评欧盟委员会，称其为集权机构，认为一体化将会取消各国的民族特性和文化特性，他们提出的口号是“要民族国家，不要欧洲联邦”。例如奥地利自由党的党纲甚至认为：“我们反对多种文化的交融，它会造成社会的混乱。”①

由此可以看出，增强欧洲一体化事业的公民基础，是确保欧洲共同外交健全发展的重要环节。而在欧盟看来，实施欧盟宪法则既可以在一定程度上巩固欧盟的公民基础，同时又能强化欧洲一体化的决策机制。

二 欧盟宪法及其对欧洲共同外交的预期功能

欧盟深刻地认识到，推行共同外交必须对以下两重含义给予足够的重视：第一，共同外交是关系到“一个更加紧密联盟内部”所有成员国命运的重要事业，与每个民族国家利益都密切相关；第二，欧洲联盟本身作为一个共同的联合体，应该在全球范围内为欧洲追求更多的共同利益，并实现安全而有效的欧洲利益。② 简而言之，欧洲共同外交应该同时服务于欧洲成员国的个体利益与整个欧洲（包括欧洲联盟等一体化组织与欧盟成员国）的整体利益，这是一个客观的历史要求，也是历史所赋予欧洲共

---

① 此处有关欧洲新右翼政治势力的论述，参考借鉴了《人民日报》以及人民网在2000—2002年之间的系列文章，例如，“欧洲新右翼抬头”，《人民日报》2000年8月24日第7版；“欧洲之右”，http://www.people.com.cn/GB/guoji/24/20020520/732334.html。

② Elfriede Reglesberger, de Schoutheete de Tervarent, Wolfgang Wessels, *Foreign policy of European Union*, *from EPC to CFSP and beyond*, Lynne Rienne Publishers, London, 1997, p. 1.

同外交的特殊使命。为完成这一使命，欧洲联盟成员国对欧洲共同外交设定了较高的目标定位。比如，为欧盟共同外交与安全政策设定了基本目标的《欧洲联盟条约》第十条第一款（Article J·1）提到，应号召联盟与各成员国来维护共同价值、基本利益以及联盟的独立。共同外交与安全政策应该尽力加强联盟及其成员国的安全，维护和平，增强国际安全，促进国际合作，发展并巩固民主、法制，保证对人权与基本自由的尊重。简而言之，欧洲需要创造并提升一种欧洲特有的政治文化，并努力将有关的价值观念拓展到欧洲所到达的领域。

如何倡导并实现欧洲共同的政治文化，欧洲的政治精英与思想家提出了多种方案，而这些方案都谈及一个共同点——制定欧洲的宪法。哈贝马斯建议，在欧洲相应的政治文化形成之前就制定一部欧洲宪法，通过欧洲宪法创造的政治建制，对共同的政治文化的形成起到诱导的效果。他甚至相信："一部欧洲宪法不仅可以明确潜在的权力转移，而且也将推动新的权力格局的形成。"[①] 众多欧洲政治领导人的政见也与哈贝马斯的观点不谋而合，他们认定应该以创造欧洲宪法的方式来拉近欧洲一体化与欧洲公民的距离，并通过强调集体认同等方式，促成欧洲共同政治文化的实现与拓展。从另外一个角度来看，在如何处理统一的欧洲与外部世界关系方面，欧洲也试图以欧洲宪法来树立欧洲共同外交的人格形象，通过手段与符号的整合，促使其更好地完成其历史使命。尽管在如何建立欧洲共同外交方面存在一定的分歧，但各国政府首脑依旧对建立欧洲联盟宪法的必要性给予了积极的支持。德国前总理施罗德与法国总统希拉克不断为欧洲联盟宪法的诞生而鼓与呼，即使是保守程度极高的英国，也对实施欧盟宪

① 转引自童世骏、曹卫东主编《老欧洲，新欧洲："9·11"以来欧洲复兴思潮对美英单边主义的批判》，华东师范大学出版社2004年版，第4页。

法的必要性深表赞同。例如，英国前首相约翰·梅杰指出："这是为实现共同外交而采取的必要行动，对欧洲来说是一个意义非凡的新起点，我们对此应该信心百倍。"

当然，冷战后国际环境的变迁，也对欧盟创造宪法、整合政治影响力提出了新的要求，这些方面主要体现为：首先，欧盟成员的持续扩大，使得欧盟机构的运转难度也持续上升，如果机构本身不加以改革，则可能面临指导不力、从而使欧盟运转瘫痪的危险。为了促进欧洲政治一体化的发展，客观上要求欧盟有一部高屋建瓴的指导性法规。其次，欧盟必须采取重大措施来应对日益显现的"民主赤字"。欧洲一体化进程的各项举措与意志和各成员国政府意愿不可分离，而政府意愿又在很大程度上受到国内民众的影响。尽管欧洲一体化已经成为一种不可阻挡的趋势，但各国公众对欧洲联合的认同仍然存在很大的差异，这直接导致各国对欧洲一体化的支持程度产生差异。最后，冷战后的国际社会充满各种变数，欧盟需要应对的国际压力依旧强大，欧盟需要采取重大措施来确保欧盟的国际地位和国际影响力，进而谋求承担责任、发挥领导作用的目标。

在众多欧洲领导人的推动下，2001 年，建立欧盟宪法这一重大事件提上了欧洲一体化的议事日程。推行欧盟宪法的首要目标是增强欧洲一体化事业的公民基础。为此，欧盟首脑会议在决定制宪时，强调欧盟的宪法条约需要满足三项条件：一是欧盟机构更加贴近欧盟公民；二是欧盟机构应该满足扩大后欧盟的行政需要；三是欧盟能在世界舞台上发挥更大的作用。从文本内容来看，欧盟宪法草案基本满足了上述目标。① 如果获得欧盟各成员国的批准，宪法条约将取代欧盟在过去 50 年中制定的各种条约和法律规定，成为大欧盟的新基础，欧盟宪法中的相当一部分条

① 吴云："大欧盟有了新蓝图"，《人民日报》2004 年 6 月 21 日第 3 版。

款将对共同外交产生直接或间接的影响。

第一，改革决策机制，将为大欧盟的正常高效运转奠定更牢固的基础。现有的欧盟基本决策机制成型于欧共体成立之时，当时的成员国只有6个，而现在成员国数量已从6国增加到27国。尽管在过去的近50年中欧盟决策机制几经调整，但仍未脱离当初为6国所设计的基本决策框架，一致通过原则仍旧是欧盟最主要的决策方式之一，所谓"有效多数表决机制"适用范围则依然有限。在欧盟扩大为27国之后，如果继续沿用这样的决策机制，欧盟显然会陷入瘫痪。因此，为确保大欧盟能正常运转，《欧盟宪法条约》规定，今后以"双多数"特点的有效多数表决机制成为欧盟决策的主要方式，除欧盟宪法条约有特别规定外，欧盟均以"双多数"、"有效多数表决机制"进行决策，即通过任何决定只需得到55%以上的成员国支持，且这55%的成员国成员至少应来自15个国家并代表65%以上的欧盟人口。此外，对今后欧盟委员会的人员构成，宪法条约也作出了新的规定。在2014年以前，欧盟每个成员国均可向欧盟委员会派一名委员，2014年以后，欧盟委员会委员的人数将是欧盟成员国数目的三分之二，由各欧盟成员国轮流提名。这就避免了欧盟委员会委员人数会随着欧盟成员国数目的增加而膨胀，导致在欧盟委员会内出现人浮于事、效率低下的不良状况。

第二，改变欧盟理事会的议事方式，增加欧盟理事会决策的透明度，可以使欧盟机构更加贴近欧盟公民。欧盟理事会是欧盟的主要决策机构，但长期以来采取闭门议事的决策方式，使得欧盟公众对于理事会决策的具体过程一无所知。欧盟宪法条约规定，今后欧盟理事会讨论和表决欧盟立法草案的会议必须公开，保证欧洲公民对相关决议的知情权，因此增加了欧盟决策的透明度。当然，欧盟理事会决策透明度增大，其积极效果并不仅仅体现在欧洲共同外交决策效率方面，从长远来看，它可以增加公民对欧盟决策的信任度，更能加强欧洲公民对欧盟理事会决策的认同感。

第三，设立欧洲理事会主席和欧盟外交部长，组建欧盟外交部，改变欧盟轮值主席国的轮任模式，有助于保持欧盟工作特别是外交工作的连续性。宪法条约规定，设立欧洲理事会（由欧盟各成员国国家元首和政府首脑组成）主席一职，主席由欧洲理事会以有效多数表决方式选举产生，任期为两年半，可连选连任一次。主席的主要职能是为欧盟首脑会议做准备，并主持首脑会议。《欧盟宪法条约》还规定，设立欧盟外交部长一职，欧盟外长也由欧洲理事会以有效多数表决方式选举产生，主要负责欧盟共同外交与安全政策，与此同时组建欧盟外交部，帮助欧盟外交部长完成所肩负的使命。此外，将欧盟轮值主席由一个国家担任、任期为 6 个月，改为由三个国家共同担任、任期为 18 个月。

第四，在欧盟共同外交与安全政策方面，《欧盟宪法条约》强调，欧盟的职权范围包括共同外交与安全政策涉及的各个领域，宪法条约要求成员国必须毫不动摇地根据忠诚和互助的原则支持欧盟的共同外交与安全政策，不得采取损害欧盟利益或可能损害欧盟共同外交与安全政策效力的行为。这些规定将有助于消除欧盟各成员国之间的不和谐音符，从而增强欧盟以及欧洲共同外交在世界上的整体影响力。

第五，扩大欧洲议会的权力，使欧盟机构的民主程度有所提高。这一点对于增强共同外交的公民基础最为重要。《欧盟宪法条约》拓宽了欧洲议会同欧盟理事会进行“共同决策”的领域，赋予欧洲议会一定的权力，以使其有资格在欧盟理事会提名的前提下选举欧盟委员会主席候选人。如欧盟理事会提名的欧盟委员会候选人未能获得欧洲议会多数议员的支持，则欧盟理事会需要另提名新的人选名单。当前各国参与欧洲议会的代表人数是根据各国的人口来决定的，这意味着，《欧盟宪法条约》所提出的扩大议会权力的条款，将会使每个国家的民众有更多的渠道来通过欧洲议会代表传达自己的意愿，而一旦公民意愿表达的几率增加，将在很大程度上激发起积极性，由此进一步增强包括欧洲共同外交在内的欧洲一体化事业的公民基础。

三　欧盟宪法受阻与欧洲共同外交的发展前景

2003 年 6 月 13 日，欧盟制宪筹备委员会 105 名成员经过近 16 个月的激烈讨论，终于就欧盟的第一部宪法草案达成一致。这部宪法草案既确认了欧洲一体化起步近半个世纪以来各个利益集团所取得的机制性成果，也饱含着诸多欧洲一体化支持者对欧洲一体化的持续推进与影响扩大的期望。制宪筹备委员会主席、法国前总统吉斯卡·德斯坦对此评论说，这部宪法草案是理想主义与现实主义的结合，是超出人们预期的结果。经过长期而艰苦的谈判，欧盟各国首脑于 2004 年 10 月签署了《欧盟宪法条约》，未料在 2005 年 5、6 月间，《欧盟宪法条约》被法国和荷兰的全民公决相继否决。正如美联社所评论的那样："欧盟在短时间内跌得鼻青脸肿，令人怀疑持续 50 多年的欧洲一体化进程是否已经迷失了方向。"① 而欧洲的舆论则认为："欧盟宪法变成了欧洲统一工程搁浅的沙滩。"②

法国国内的高失业率是导致人们否决《欧盟宪法条约》的最主要原因。在法国公投的情况调查中，可以很明显地看出法国人对于欧盟决策体系的怀疑和不满。欧盟众多条约的出台，逐渐加强了对成员国国家主权的限制，部分法国人因此而担心欧盟的政策将会逐渐给法国国家利益造成损害。因此，反对《欧盟宪法条约》，实质上是法国人在反对欧盟的条约框架。共同体建立之初，

① 引自新浪网报道（http：//news. sina. com. cn/w/2005 - 12 - 19/11138621346. shtml）。
② 英国《卫报》2003 年 12 月 15 日。

只有6个成员国。这些成员国的经济发展水平相当。但欧盟扩大到今天，已经拥有27个成员国，彼此之间的经济差距很大。作为主要的成员国之一，法国不愿意看到欧盟的扩大导致法国在欧盟的政治和经济地位受到削弱。而且新成员国家的廉价劳动力对法国就业形势会进一步产生负面影响。法国公民普遍担心大规模的移民浪潮将对本国的就业市场形成冲击。在吸收申请国加入欧盟的问题上，最大的争论在于土耳其入盟。有关的调查显示，法国公民当中有56%反对，有36%表示支持，有8%不愿意发表意见。① 在法国看来，土耳其是一个没有民主传统的相对贫穷的国家，在6000多万人口中，大部分人信仰穆斯林，而且只有3%的国土在欧洲，所以导致法国人对土耳其入盟的目的产生怀疑。在种种不满情绪推动之下，法国公民否决了新生的《欧盟宪法条约》。

荷兰公决于2005年6月1日举行。有63%的人参加了投票，其中投反对票的占62%。在投反对票者中，28%的人指出，他们投反对票的主要动机是针对荷兰国内的经济和社会形势；23%的人指出，他们对欧盟有较大的不满；而21%的人则是针对《欧盟宪法条约》中的某些具体内容。②

法国与荷兰的否决在欧洲引起了多米诺骨牌效应，首先是英国搁置了原定的公投计划，紧接着在计划举行公投的卢森堡、葡萄牙、丹麦、捷克等国，反对该条约的人数呈明显的上升趋势。即使是另一核心成员国德国，对宪法条约的支持率也从原来的59%降低到了42%。本来意图在于加强欧洲一体化公民基础的宪

① Raphael Franck, "Why did A Majority of French Voters Reject the European Constitution?", *European Journal of Political Economy*, Vol. 21, Issue 4, December 2005, p. 1073.

② 参见欧盟委员会调查处《172号，欧洲宪法：荷兰公决后的调查》（Flash Eurobarometer 172: The European Constitution: post – referendum survey in the Netherlands），卢森堡，欧盟委员会出版社2005年版。

法条约，却戏剧性地遭到了基层公民的强烈抵制，一切改进欧洲一体化进程的理想方案面临僵局。

经过一段时间的冷静思考和一系列的紧急磋商与周旋，欧盟首脑峰会作出了暂停各国的欧宪条约批准程序的决定，并一致同意延长欧宪条约的批准期限。欧盟轮值国当值主席卢森堡首相容克表示，《欧盟宪法条约》是欧洲所能得到的最好的宪法条约，因此没有必要给其准备替代方案，但欧盟各国要共同执行一项“D 计划”，即对话（Dialogue）与讨论（Debate）。欧盟首脑作出这一决定，给了成员国更多的回旋余地，使它们可以选择推迟批准宪法条约，进而降低了条约逼近“死亡门槛”的可能性。但是，很快又有一些欧洲国家宣布，在欧盟宪法的前景明朗之前，不会批准该部宪法，欧盟宪法危机由此全面爆发。欧盟制宪引发的严重危机表明，依靠行政力量推动“欧洲共和国”的建设已成为强弩之末，由此，推动欧洲共同外交产生重大发展的期望也随之暂时休止。

2007 年 1 月，德国接任欧盟轮值主席国后，将重启《欧盟宪法条约》谈判作为重要任务之一。在与欧盟成员国进行积极磋商并广泛听取各方意见的基础上，德国最终提出一份旨在重新启动《欧盟宪法条约》进程的“路线图”。其主要内容是用一个包含了原版本核心内容的“修正条约”来取代《 欧盟宪法条约》的原有版本，以期在 2009 年欧洲议会选举前获得各成员国的通过。当时的反对意见主要来自波兰、英国等国家。波兰坚持要用“平方根”投票机制取代“有效多数”表决制。英国则一直坚持要把欧盟公民基本权利宪章从《欧盟宪法条约》中删除。

2007 年 6 月，参加欧盟峰会的 27 国首脑在布鲁塞尔就替代《欧盟宪法条约》的新条约草案达成协议，从而结束了长达两年的欧盟制宪危机。新条约计划在 2009 年 6 月前付诸实施。根据各方最终达成的一致意见，《欧盟宪法条约》的名称不再沿用，新条约内容里也不会出现“宪法”字样。取而代之的是一部通常意义上的修正条约，以使扩大后的欧盟能够有效决策。由于遭到英国和荷兰的反对，新条约将不会规定欧盟盟旗、盟歌等可能使欧盟成为“超国家机构”的内容。在组织结构改革方面，新条约将把欧盟最高权力机构欧洲理事会由目前的成员国首脑会议机制转变为固定机构，并设立常任主席一职。欧盟各国领导人还一致同意，通过新条约设立一个名为“欧盟高级代表”的新职位，统管欧盟外交和安全事务。新的欧盟高级代表将把欧盟负责外交和安全政策的高级代表和欧盟对外关系委员的职责合并在一起，同时出任欧盟委员会副主席，并负责主持欧盟 27 国外长会议。

经过激烈的讨价还价，出席欧盟里斯本峰会的 27 国领导人终于在 2007 年 10 月 18 日晚间就取代《欧盟宪法条约》的新条约达成一致意见，并将其命名为《里斯本条约》。时任欧盟轮值主席的葡萄牙总理苏格拉底称新条约“具有历史意义”，将向世人证明欧盟“不但有能力打破僵局，而且能够迎接未来的挑战”。2007 年 12 月 13 日，欧洲联盟 27 个会员国签署《里斯本条约》，重大修改成员国管理各自国家的方式，显示欧盟在统合运动上已再度跨越重要的一步。欧洲的政治机构和相关人士对这一条约赋予了很高的期望，根据欧盟委员会的说明，《里斯本条约》将能提供欧盟必要的法律架构及工具，以面对未来挑战及响应欧盟国家人民的需求。《里斯本条约》也将使欧盟机构的决策与执行过程更为透明、快速、有效；纳入条约中的基本权利宪章也将使欧盟成员国人民享有更多的权利，诸如外交、贸易及安全等欧盟对外政策，也将变得更为协调一致。①

《里斯本条约》堪称《欧盟宪法条约》的简化版，其主要内

① 新华社新闻信息“欧盟签《里斯本条约》将设总统向联邦国家迈进”，转引自 http：//news. sohu. com/20071214/n254082592. shtml。

容为：(1) 设立常任欧盟理事会主席职位，取消目前每半年轮换一次的欧盟主席国轮替机制。主席任期两年半，可以连任。将欧盟共同外交与安全政策高级代表和欧盟委员会负责外交的委员这两个职权交叉的职务合并，统归为欧盟外交和安全政策高级代表一职，由高级代表全面负责欧盟对外政策。(2) 将更多政策领域划归到以“有效多数表决制”决策的范围，以简化决策过程。司法、内政等敏感领域的一些政策也将以“有效多数表决制”表决，成员国不再能“一票否决”。但在税收、外交和防务等事关成员国主权的领域，仍采取一致通过原则。(3) 重新调整各成员国在“有效多数表决制”下的加权票数，这一工作在2014—2017年间逐步实行。(4) 以“双重多数表决制”取代目前的“有效多数表决制”，即有关决议必须至少获得55%的成员国和65%的欧盟人口的赞同，才算通过。新表决制将在2014年开始实施，到2017年之前的3年为过渡期。(5) 从2014年起，欧盟委员会的委员人数将从27名减至18名，委员会主席的作用将加强。(6) 欧洲议会的权力将增强。此外，议会的议席数将从2007年的785位减至750位，一些国家所占议席数将根据其人口数量作出调整。(7) 成员国议会将在欧盟决策过程中发挥更大作用。例如，如果一项欧盟立法草案遭到三分之一成员国议会的反对，将返回欧盟委员会重新考虑。(8) 新条约将确认“欧盟基本权利宪章”对各成员国的法律约束力。不过，英国获得部分“豁免”，以免其国内的社会权利和劳工法等与宪章有抵触的法规被判定为非法。①

《里斯本条约》是为挽救已经被部分国家否决的《欧盟宪法条约》而提出的，其改革措施较之旧版宪法条约有了很大的进

① 有关《里斯本条约》的具体内容，参见欧盟官方网站 http：//europa. eu/lisbon_ treaty/glance/index_ en. htm。

步，同时该条约要求只有得到欧盟所有27个成员国的批准才可生效。2008年6月12日，在已有18个成员国批准的前提下，爱尔兰的全民公决否决了这一条约，使得宪法进程再次受阻。而部分欧盟新成员国的态度进一步体现了制宪进程的艰难，比如捷克总统克劳斯表示："爱尔兰否决《里斯本条约》是自由和理智战胜人为精英工程和欧洲官僚主义的胜利。"①

从欧洲一体化的机制建设角度来看，作为一部纲领性的法案，《欧盟宪法条约》及其改进版《里斯本条约》将迄今规范联盟活动的各种法令、规章系统化与法制化，肯定与巩固了一体化的成果，并且制定了一系列保证扩大后的联盟有效运转的机制改革措施。如果条约生效，欧盟成员国将更紧密地结合在一起，欧盟将呈现出某些国家的特征，并大大提升自身的国际竞争力，对共同外交发展也会起到实质性的推动作用。共同外交与安全政策的高级代表索拉纳曾对此抱有很高的期望，他说："《里斯本条约》将有助于我们采取更加协调一致、更加有效的国际行动，有助于我们动用欧盟所有的手段与资源，以增加欧盟在国际舞台的分量。"② 就目前来看，《欧盟宪法条约》以及《里斯本条约》虽然遭挫，但其所系的欧洲政治一体化进程不可逆转，因为这一体化进程给欧洲带来了巨大的政治、经济和安全利益，而这种利益的提升要求将继续推动欧洲政治一体化向前发展。

从总体来看，欧盟宪法危机充分暴露出这样一个令人思考的问题——欧洲一体化事业缺乏对冷战后新出现的国际格局的适应能力。长期以来，欧洲的政治精英们仅仅是就一体化而谈一体化，只关注到一体化进程内部的各个方面，却没有认识到为一体

① 中国新闻网："捷克总统：爱尔兰人给《里斯本条约》'死亡一击'"，2008年6月14日，参见http：//www.chinanews.com.cn/gj/oz/news/2008/06-14/1281859.shtml。

② "专访索拉纳：欧盟走向重大改革"，《人民日报》2007年12月14日第7版。

化重建合法性，以构建新的价值信念基础的重要性，因而在引导欧洲一体化发展时缺乏足够的远见卓识。正如卢森堡首相让-克洛德·容克所说："我们在民众面前把欧盟的扩大打造成为一个威胁的背景。我们警告他们这一切将耗资多少，从中东欧将有多少人越过欧洲的山山岭岭蜂拥而来，仿佛野蛮人要入侵了。人们害怕起来了。政治是不能这样搞的。"① 现实已经揭示出这样一个道理，没有坚实民众基础的一体化就没有真正的前进动力，但要赢得民众的广泛支持，必须经历一个曲折漫长的过程。面对经济全球化的巨大挑战，只有进行有效的改革才能使一体化获得生机，为此，政治精英和民众都必须有为改革作出牺牲的精神，否则一体化没有成功的希望。唯有如此，一体化才有可能得到持续而健康的发展。事实上，欧洲一体化发展到今天，已经使发生逆转的成本大大提高。因此，欧盟宪法危机恰恰说明欧盟处在历史转折关口这一问题的严肃性，无论从历史还是国际政治的现实来看，欧盟的前途均在于欧洲的统一和强大，欧洲一体化如何发展至关重要。如果不能成功实现自我调整，欧洲就没有前途，而摧毁了欧盟后的欧洲也同样没有未来。

① ［卢］让·克洛德·容克："《欧盟宪法条约》的最终结果"，载中华人民共和国驻欧盟使团网站，http：//www. chinamission. be/chn/rsom/omlsh/t286613. htm。

第七章　欧洲共同外交的功效分析

在欧洲一体化进程中，共同外交的终极目标是促进欧洲一体化的进程以及欧洲在国际社会中地位的提升。作为一体化进程的外向手段与组成部分之一，共同外交的影响面与欧洲一体化进程的涵盖内容密切吻合。可以说，欧洲利用共同外交来促进一体化事业各项工作的进展，反过来，一体化进程的所有工作领域也借用基础设定、功能设置、能力支持的方式促进并完善了共同外交的创立与发展。但是从总体上来看，作为外部交往手段的共同外交，在进入后冷战时期以来，对一体化进程的反向作用是最明显的，主要体现在共同外交不仅使得欧洲一体化进程的起因与发展过程、成就在世界上广为人知，并在一定程度上带动了世界经济区域集团化的浪潮；同时，通过推进一体化的进程以及促进欧洲整体实力增强，共同外交在某种程度上改变着当今世界格局重新组合的走向。①

第一节　欧洲共同外交对欧洲一体化的推动作用

欧洲共同外交的发展基础是早期欧洲一体化进程中各国对外

① Roy H. Ginsberg, *The European Union in International Politics*, Rowman & Littlefield Publishers, Inc., New York, 2001, p. 46.

经济关系与相关政策的逐步一体化，从另外一个角度来看，共同外交也是实现欧洲一体化扩大的途径之一。前期加入欧洲联盟/欧共体的国家在达成共识的基础上开展集团式的对外联系，与有意加入欧洲一体化进程的非成员国进行磋商谈判，本身就是一种共同外交行为。从 1973 年开始，欧洲陆续有英国、丹麦、爱尔兰等若干国家加入欧洲联盟，目前欧盟已经拥有 27 个成员国，而每次成功加入之前的多边谈判与协商，都包含了纷繁复杂的外交活动。此外，共同外交的结构形成与功能完善的过程对欧洲一体化也有重大的促进作用，比如共同经济外交所面对的国际经济竞争压力，迫使欧洲国家把更多的经济事务主权让渡于一体化的组织机构中；又如冷战时期，为了应对美、苏对峙的国际格局给整个欧洲带来的安全压力，欧洲开始在独立防务领域的合作探索，这使得欧洲一体化的步伐逐渐转向欧洲国家最为关切的核心问题领域，成为欧洲一体化的关键步骤。本小节着眼于共同外交对欧洲一体化影响中的国家联合层面，也就是着重分析共同外交怎样推动众多欧洲国家加入到一体化进程中的相关问题。

一　欧洲共同外交与大国参与欧洲一体化——以英国为例

出于制止战争和建立统一的欧洲安全与保障的构想，扩大一直是欧洲一体化理念的重要组成部分，因此，欧洲一体化的重要步骤之一，是吸引更多的欧洲国家加入到一体化进程中来。简要而言，成员国的数量越多，凝聚力越强，欧洲一体化的成效就越明显，欧洲也就拥有越强大的国际地位和国际影响力。欧洲一体化过程中所采取的共同外交与不断增强的经济一体化成就，吸引了更多的欧洲国家加入到一体化进程中来，为欧洲一体化的持续发展起到了积极的推动作用。在这方面，英国与欧洲一体化之间的关系具有相当的代表性，它反映了欧盟成员国从游离到靠近、从反对到参与的复杂心态与行为过程。而共同外交在推动英国对欧洲一体化的思维转变、拉近英国与欧洲一体化之间的距离方面，具有相当的积极意义。第二次世界大战结束之后，英国对待欧洲一体化的态度是“支持但并不参与”，试图通过充当欧美关系的协调人来保证自己的特殊国际地位。在当时的英国人看来，英国仍然是一个利益遍布全球的拥有世界地位的国家，加入欧洲联合体这样的地区性组织，是与它在世界上所处的地位极不相称的。[①] 但欧洲一体化的进展以及经济领域内共同外交的逐步实现，在提高法、德等欧共体国家地位的同时，也压缩了英国的国际空间；一体化进程所带来的欧洲经济实力的增长以及共同外交所推动的欧洲国际地位的提高，使得英国在美国对欧战略中的地位以及获益不断下降。“英国在特意强调国家主权、描绘大国辉煌梦想的同时，却又惊讶地发现，它对美国的依赖所产生的收益，远远小于其他欧洲国家从经济共同体中所获得的收益。”[②] 收益的差距迫使英国意识到，单一对美依赖而孤立于欧洲之外，是一种战略考虑的失误，美国与欧洲关系的发展趋势以及利益分配对比格局出现了不可逆转的变化趋势，这种欧美国际体系的宏观转变迫使英国拉近了与欧洲的距离，并最终成为欧洲一体化的参与者。从英国对欧洲态度的转变，可以看出一体化的欧洲特别是一体化的欧洲外交所产生的巨大影响。欧洲共同外交对英国—欧洲关系的影响，充分说明了共同外交对欧洲大国所产生的吸引力，在一定程度上，它堪称连接欧洲整体发展趋势与欧洲国家之纽带的标志。此外，在由共同外交吸引而加入欧洲一体化进程的国家当中，英国的国际影响力最大，地位最高；且在加入一体化之前，英国的外交独立性也最为明显。共同外交能够将英国纳入一体化进程中，足见其对欧洲国家的吸引力度之大。

---

① 计秋枫、冯梁：《英国文化与外交》，世界知识出版社2002年版，第453页。

② Brian White, *Understanding European Foreign Policy*, Palgrave Ltd., 2001, p. 121.

（一）共同经济外交对英国加入欧共体的影响

英国在战后不愿意加入欧洲经济一体化的原因是多方面的，英国坚信通过自己的实力可以从容应对来自法、德等六国的经济挑战；英国认为英联邦体系已经足够使自身经济保持优势；英美特殊关系能够使英国拥有绝对的国际优势，因此不必参与欧洲一体化。但是，欧共体不断壮大的经济成就及其对外经济关系逐一击破了英国自信的观念。

首先，六国的经济联合优势使得英国的对抗措施相形见绌，并对其形成了强大的吸引力。英国拒绝参加欧洲煤钢共同体和欧洲经济共同体筹建，但在欧洲经济共同体成立前夕，英国已经预感到自己的政治、经济利益将受到极大的损害，于是提出了一个西欧大自由贸易区的计划，企图把欧洲经济共同体融入大自由贸易区中来。这一计划失败后，它又联合了瑞典、瑞士等国组建了欧洲自由贸易联盟，其目的在于通过扩大对该自由贸易联盟范围内各国的出口和投资，以弥补英国在六国市场上的损失；同时利用小自由贸易区作为手段，迫使六国与英谈判，以解决英国同欧洲经济共同体的关系。但是欧洲自由贸易联盟的国家经济联系状态远不如经济共同体。从集团内部到集团之间的经济贸易关系来看，6 国内部相互之间贸易占到了对外贸易的三分之一，而 7 国只占到了六分之一强。相反，7 国对 6 国的贸易依赖较大，占其出口总值的 24%，大于它们相互贸易的 19%。1960 年英国对小自由贸易区的出口仅仅占到其出口总额的 11.9%，而对共同市场的出口占其出口总额的 15.4%。共同市场条例部分实施后，英国每年蒙受 5 亿美元的损失。两方面的巨大落差，迫使英国迅速地转变了对待欧洲经济一体化的观念。欧洲自由贸易联盟正式成立于 1960 年 5 月，英国第一次申请加入欧洲经济共同体是在 1961 年 8 月，在此期间，时间仅隔 1 年零 3 个月。可见，从拒绝参加欧洲经济共同体并自己组建欧洲自由贸易联盟与之匹敌，到自己主动提出申请加入，英国对共同体立场的态度发生了180度的大转弯。

其次，经济共同体在吸引英国加入的同时，还间接地迫使英国放弃了原有的特殊国际联系。一方面，英国为适应经济共同体的要求，被迫淡化了英美特殊关系。与共同体六国的经济联系更加紧密后，英国不能再如同以前那样保持欧洲一体化进程的局外观察者地位，在必要的时候，英国需要和欧洲其他国家一起，与美国讨价还价，甚至针锋相对。英国政府最终痛苦地感受到，虽然英美特殊关系未能给英国带来好处，但一旦成为共同体的一员，所获收益将大大地超越了这种好处，权衡两者轻重，英国认识到这个特殊关系拖住了英国加入欧洲经济快速发展的脚步。在这种情况下，英国为了自身利益不能听任自己陷于孤立。当时的首相希思明确表示，英国必须同欧洲其他国家一起制定欧洲共同政策。1971年12月，英国政府在同美国总统尼克松的会谈中，明确表示美英两国之间的特殊关系已经消亡，会后在联合声明中也只提到了美英两国的“自然关系”。这说明英国政府曾下决心放弃坚持20多年的英美特殊关系，决心改弦更张，向经济共同体靠拢。另一方面，经济共同体的门槛还迫使英国放弃了英联邦的特殊联系。欧洲经济共同体方面认为英国要加入欧洲经济共同体，就必须完全接受《罗马条约》，不能再同英联邦继续保持“帝国特惠制”。否则，如果英国把英联邦特惠制度带进欧洲经济共同体中来，那就可能形成共同体内的集团，使得英国处于特殊地位，因此法国等国必须防止在采取共同农业政策前面临来自英联邦的农产品竞争压力。从1970年开始，历时一年，英国与英联邦国家达成一致意见，作出了安排，从实际情况来看，英国基本上放弃了英联邦的“帝国特惠制”。

英国加入欧洲经济共同体这一事件，充分体现出经济一体化所具有的强大吸引力，尤其是对外经济关系的一体化所推动的贸易、生产能力的增长，已经远远超过了原有经济模式的经济增长潜力。为了保证拥有欧洲市场，并借用欧洲共同经济外交的实力来拓展海外市场，英国放弃了意欲与欧洲经济共同体一争高低的雄心壮志，选择了有限的合作态度。

（二）共同外交对英国介入欧洲一体化进程的影响

自从 20 世纪 70 年代以后，欧洲事务介入英国国内决策领域的程度越来越强，英国的本国事务已经与欧洲的命运紧密地联系在一起。但是，由于法德两国的强力推动，欧洲一体化在英国加入之前已经具备了相当的规模，取得了令人瞩目的成就。也就是说，在英国加入之前，法德两国在欧洲一体化的起步阶段已经奠定了主导优势，由此而产生或延伸的共同外交，也已经形成了相对稳定的以法德为核心的结构状态。英国是一个迟到的欧共体成员，它加入欧共体时只能接受既成事实，对于共同体基本结构的创立，已经不能施加多少影响了。① 但从另一方面来看，基本结构建立之后，欧洲还面临着一系列的发展问题，如果英国适时加入，则可以参与此后的对欧洲主导权的竞争，而继续选择不合作的态度，只能使英国遭受更大的损失。在这种情势下，英国只有更多地介入欧洲事务，才能保证自己的欧洲地位与利益。

20 世纪 70 年代以后，欧洲一体化的巨大经济成就推动欧洲的共同外交立场进一步迈向独立，在此影响下，英国在经济、安全等领域已经与欧洲紧密联系在一起，不得不采取与其他国家相同的立场应对一系列国际危机状态。比如，在 1973 年的石油危机以及后来美苏关于核安全的谈判中，英国与欧洲的共同立场保持一致。欧洲国家在 1982 年的英阿马岛之战中给予英国的支持，在一定程度上也增强了英国对欧洲的信任感与归属感。总体看来，尽管英国对欧洲的一体化态度远不如法德两国积极，但欧洲所开展的规模浩大的一体化进程，共同外交不断取得的新成就，

① 爱德华·希思：《旧世界新前景》，商务印书馆 1973 年版，第 27 页，转引自陈乐民主编《战后英国外交史》，世界知识出版社 1994 年版，第 172 页。

已经不可避免地影响到了英国的外交环境，甚至对英国自身的外交体系发挥了深刻的塑造作用。从战后的发展趋势来看，英国加入并追随欧洲共同外交，是一个必然的选择。

欧洲共同外交的发展，带动了整体欧洲外交影响力的提升，同时也在一定程度上挤占了英国在美国国际战略中的地位。冷战后，东西方对峙的地缘分界线已经大为模糊，西方世界的影响力迅速扩展，英国面对的是日趋一体化的欧洲和合作与竞争并存的美俄关系，它可以施展外交才能的余地意外地缩小了。虽然美国在一些极端行动和选择中往往需要英国的支持，但为了维持美国在欧洲的实力，也为了解决诸多全球性的问题，美国更需要与欧洲核心成员国家进行协调，在许多问题上将越来越多地与法国和德国等其他欧洲国家展开协商。[①] 例如，布热津斯基指出："由于英国在欧洲统一问题上立场比较模糊，并同美国保持着一种日益淡化的关系，英国在欧洲前途有关重要选择方面越来越成为一个局外人。"[②] 此外，共同外交的经济成就也迫使英国更多地思考它与欧洲的关系。英国的经济增长与繁荣离开欧盟是难以实现的，英国与欧盟之间的相互投资规模已经与英美投资规模并驾齐驱，这使得英国更加无法脱离欧洲一体化进程，只能更大程度地加入欧洲联合的事业，并在共同外交中与欧洲国家保持一致。

需要指出的是，由于固有的历史优越心态和求强好胜的民族国家本性，英国外交并不会一味地顺应"欧洲化"的趋势。作为一个曾经称雄世界的西方强国，英国不可避免地会对共同外交采取警惕甚至反对的态度，尤其在事关冷战后国际格局转变的国际事务中，英国会强调其独特的大国地位，确保自身的国际利益，

---

① 唐永胜："回归欧洲与充当'国际角色'——21 世纪初英国外交基本取向分析"，《欧洲研究》2003 年第 5 期。

② Zbigniew Brzezinski, *The Grand Chessboard: American Primacy and Its Geostrategic Imperatives*, Basic Books, 1997, p. 42.

进而脱离于欧洲共同外交之外。英国长期采取疏远欧洲的政策，在众多英国国内的亲欧人士看来不仅是错误的，更是难以理解的。对于英国的行为，这些亲欧人士指出："英国因为没有参加1957年《罗马条约》的签署，又没有在80年代充分地参与共同体事务，已经失去了对共同体发展施加影响的良好机会。而且英国正继续并加重过去的错误。"① 在布莱尔工党政府领导下的英国同样保持着对欧洲的疏远距离。布莱尔执政期间，英国对欧洲一体化的参与程度主要是从经济和商业的利益去考虑，把欧洲联盟仅仅看成了一个自由贸易区，而不是像法国和德国那样希望欧洲变成一个政治共同体和安全共同体，更罔论对共同外交的全力参与了。② 21世纪之初伊拉克战争中的英国外交也可以充分体现这样一个事实，英美特殊关系并未消失殆尽，它的惯性仍将使英国的外交思维间或超越于欧洲共同外交之上，但这种惯性不足以消除欧洲共同外交对英国的巨大吸引力，更无法阻止英国进一步加入欧洲一体化的步伐，也不能将其看作是英国完全背离欧洲共同外交的证据。可以说，英国与欧洲共同外交之间，不是简单的是否相容的问题，而是怎样磨合与磨合期限长短的问题。

二 欧洲共同外交与中小国家加入欧洲一体化

与英国相比，陆续加入欧洲一体化进程的中小国家存在一个明显的共同点，即均为共同外交所展示的经济实力与发展前景所吸引；而不同点是，英国主要是想通过共同外交来保持自己的国际影响与对欧洲事务的主导权，而中小国家则是要通过共同外交来增加自己的国

① Louise Richardon, "British State Strategies after the Cold War", in Robert O. Keohane, Joseph S. Nye, Stanley Hoffman (eds) *After the Cold War: International Institutions and State Strategies in Europe, 1989—1991*, Cambridge: Harvard University Press, 1993, p. 166.

② 金安：《欧洲一体化的政治分析》，学林出版社2004年版，第161页。

际影响，并进而获得原本不存在的主导欧洲事务的可能性。

由于资源与国家影响力的有限程度，小国原来一般是关注与自身有直接利害关系的外交事务，但是入盟后，共同外交与安全政策的政策安排，将使得它们的外交触角得以延伸，以达到更为高远的外交边界。因此，葡萄牙和希腊得以开始关注欧盟北部的边界问题，而爱尔兰和芬兰也得以参与欧盟地中海政策的制定。正如前爱尔兰大使戴克澜在接受中国记者采访时对这一受益的表述那样，中小国家加入欧洲一体化，在各个方面都有更大的发展空间。戴克澜说："欧盟对我们的发展是非常重要的，加入欧盟前，我们的经济相对不太发达，近几年来我们经济快速发展的一个原因就是加入了欧盟。爱尔兰加入欧盟之后，得到了巨大的市场和国际发展平台，欧盟分别在农业、工业和政治上制定了对成员国的发展政策。在这些政策的制定和实施过程中，爱尔兰起了很活跃的作用。在 2004 年上半年，爱尔兰成功地担任欧盟轮值主席国。由此可以看出，小国家也可以指导世界的大事务。"①

总体来看，中小国较大国而言，更需要借助共同外交这样的平台在欧洲乃至世界上发挥更为广泛和重要的作用。同时它们又非常谨慎地防范这一机制受制于英、法、德等大国，力求使共同外交向着有利于自身的方向发展，这是欧盟中小国的普遍心态。②虽然共同外交对中小国家普遍存在吸引力，但该吸引力在不同国家面前还各有特殊的意义。比如，希腊、葡萄牙、爱尔兰等与法、德等欧洲一体化成员国同属西方阵营，对它们而言，共同外交只是吸引速度与吸引时间的问题，而对于捷克、波兰等原本属于东方阵营的国家来说，则是吸引力能否跨越思想意识形态与社

① http：//world. people. com. cn/GB/14549/3158998. html.

② 龚子方、刘文秀："欧盟东扩对共同外交与安全政策的负面影响"，载《领导科学》2005 年第 14 期。

会体制等政治屏障的问题。因此，用中东欧国家加入欧洲一体化进程的案例来说明共同外交的巨大吸引力，具有更强的说服力。

对中东欧国家而言，共同外交的作用既有静态的示范吸引成分，也有动态的推动吸引成分。在冷战时期，尤其是 20 世纪 70—80 年代，中东欧国家充分意识到了身处冷战前沿、与西欧隔绝所带来的消极影响。当时，美、苏两个超级大国都企图通过扩大各自经济集团的贸易力量获得最大的经济利益，并在经济利益最大化的基础上保持国家利益的增长，最终实现独霸世界的国际政治目标。由于美、苏两个超级大国的博弈最终是一种“零和”博弈，胜利者只有一个，因此，通过东西方贸易关系达到协调和控制东西方国家利益关系的最有效方法就是通过贸易搞跨对方的经济，然后从军事和政治上消灭对方。① 中东欧国家与苏联的经济联系实际上大多只是在为扩大苏联的经济力量而服务，而在保持苏联霸权框架之下与之结盟所带来的收益，不一定能够抵消它们所付出的代价。与中东欧国家和苏联结盟的不平等实质相比，西欧国家之间的经济一体化所带给各成员国的巨大收益，则显得意义非凡。在中东欧国家看来，西欧经济一体化是一种平等的合作，它所开展的经济合作代表着经济力量的生长繁衍，对所有成员国均有益处。西欧国家经济一体化对于中东欧国家的另一层意义在于，联合后增强的西欧经济实力与影响力对中东欧国家的国家战略选择形成了推动作用。尽管在建设统一市场的过程中，欧洲国家一再强调不会形成欧洲“堡垒”，但中东欧国家明显地体会到了自己处于统一市场外部而又直接面临欧共体竞争的压力。中东欧国家无力组建自身的区域性集团与之对抗，相反，这些国家唯一的选择就是尽快融入一体化进程，分享统一市场带来的经济效益。② 而在西欧国家方面，它

① 柳剑平：《当代国际经济关系政治化问题研究》，人民出版社 2002 年版，第 181—182 页。

② 王鹤：《欧洲一体化对外部世界的影响》，对外经济贸易大学出版社 1999 年版，第 7 页。

们为吸引中东欧国家加入一体化过程，通过对外经济政策作出了许多积极主动的努力。可以说，在欧洲经济一体化对中东欧国家产生示范吸引之后，共同外交又以缔结经济协定、开展经济支援等实际行动，加快了吸引中东欧国家加入欧洲一体化进程的速度。[①] 最早在1988年，在欧洲一体化进程中欧共体就与中东欧国家签订了相关的贸易经济协定。当时的欧共体与走在东欧国家经济改革前列的波兰和匈牙利分别签订了《贸易和经济合作协定》，互相提供最惠国待遇。1989年7月，为了促进波兰和匈牙利经济进一步市场化，欧共体提出了"波匈经济重组援助计划"。在经济合作领域，欧共体出台了一系列的具体措施，促使中东欧国家从计划经济向市场经济转轨。第一步是欧共体与中东欧国家就贸易和经济合作建立关系。从1988年9月到1991年3月间，欧共体同所有的中东欧国家分别签订了双边贸易和经济合作协定。这些协定意味着欧共体不再认为中东欧国家是中央计划经济型国家。同时，为了促进市场化转轨，欧共体还给予波兰、匈牙利和捷克斯洛伐克普惠制待遇。第二步是1992年8月，欧共体决定把"波匈经济重组援助计划"扩大到包括捷克斯洛伐克、保加利亚、罗马尼亚、波罗的海三国、阿尔巴尼亚和斯洛文尼亚。该计划主要用于两个方面：（1）促进中东欧国家企业重组，缓解相关经济发展项目的资金不足问题，并提供相应的可行性研究、技术咨询、人员培训，以推动企业私有化进程；（2）提供紧急援助，当受援国因为食品匮乏、工业生产设备或原料匮乏导致经济运行困难之时，欧共体在该计划的框架内制定短期转向援助计划，以帮助转轨过程中的中东欧国家应对此类临时困难。第三步是在1991年12月到1995年6月间，欧共体与波兰、匈牙利、捷克斯洛伐

---

① Alan Mayhew, *Recreating Europe*, *The European Union's Policy towards Central and Eastern Europe*, Cambridge University Press, 1998, p. 163.

克、保加利亚、罗马尼亚和斯洛文尼亚先后签订了联系国协定。欧共体与中东欧国家签订的协定总称为欧洲协定。该协定分为两类：一类为联系国协定，对象国包括波兰、匈牙利、捷克斯洛伐克、保加利亚、罗马尼亚、斯洛文尼亚；另一类为贸易与合作协定，包括阿尔巴尼亚、立陶宛、拉脱维亚和爱沙尼亚，这些国家都接受“法尔计划”（PHARE Programme）的援助，其中波兰、匈牙利与欧共体的关系始终走在前列。[①] 特别要指出的是，在欧盟看来，“法尔计划”的主要目的在于强调与边界地区建立永久性关系，赞助跨国文化交流项目，如组织青年、艺术、民间交流活动，发展旅游业，并为此增拨经费，帮助他们做好加入欧盟的准备。

欧洲协定包括政治对话、自由贸易和自由流动、经济合作、财政合作以及文化合作等若干方面的内容，其主要目的在于使推动相关国家充分参与一体化的各类条件有所增强。此外，哥本哈根会议还规定了中东欧国家参与欧洲一体化进程的政治标准和经济标准。其中，政治标准内容包括，有稳定的机构可保障民主、法制社会、尊重人权和保障少数民族的权益；经济标准内容包括有可运作的市场经济并具有在联盟内承受竞争压力和市场强度的能力，有能力履行成员义务，包括坚持政治、经济和货币联盟的目标。欧洲协定的贸易条款部分从1992年3月开始实施，按照相关规定，欧盟与中东欧国家于1992年到2002年的10年内分两个阶段实现商品、劳务和资本自由流动，最终在欧盟与中东欧国家之间建立一个自由贸易区。[②] 2004年10个中东欧国家成功地加入欧盟，2007年1月1日，罗马尼亚与保加利亚加入欧盟，欧洲一体化的成员国达到了27个，这反映了欧洲经济外交

---

① Alan Mayhew, *Recreating Europe*, *The European Union's Policy towards Central and Eastern Europe*, Cambridge University Press, 1998, p. 138.

② 周建平：《欧洲一体化政治经济学》，复旦大学出版社2002年版，第474—479页。

手段的适应性和明显效果。同时，这更意味着，欧洲共同外交在推动中小国家加入欧洲一体化方面起到了积极的推动作用。此外必须指出的是，在对中东欧国家关系中，欧洲采取了“经济贸易+援助关系”的外交模式，并通过共同外交与安全政策在交往过程中施加影响，灌输改革理念，最终将中东欧国家纳入到了欧洲一体化进程之中。这说明欧洲共同外交已经确立了成功的外交模式，而其成功之处在于多种手段方式并用，尤其在成员国家支柱的推动下，融合经济外交支柱与政策安排支柱的功能，实现了外交效果的最大化。

第二节 欧洲共同外交对国际关系的影响

欧洲是世界上民族国家间国际关系体系的诞生地，基于历史上传承的强势地位与其在当今世界上所占的重要位置，欧洲各国之间的行为方式在很大程度上影响着世界形势发展。其中，伴随着欧洲一体化进程，欧洲共同外交不仅吸引着世界的注意力，同时也对国际关系的发展产生推动与塑造作用。

一 欧洲共同外交对世界区域集团化的影响

区域集团化是第二次世界大战后的一种世界经济现象，其特征在于有关国家通过签署条约、协议或者其他的特殊安排实现了经济上甚至是政治、司法制度方面的融合，而经济的融合在其中起主导作用。具体而言，经济一体化建立了商品和服务的共同市场，区域内各国通过咨询中心与网络，可以交换基础数据，能够合理利用资源，提高各国的生产力，使它们在国际市场上具有更强大的竞争力。① 欧洲一体化是世界经济区域集团化的先锋与卓越代表，这种

① 杨逢珉：《“洛美协定”下的欧盟与非加太国家关系》，上海人民出版社2006年版，第100页。

最高级别的一体化成就通过欧洲共同外交的国际交往方式，促使区域集团化大范围地在国际社会内发生发展。

欧共体/欧洲联盟是世界上区域性国际经济一体化组织中制度化和组织化程度最为完善的。这种机制的特色在于，二元化的组织结构能够较好地处理并尊重成员国的国家主权，同时也能够要求成员国逐步向共同体转让主权；既保持成员国的个性，同时也要强调欧洲的共性；既要以国家为基础进行经济调节，同时也要打破壁垒实现生产要素的完全自由流动，实现经济领域的一体化。这种内部机制保障了一体化的成功实行，而更重要的是，欧洲一体化的各种成功机制可以通过共同外交在世界范围内起到广大的示范效应，使相关国家认识到一体化所带来的好处，更面临着欧洲一体化所形成的巨大挑战。面对欧洲经济一体化的持续进展，欧洲以外的国家，无论是美、日等发达国家，还是发展中国家，都只有两种战略选择：一是尽一切可能打入统一市场分享其经济利益，另一种则是组建自身的区域性组织以获得经济一体化的效益。①

20 世纪 50 年代中期，欧洲经济一体化开始迈出实践步伐，显示出欧洲的整体国际影响。尤其是欧共体在由欧洲煤钢共同体发展为欧洲经济共同体的过程中取得的经济外交的成功，迅速地在拉丁美洲产生了模仿效应。1958 年，中美洲各国签署了《中美洲自由贸易和经济一体化多边条约》和《中美洲工业一体化协定》。1959 年，拉丁美洲经济委员会正式提出“拉丁美洲需要一个共同市场”的主张，强调指出，大多数拉美国家市场狭小，通过本地区内部订立自由贸易和共同市场协定来扩大内部贸易就可以增强拉丁美洲工业化的动力，有利于拉美国家民族经济的增长

① 王鹤：《欧洲一体化对外部世界的影响》，对外经济贸易大学出版社 1999 年版，第 7 页。

与发展，因此必须建立区域性经济一体化组织。1956年，成立了发展中国家最早的两个区域性经济合作组织：中美洲共同市场和拉丁美洲自由贸易协会。此后，发展中国家形形色色的区域和次区域经济一体化组织纷纷建立，这可以算是地区经济一体化的浪潮从发达国家开始向发展中国家扩散的范例。

欧洲经济联合以及共同经济外交成就对世界其他地区发达国家组建一体化发展模式也有积极的推动作用，在此方面，一个非常具有说服力的具体例子是，欧共体对于北美自由贸易区的间接推动作用。欧洲经济共同体一体化的进程不断加深，欧洲共同外交的成就不断扩大，对美国所形成的经济和政治压力越来越大。为了稳定国外市场份额，进一步提高经济实力，巩固其世界霸主地位，以美国为主的北美自由贸易区应势而生。1994年1月1日正式生效的《北美自由贸易协定》谈判时间比原计划最少提前两个月达成协议，如此高的效率不难使人看出美、加、墨三国联手对抗欧共体的迫切心情。

欧洲一体化带动了世界范围内区域集团化的发展，而作为这一世界发展趋势的必然结果，正在或者业已参与区域集团化过程中的国家和地区，也开始采用“共同外交”的某些模式来开展与欧盟及其成员国家的政治、经济合作，由此“地区对地区”的国际交往形式逐渐出现在更多国家和地区的外交领域中。在积极推动亚欧合作与亚欧会议的过程中，亚洲国家借鉴欧洲共同外交模式的色彩愈加明显。虽然亚欧会议是一个以对话为主的合作机制，没有太多的实质性合作内容，但从实际情况来看，这一合作模式也产生了一些“实质性”的后果。亚欧之间关于维持多边国际秩序的长期交流也带来了成员之间政策立场的趋同。这些趋同主要表现在具体贸易、投资政策以及政治立场当中。

二　欧洲共同外交对国际行为模式的影响

欧盟成员国家是欧洲共同外交的战略力量与资源的基本构成要素。参与欧洲一体化的国家，无论是从国土面积还是从人口来讲，都属于中小国家。面积最大的法国有陆地面积 54.4 万平方公里，相当于美国的 5.8%，人口最多的德国在 2003 年共有 8250 万人，相当于美国的 28.5%。然而，通过走一体化的道路，欧洲国家在联合中不断增大了自己的战略空间和人口规模。欧共体 6 国时，国土总面积为 127 万平方公里，当欧共体变为 15 国后，总面积为 315.6 万平方公里；2004 年欧盟扩大为 25 国后，国土总面积达到了 389 万平方公里，人口突破了 4.5 亿。2007 年罗马尼亚和保加利亚入盟后，成员国数量增加至 27 个，欧洲则形成一个拥有 500 多万平方公里陆地国土和 5 亿人口的大联合体。[①] 如此庞大的人口规模和领土面积，在世界范围内也名列前茅。欧盟这种巨大的战略力量与资源，构成了欧洲共同外交及其影响力的强大实力基础。

更为重要的是，欧洲国家认识到，欧洲的未来取决于自身决定以怎样的方式向前发展，欧洲良好国际环境的创造必须要通过营造有利于欧洲和平与发展的外交模式来实现，而继续信赖以武力为基础的国际体系并仰仗主权和单一民族国家的国家利益，那将会是“用 19 世纪的工具和政策来应对 21 世纪的挑战”[②]。欧洲政治学界的研究指出，这一过程实际也是欧洲背弃“硬实力”思路、逐步迈向以“软实力”立国的历史进程。从根本上讲，欧洲联合启动的目的是要在欧洲避免战争，争取永久和平。欧洲联合

---

① 关于欧洲一体化的领土和人口的资料，参见欧盟网站 http：// europa. eu. int/ comm/publications/ booklets/ eu – glance/44/index – en. htm。

② 欧盟委员会主席普罗迪：“欧洲联盟在变化世界中的作用”，《欧洲研究》2004 年第 3 期。

的独特之处不是追求和平，而是放弃传统的追求方式。欧洲联合正是由于看到了“战争无法制止战争”的历史教训而转向以联合追求和平。欧洲联合不同于传统的国家统一，不是以武力、胁迫等方式强加于人，而是建立于合作、对话、互利、妥协、共识的基础之上。① 因此，欧洲一体化过程中高度重视价值观念的独特作用，并在众多的政策文件中对此加以强调。例如，在 2006 年 6 月欧盟理事会制定的一份欧盟对外关系文件中就曾特别指出：“在全球化的世界中推广欧洲的生活模式，是欧盟对外关系的一个重要内容。”② 自开展一体化建设以来，欧洲共同外交中体现了和平共处、渐进推动的外交模式，强调对话和谈判，强调国际组织、国际法和多边主义。欧洲共同外交体现了国际社会对外交往行为理念的重大转变，与美国所推行的外交理念形成了强烈的对比。可以说，“价值观上，美国和欧洲出现了空前对立的局面”③。欧洲知识分子几乎都确信美国人与欧洲人不再有共同的战略文化。正如德洛尔所说：“欧洲的任务不再是统治世界并同时用武力传播他们的幸福观和价值观。”④ 在确定国家的偏好、威胁、界定挑战，制定和贯彻外交和防务政策时，美国和欧洲已经分道扬镳。欧洲人认为世界是一幅美好的图画，而美国人却喜欢对世界作出善与恶、敌与友的划分。当面对现实或者潜在敌手的时候，美国人通常青睐强制性政策而不是说服，强调惩罚性制裁而不是更好行为的诱导，是大棒而不是胡萝卜。美国人对外交较少耐心，往往较快地诉诸武力，美国人在国际事务中越来越倾向单边

① http：//www. rfi. fr/actucn/articles/094/article_ 4099. asp.

② Council of the European Union，10633/1/06 REV 1，Brussels，17 July 2006.

③ 李明明：“冷战后的美欧关系：‘我们’和‘他者’之间?”，《国际观察》2005 年第 6 期。

④ 哈维尔：“给欧洲一部宪法——与德洛尔的对话”，载曹卫东主编《欧洲为何需要一部宪法》，中国人民大学出版社 2004 年版，第 37 页。

主义，他们不太愿意通过诸如联合国那样的国际制度行事，不大愿意与其他国家合作追求共同的目标，在确信必要的时候更愿意不顾国际法行事。与之相反，欧洲人则试图通过微妙的和间接的方式来影响别人，对失败更能容忍，当解决问题不顺利时更有耐心。他们通常喜欢对问题作出和平的反应，喜欢谈判、外交和说服而不是强制。他们往往较快地诉诸国际法、国际惯例和国际舆论以便对争端进行裁定。他们试图以商业和经济的纽带把国家约束在一起，他们通常强调过程而不是结果，相信最终过程能够变成实质性的东西。正如索拉纳所言，欧盟希望国际秩序能够建立在有效的多边机制上。①

欧美国际行为模式的区别从冷战期间一直延续至冷战后，相对于欧洲强调规范与谈判的风格，美国单边主义的色彩更加突出。美国学者伊沃·达尔德尔在《后外交时代：不受约束的美国》一书中针对美国总统乔治·布什的对外政策作出了尖锐的批评："在他执政的头两年半时间内，他或是摈弃或是重新阐释了许多支配美国参与海外事务方式的重要原则。他特立独行，更倾向于倚仗美国的实力采取单边行动，不怎么主张依赖国际法和国际组织解决问题。他推崇先发制人的主动原则，不再强调威慑和遏制的被动战略。他提倡将禁运制裁、先发制人和导弹防御作为防止核扩散的手段，贬低美国对根据条约确定的非核扩散国家的传统支持。对于他所憎恶的政权及其领导人，他宁愿将其推翻，而不愿意与其进行直接谈判；在获得海外支持方面，他愿意依靠特定情况下的心甘情愿的盟友，对持久性结盟并不怎么感兴趣。他终结了美国坚持了数十年的支持欧洲一体化政策，利用欧洲内

① Javier Solana, "The EU Security Strategy Implications for Europe's Role in a Changing World", S02030/03, Berlin, 12 November 2003, Http://www.consilium. Europa eu/ueDocs/cms_ Data/docs/pressdata/EN/discours/77889. pdf, accessed on 1 February 2007.

部的分裂谋取自身利益。他试图将各个大国在共同的反恐怖事业中联合起来，却否决了一项在两个大国之间寻求平衡的政策。通过改写美国介入世界事务的规则，这位在政治生涯中始终被认为才智不足而未被受到重视的政治家，在国内外政坛上留下了不可磨灭的印记。”①

欧洲共同外交的和平性质与和平模式，对国际关系产生了相当的影响。早在20世纪50年代，欧洲区域经济集团发展的国际政治目标已经非常明显，只是在当时的情况下，“欧洲的政治家们采取迂回的方法，即通过经济一体化的办法来实现政治一体化”②。与此相衔接，为创建强大而统一的国际影响力，欧洲把经济合作作为发展共同外交的突破口，这个前期开展的工作进程相对顺利地延续至今，充分而成熟地发展成为欧洲共同体，具备共同关税、统一货币等重大经济交往功能。诸多欧洲国家利用统一的经济政策与手段，与世界上其他国家与地区构建了高密度的外交网络，而各国之间经济利益相互依存程度的加深，使得彼此之间发生冲突的危险程度降至最低。可以说，欧洲所推行的经济外交模式既稳定了欧洲的对外关系网络，也对世界局势产生了重大而深远的影响。与欧洲有经济关系的国际行为体由此深刻感受到，与欧洲开展经济交往，无论涉足何种领域，都会牵涉到本国的经济利益，进而影响本国全局发展，如同棋类博弈，牵一发而动全身。这种经济政策的关联性，对于同欧洲有紧密经济关系的国家和地区形成了全方位的政治震撼力，同时也增强了欧洲的国际影响力。

欧洲所推行的共同经济外交与共同政治外交相结合的和平外交

---

① ［美］伊沃·H. 达尔德尔等：《后外交时代：不受约束的美国》，刘满贯译，新华出版社2004年版，第4页。

② 杜厚文、夏庆杰等：《世界经济一体化集团化研究：及关于欧洲经济一体化的特例分析》，中国大百科全书出版社1997年版，第6页。

模式，与国际社会的和平发展趋势紧密地结合在一起。和平与发展成为世界的主要发展趋势之后，各国鉴于国际形势的变化，逐渐放弃了旧有的武力征服模式，逐渐采用经济发展、环境保护、文化交流等方式来增加国际关系间的互动性，并加强自身的国际存在的影响力。同样，受到该趋势的推动性影响，欧洲利用内部经济联合之契机来壮大自己的经济实力，并利用经济手段来调节对外行为的模式，由此逐步创立了和平的综合外交模式，这种模式有利于战后国际关系的和平发展，更有利于欧洲共同外交的发展壮大。

从一体化的角度来说，欧洲共同外交是欧洲国家通过多边协调的方式来开展对外交往，多边外交也成为欧洲共同外交努力追求的一种国际行为模式。欧洲人不仅反复强调现存的多边法律框架的重要意义，而且积极参与多边机构的活动，并创立新的多边合作机制，通过参与推广欧洲的制度模式和价值观念，间接地实现自己的利益。①

在当今世界，欧洲的迅速发展对美国的国际影响也形成了一定的竞争优势，特别是欧洲共同外交所采取的应对国际事务的模式，已经为欧洲各国与欧盟赢得了较好的国际形象。对此，欧洲方面也有清醒而深刻的认识。比如欧洲委员会驻华代表团大使安博曾表示："或许欧盟没有美国那样大的权力，但是我不相信欧盟的影响力要比美国弱。与美国相比，欧盟的国际形象更佳，欧盟模式的意义在于实行一种不同的国际政治理念。"②

三　欧洲共同外交对国际政治主题的影响

现代国际政治中的主要变化趋势是国际政治主题正加快由高

① 张浚："欧盟的'软力量'：欧盟发挥国际影响的方式"，《欧洲研究》2007年第3期。

② 光明日报网站，"我不相信欧盟影响力比美国弱"，http：//www.gmw.cn/content/2007－03/26/content_578303.htm。

级政治向低级政治的转换。当然这并不是说以政治、安全、军事等方面的冲突与合作问题并不再成为各国之间交往的日常问题，而是说由环境、文化、经济、人口等需要长时间仔细磨研的问题逐渐在国际政治中占据越来越多的比例，其地位也就随之更加重要。国际政治主题出现由高级政治向低级政治的转换是由多方面原因造成的，国际政治中和平与发展的趋势，全球问题引起的各国公民的注意，等等，是现代国家不得不考虑的关系到国家生存和发展的基本问题。“欧盟在低级政治领域表现出了很强的行为能力”[①]，在促进国际政治主题由高级政治向低级政治转换方面，欧洲共同外交有一定的特殊意义。

欧洲一体化的各个发展阶段为欧盟本身的存在提供了一种特质：它的地理位置、资源禀赋、人口结构、经济实力和一体化模式等都使得欧洲独特于世界民族之林；而其经过数十年时间构建起来的价值和原则，更成为推动国际关系转换的力量源泉。对此，罗斯克兰指出：“欧盟的成就更是规范的而不是经验的。……这个曾经通过帝国主义的武力强行统治世界的大陆正在从规范层面上确定世界标准。”[②] 欧盟条约、欧共体发展合作政策以及共同外交与安全政策中所包含的五项核心规范与四项次要规范也表明了欧洲在这方面的独特理念与价值取向。五项核心规范包括和平、自由、民主、法制和人权；四项次要规范包括社会团结、反歧视、可持续发展与善治。在此类规范性原则的指导下，欧洲共同外交把促进全球治理、全球问题解决、促进可持续发展、南北合作、环境保护等作为其重要目标。在 WTO 以及环境

① 张茂明：“世界舞台上的欧盟：性质、身份与特点”，载林甦、张茂明、罗天虹主编《欧盟共同外交和安全政策与中国—欧盟关系》，法律出版社 2002 年版，第 25 页。

② R. Rosecrance, *The European Union: A New Type of International Actor*, In J. Zielonka *ed. Paradoxes of European Foreign Policy*, The Hague: Kluwer Law International, 1998, p. 22.

保护问题上，欧盟已经在以一个声音说话。在重要的全球化问题上，如良好治理、民主、可持续发展、反对恐怖主义以及社会责任方面，各成员国也有一致的观点。[①] 借助欧洲目前在全球金融、环境、科技等方面具有的优势，欧洲共同外交在低级政治领域的努力，增加了同类议题在国际政治主题当中的比重，进而推动着国际政治主题由高级政治向低级政治的转变。

欧洲在环境保护、消费者保护等方面所开展的共同外交行动，更在相当程度上成为国际社会解决诸多全球性难题的重要支柱。与美国拒绝承担全球环境规范领导责任以及规避新的国际环境规则倡议的姿态相比，欧洲已经成为全球环境政策制定与进展的重要行为体。[②] 在防止全球变暖趋势进一步恶化等方面，欧洲各国的一致举措成为鼓舞世界广大国家继续此类环保行动的动力源泉。自美国退出《京都议定书》后，欧洲各国在对待温室气体排放的问题上采取了一致的立场，并在美国缺位的情况下积极推进各国的合作，赢得了大多数国家的称赞；而与此同时，由于欧洲在解决全球变暖问题上所占的技术优势，欧洲的行动将越来越成为各国行动的指南。在消费保护方面，欧洲的观点同样主导了世界趋势。欧洲在荷尔蒙激素使用、转基因食品安全等方面认为，不恰当和不谨慎的食品生产方式将给人类的健康以及环境保护带来巨大威胁，因此对美国的同类商品采取了强烈的抵制行为。尽管当前世贸组织认为欧洲的观点与行为没有足够的科学根据，并授权美国采取同等价值的报复措施，但欧洲依然坚定地实施了抵制行为。欧洲各国舍弃经济利益而确保消费者与环境安全的举动影响了众多的跨国产品供应商，他们

---

① 欧盟委员会主席普罗迪：“欧洲联盟在变化世界中的作用”，《欧洲研究》2004 年第 3 期。

② Robert Falkner, The European Union as a “Green Normative Power”? EU Leadership in International Biotechnology Regulation, *Center for European Studies Working Paper Series # 140* (2006), Harvard University Press.

纷纷遵循欧盟的决定，在产品技术发展方面采取了谨慎的态度；同时，欧洲在该问题上的一致强硬立场也赢得了世界范围内消费者的认可。欧洲不仅为自身在经济、环境、气候等领域所达到的效果表示满意，更为欧洲各国能采用一个共同的声音而感到优越与自豪。欧盟驻华大使安博曾经在与中国民众交流时谈道："我们非常成功地建立了非常多的共同政策……我们现在13个国家在使用同一个货币，中国和日本之间现在可能分享同一个货币吗？意大利和西班牙之间就是这样，请您想象一下，让所有的亚洲国家使用同一个贸易政策是不是可能的，在世界贸易组织上用一个声音来进行谈判，这可能吗？在欧洲我们已经实现了，我们27个成员国都使用一个声音，在WTO进行谈判和工作，我们的声音就是贸易委员曼德尔森。请您想象一下所有的美洲国家在环境问题上采取同一个立场，您可能会说这是一个梦想，但是在欧盟我们已经实现了这个梦想，我们的环境政策都是统一的……在这方面27个成员国也只有一个声音。请您想象一下，非洲国家或者是亚洲国家，是不是可能建立一个单独的机构批准所有的上市药品？这是不是可能的？"①

随着技术的发展以及对消费安全的普遍关注，国际社会必然加大对此类问题的关注程度，而欧洲能先于其他国家采取措施，它所获得的经验和成果也将成为国际社会主要的信息咨询来源。所以，当前欧洲通过欧洲共同外交对这类问题所表达的态度，在一定程度上决定着未来国际政治主题变化的方向。

四　欧洲共同外交与冷战后国际危机管理

欧洲一体化的发展，起源于第二次世界大战后欧洲所面临的内外交困局面，而当外部环境对欧洲尤其不利时，则可激发欧洲

---

① 欧盟驻华大使赛日·安德烈·安博谈欧盟和欧中关系的新起点，http://www.chinamission.be/chn/sbgx/zogx/t312009.htm。

一体化的重大进展。正是在这个意义上，有学者指出："欧洲一体化的一个重要特点是这种一体化只有在发生重大外部事件和出现严重挑战的情况下才会有大的甚至是突破性的进展。"①

冷战结束后，国际社会总体呈现和平态势，但各类国际危机频频发生，欧洲必须采用共同外交的方式加以应对，以确保欧洲利益并彰显其国际影响力。而从另一方面来看，国际危机的复杂和严峻程度，也在促使欧洲对其共同外交体系加以改革和完善，不断强化其执行能力。因此，欧洲管理国际危机的过程，也是改善和提高其对外行为能力的一种有益尝试和检验过程。

1997 年发生在亚洲的东南亚金融危机堪称冷战后世界上的一大经济事件。虽然东南亚金融危机的发生地点在亚洲，但对于欧洲及其刚完成整体结构塑造不久的共同外交体系来说，也产生了一定的影响作用。而在经济外交方面，欧盟国家已经意识到东亚地区经济高速增长背后的风险，不约而同地采取了谨慎的金融政策，并借此机会扭转了对亚洲的合作政策。金融危机发生之前，东盟 5.4 亿的总人口当时已经超过了美国或者欧盟，一些成员国的经济发展速度也堪与中国相媲美。因此，对欧盟而言，东盟本是一个值得注意的经济合作伙伴。而且，也正是由于亚洲地区的经济高速增长，加之新加坡领导人的提议，亚欧双方开始采取尝试性的合作，亚欧会议的雏形开始在亚欧领导人之间逐步形成。但是，东南亚金融危机的爆发，使得欧洲以及其他西方国家决然地放弃了初现端倪的双边合作。所以，本可以成为东盟理想合作伙伴的欧盟，在这次金融危机之后就开始对东南亚采取冷落旁观的态度。对此，弗莱堡大学东南亚研究专家于兰根·吕兰德教授说："在亚洲金融危机之后，欧盟就改变了合作线路，更多地转

① 刘秀文、埃米尔·J. 科什纳：《欧洲联盟政策及政策过程研究》，法律出版社 2003 年版，第 452 页。

向了中国和印度，把它们视为经济发展的希望和优先的合作伙伴。”尽管欧盟2001年通过了一份亚洲文件，其中也包括对东盟的合作条文，但是，自从东南亚金融危机之后，“东南亚和东盟对欧盟的政治与经济意义大大减少了”①。从这一次危机管理的过程来看，欧盟一体化中政治与经济发展不平衡的局面，也是直接导致欧盟未能采用共同外交政策有效管理亚洲金融危机的主要原因。在共同外交体系之中，对外经济关系的调整权力，主要归属于第一支柱的共同体范围内，而若从政治层面去应对这一波及全世界的金融危机，共同外交体系还缺乏相应的政策手段以及支持这些手段的经济实力。因此可以说，亚洲金融危机所折射出的，不仅仅是共同外交体系对经济手段之应用能力的相对缺乏，更是政府间主义主导下的共同外交与安全政策这一支柱在共同外交体系中的尴尬地位。

科索沃战争是冷战后发生在欧洲范围内的重大国际事件。从整体上来看，科索沃战争堪称欧洲共同外交体系的基本框架建立完整以来所面临的第一次挑战与考验，因此从各个方面而言，科索沃战争对欧洲共同外交的机制完整、实用性以及后续发展起到了一定的审视作用。科索沃战争前夕，欧洲共同外交主要表现在欧洲所参与的对科索沃冲突双方的外交斡旋和调解活动之中，具体内容分为三大部分：其一是对屠杀事件的谴责。1999年1月16日，在科索沃南部发生了45名科索沃阿族人被屠杀事件，当时担任欧盟轮值主席国的德国外长菲舍尔代表欧盟说：“必须要查清这次行动的元凶，国际社会不接受这种对平民的野蛮迫害和屠杀。”其二是欧盟派代表参加调停科索沃冲突的六国联络小组，

① Hans－Jrgen Mayer，德国之声：东盟：各实力集团夹缝中的40年，转引自“星岛环球网”报道，http：//www.singtaonet.com：82/pol_ op/200708/t20070809_593918.html。

国等国家增强了合作，以应对全球范围内的危机和挑战；另一方面，欧盟还有选择地针对欧洲范围的国际危机创设了相关部门和管理机制。比如，2002 年欧盟理事会的总务及对外关系理事会通过了推进民事—军事协调的行动计划，该计划要求欧盟理事会秘书长、共同外交与安全政策的高级代表以及各成员国驻布鲁塞尔大使必须参加相关会商活动。该计划还指导成立了危机反应协调小组，并对欧盟各部门、成员国外交及民事部门的官员进行了联合危机管理培训。①

目前，国际危机对欧盟的严峻挑战依然存在，而危机管理所暴露出来的各种问题也颇为严重。可以说，正是因为协调各成员国的利益立场耗费了太多的精力和时间，欧盟危机管理的对外决策效率才一直低下，甚至内部争执直接导致外部决策难以实现。但正如前文所述，外部挑战也是促进政治一体化的重要因素，在未来的发展过程中，欧洲共同外交应对国际危机的能力必将有所增益。

第三节　欧洲共同外交对国际格局的影响

冷战的结束导致两极格局崩溃，世界出现了多极化趋势，其中，美国因其无与匹敌的实力成为当前国际格局中的唯一超级大国，而一体化中的欧洲则被认为是将来可以与美国相抗衡的世界一极。此外，欧洲共同外交通过对欧美关系、欧俄关系和欧中关系的改造与发展，对世界多极化进程起着积极的推动作用。但在当前看来，欧洲作为世界一极的目标与欧洲现有的实力之间还存在相当的差距。欧洲要成为国际格局中的重要一极，不仅要继续

① 吴白乙：“欧盟的国际危机管理转变与理论视角”，《世界经济与政治》2007 年第 9 期。

推进一体化进程，坚持扩大与深化并举，更重要的是，要将发展与完善欧洲共同外交当成首要任务来给予更多的重视。

一　欧洲共同外交有利于欧盟成为世界一极

欧盟规模的扩大使得欧洲共同外交所依赖的硬实力更为强大。萨缪尔·亨廷顿曾经预言："如果欧洲共同体在政治上团结一致，它所拥有的人口、资源、经济财富、技术以及实际的或潜在的军事力量将使其成为21世纪的重要大国。"① 随着2004年5月1日欧盟历史上最大一次规模的扩大，欧洲的人口、地理面积、GDP等各项指标与美国基本接近，总体面积扩大近74万平方公里，人口从约3.8亿增至约4.5亿，整体国内生产总值增加约5%，从原来的9万多亿美元增加到10万多亿美元，经济总量与美国不相上下，欧盟的整体实力有所增强。而2007年罗马尼亚和保加利亚加入后，更使部分硬实力指标已经超越美国。从经济力量对比的角度来讲，欧美之间已形成势均力敌的国际经济格局。从器质层面来看，欧洲已经具备了充当世界一极的潜能。欧洲各国共同的外交意愿与行动，结合已经具备的雄厚经济基础和经济影响力，可以充分增强其国际地位。欧洲共同外交的建设与发展，为欧盟借助其器质潜能改变世界格局增加了可能。

经过数十年的发展与联合，在促进共同体区域内贸易增长的同时，欧洲逐步一体化的对外关系机制也给欧洲以外的国家和企业带来了吸引与压制并举的双重效应。吸引效应主要体现为欧洲经济一体化和共同对外行为所带来的便利化措施。统一大市场的建立，为其降低生产和流通成本提供了便利，因为任何一种商品只要进入欧洲共同体的边界，就可以在所有成员国内自由流通，

---

① S. P. Huntington, "The U. S. Decline or Renewal?", *Foreign Affairs 67*, 2 (Winter 1988 - 1989), pp. 93 - 94.

并可省去该商品在成员国之间转运的过境、检疫和有关手续费用。因为欧共体统一大市场对商品标准、规范、海关手续以及单据等都有统一的要求，其他国家和地区可以按照统一要求进行规模生产和出口，不必再为适应不同的成员国市场标准而煞费苦心。这样既节省了费用，也有利于对欧共体市场作整体性的开拓和促销。此外，欧共体金融市场分割局面的终结，也使得欧洲以外的国家和地区能够享受到较好的银行保险等金融服务。因此，一体化的欧洲市场与统一的对外经济行为，对欧洲以外的国家产生了巨大的吸引力。与吸引效应相比，压制效应主要体现为欧洲膨胀的经济生产规模以及庞大的经济实力对发展中国家所造成的资源与市场竞争。具体来说，欧洲统一大市场形成后，为欧洲固有的贸易保护主义拓展了空间，使得第三国企业对欧洲的出口面临新的压力，尤其是欧共体贸易保护主义的压力。此外，单一欧洲市场的建成和良性运转有利于吸引国际投资，这意味着大多数发展中国家在吸引外资方面会遭遇更大的困难。由于资本追求的是高回报、低风险，资本流向大多集中在政治体系稳定、经济回报率高的国家或者地区。与欧洲国家相比，大多数发展中国家由于市场法规不健全，民主机制不完善，政治稳定性基础不牢，加之发展中国家在吸引外资方面也存在竞争，因此难以与单一欧洲市场这样的投资环境抗衡。比较而言，欧洲的市场建设和民主机制远远走在发展中国家前面。单一欧洲市场的巨大发展潜力也导致欧共体成员国投资的增加，使得商品、资本、技术在单一市场内部大范围流动，世界资源逐步地向欧洲聚集，更加增强了欧洲的经济力量。① 在此基础上，诸多发展中国家与欧洲的经济联系将会进一步升级与密切，这使得发展中国家对欧洲外交动向的注

---

① 刘秀文、埃米尔·J. 科什纳：《欧洲联盟及政策过程研究》，法律出版社2003年版，第200页。

意力也会增加，相应地，欧洲共同外交的影响范围与幅度也会相应地有所扩展。特别需要指出的是，由于欧洲共同外交所带来的欧洲影响范围扩大，美国等其他国际力量的势力范围将相对减小，从这一点而言，欧洲共同外交的持续发展，必将使得国际格局之间的力量分配出现新的变化。

二　欧洲共同外交有利于欧美关系平等化

在美国成为当今国际社会中唯一超级大国的事实前提下，欧美合作关系呈现出美强欧弱态势。实际上，自冷战结束以来，美国推行的世界新秩序的理念当中，欧洲就一直不是最重要的合作伙伴，甚至美国并未在国际事务当中给予欧洲足够的重视和平等。而在后冷战时代的伊拉克战争过程中，美国虽然强调大国合作，但其主要对象是苏联。[①] 当时的欧共体并未出现在美国实行大国合作和集体行动的视野范围之内。尽管欧美长期以来是盟友关系，但在如何领导后冷战时代的世界以及冷战后的世界格局的思维当中，欧洲并不是美国第一个就想到的可以合作的伙伴。伊拉克战争中美国关注的是在联合国框架之下领导联盟的能力，这实际上是借助多边主义来实行单边主义。所以，虽然在现实的欧美关系中存在着美国支持欧洲一体化的事实，但这并不能说明美国就应理所当然地支持欧洲推行“谋求用一个声音说话”的欧洲共同外交。或许也可以这样理解，美国支持的是联合的寻求和平的欧洲，而不是联合的强大甚至独立的欧洲。就两者关系来看，“华盛顿最不愿意看到的就是一个充分联合和自信的欧洲来挑战美国的霸权”[②]。但是，欧洲所推动的共同外交正在逐渐地改变着这种不平衡的结构关系，使其向着

① 汪波：《美国冷战后世界新秩序的理论与实践》，时事出版社2005年版，第18页。

② 转引自童世骏、曹卫东主编《老欧洲，新欧洲：“9・11”以来欧洲复兴思潮对美英单边主义的批判》，华东师范大学出版社2004年版，第4页。

欧洲与美国合作平等化的目标迈进，从而遏制美国独霸世界的单极战略。

首先，欧洲共同外交所依存的欧洲经济实力，已经基本上与美国不相上下，甚至在某些方面也已经超越了美国。这在以经济实力为最主要影响因素的时代，成为推动欧洲国际地位持续上升和欧美关系转向平等的重要原因。经过 50 余年的制度建设和市场一体化发展，欧盟已经基本上实现了成员国之间在商品、人员、资本和服务四个方面的自由流通。深度的经济一体化对欧洲的总体经济实力增长产生了至为关键的作用。2001 年欧盟在世界贸易中所占的份额为 19.2%，已经与美国的 20% 非常接近，而在服务类贸易中，欧盟的份额是 24.67%，已经超过了美国，居世界首位。2007 年，欧盟的 GDP 为 145079.23 亿美元，占世界总额四分之一，面积达 432.48 万平方公里，总人口为 49043 万，人均 GDP 为 29582 美元；美国 GDP 为 137532.87 亿美元，国土面积 982.66 万平方公里，人口 30116 万，人均 GDP 为 45668 美元。从这些数据可以看出，欧美之间的经济实力对比已经出现对等态势。对于美国而言，欧洲联盟是世界上最大的统一市场与货币联盟，是美国最大的贸易与投资伙伴，欧美之间的经济贸易往来为美国创造了上百万个就业机会，一体化的欧洲对于众多欧洲国家来说是一个具有非凡影响力和凝聚力的政治核心，而这些受到影响的欧洲国家又都在很大程度上与美国的国际利益之间密切相关。[①] 欧洲所具有的经济以及金融力量，可以有效帮助解决世界上绝大多数的危机与问题。这些实力因素，揭示出一个不可更改的道理——不论美国是否愿意，欧洲都是美国必须重视并谨慎处理与之双边关系的国际行为体，更是美国单极世界构想中最具挑

---

① Roy H. Ginsberg, *The European Union in International Politics*, Rowman & Littlefield Publishers, Inc., 2001, p. 224.

战性的国际力量之一。

此外，由于推行共同外交的历史已有数十年，欧洲固有的历史观念与价值观念的影响范围变得更加广泛，必将使得欧洲各国采取共同外交立场的可能性日渐增强，这对整合欧洲力量、提高对美国博弈的力度起到了积极的促进作用。比如，欧洲各国一致认为冷战后美国所执行的单边主义对欧洲造成了严重的损害，因此在面对赫尔姆斯·伯顿法案制裁的时候，欧洲各国齐心协力共同应对，最终使得美国放弃制裁意图。又如，欧洲各国在转基因食品贸易方面，坚持以消费者安全为首要目标，保持对美国立场的协调一致，以欧盟为代表应对其指控，最终使得美国加强了对此类商品的贸易管制，同时也影响了相当数量的跨国公司和国家，形成了针对美国的群体压力，并创造了良好的全球消费环境。在当今高级政治逐渐向低级政治转变，一系列事关人类生命与健康的国际关系议题占据国际事务重要地位的环境下，欧洲共同外交已经在相当程度上引导了国际事务的走向，对美国的领导地位提出了挑战，形成了具有挑战性的政治影响力。琼斯伯格曾经以量化的方式对欧洲共同外交自创建以来对美国所产生的政治影响作了统计与分析，其中列举了 72 个共同外交举措，其时间范围限定为 1990 年到 1999 年，基本上涵盖了从欧洲政治合作到共同外交与安全政策的两个发展阶段。琼斯伯格根据程度大小将政治影响力分成四类：第一类为“零影响力”，其中包括 7 个案例，占总体的 10%；第二类为“微弱影响力”，其中包括 10 个案例，占总体的 14%；第三类为“中等影响力”，其中包括 25 个案例，占总体的 35%；第四类为“重大影响力”，其中包括 30 个案例，占总体的 42%。这些案例的内容与影响程度，揭示出一个不可忽视的事实——美欧在非常紧密的程度上建立起了政治竞争关系，而其内容之广泛，几乎涵盖了世界上任何政治领域或者功能领域的相关问题。而欧洲共同外交对美国所产生的最重大影响已经占据了所有欧美政治关系的近二分之一。[①]

尽管欧美当前的国际地位并不绝对平衡，欧洲也不一定是美国时刻考虑必须与之合作的伙伴，但一部分学者依旧对美欧双方的战略地位与合作前景给出相当乐观的评价，例如琼斯伯格认为："如今，无论是处理外交事务，还是解决国际贸易争端，抑或协同一道对付所谓的'邪恶'国家，以及在提供人道主义援助和发展支持方面，欧洲都（应该）是美国必须与之密切配合的伙伴。"[②] 而美国在处理推动相关地区的和平进程和解决政治争端时，也必须对欧洲的倡议以及行为给予关注。这些都充分说明，欧美关系正逐步向平等化迈进，并对美国独霸世界的战略企图形成了事实上的挑战。2003 年，索拉纳在柏林演讲中指出："美国是世界上最强大的国家。但是没有哪一个国家能够面对和解决所有的问题，即使这个国家非常强大。一个有共同战略观的强大欧洲，能够巩固与其他大国伙伴关系，这意味着欧洲也必须成为世界新秩序的一极。"[③] 总之，在欧洲经济实力不断强大、共同外交的意志与行动能力也逐渐增强的前提下，欧美之间的关系正经历着从美强欧弱的"特殊关系"向平等合作的"正常关系"的调整过程。这场历史性的调整目前仍在继续，它不仅对欧美关系本身而且对未来的世界格局的塑造都将产生重大影响。[④]

但欧洲方面必须考虑的是，由于部分欧洲成员国的离心倾向以及美国因不愿意看到强大而独立的欧洲所开展的"离间"政

---

① Roy H. Ginsberg, *The European Union in International Politics*, Rowman & Littlefield Publishers, Inc., 2001, p. 181.

② Ibid., p. 187.

③ Javier Solana, "The EU Sesurity Strategiy - Implications for Europe's Role in a Changing World", 2003/11/12. http://www.iep.belin.de/mittagsgespraeche/mig-2003/mig-03-solana-en_ speech.pdf.

④ 赵怀普："从'特殊关系'走向'正常关系'——战后美欧关系纵论"，《国际论坛》2006 年第 4 期。

策，欧洲共同外交政策要想实现欧美之间的平等，首要解决的问题就是如何妥善消除因美国的诱惑而引发的欧洲内讧。在伊拉克政策问题上，欧洲的内讧已经表现得非常突出。与法德等老欧洲国家反对动武的立场不同，一部分国家积极支持美国对伊拉克的军事打击政策，这些国家包括欧洲传统的大西洋联盟国家荷兰和丹麦，另外，意大利和西班牙也是美国的关键性盟国。这些国家的保守政府在联合国讨论伊拉克问题时坚定地站在美国一边，西班牙作为美国的盟友所发挥的作用尤其重要，因为它是联合国安理会的非常任理事国。西班牙首相阿斯纳尔因为与小布什总统之间的良好个人关系而采取了亲美政策。在中东欧国家中，北约的新成员以及那些寻求加入北约的国家，也都表现出积极支持美国的立场。① 可以说，继科索沃战争之后，欧洲的共同外交立场又一次因为成员国家之间的不同意见而未能实现，而其中的主要原因，则是部分国家对美国的追随。一个心理上离散的欧洲，绝不可能与强大的美国分庭抗礼。可见，要实现欧美关系平衡，欧洲不仅需要解决自身的问题，更要建设或争取一个良好的国际环境。

三 欧洲共同外交与中欧关系的发展

冷战后，欧洲对中国的关系有了许多新的变化，而在调整欧美关系结构的同时，欧洲共同外交也成为积极调整中欧关系，进而推动国际格局转变的重要途径。

在欧洲共同外交中，对话政策是一个重要的组成部分。从战略角度来讲，两极对峙的消失，欧洲一体化进程的发展以及共同外交促进之下欧洲国际地位的提高，特别是欧美关系的结构性调整，使得欧洲国家有更多的精力来协调处理与世界其他地区和国

---

① 汪波：《美国中东战略下的伊拉克战争与重建》，时事出版社 2007 年版，第 97 页。

家之间的事务。但是，“单凭欧盟一己之力难以扭转美国不断增强的单边主义倾向，所以对它来说，要在建立一个稳定的多极国际体系过程中扮演独立的角色，一条强有力的欧亚关系纽带将是必不可少的”①。亚洲是当今世界经济增长速度最快的地区，而国际地位和国际影响日益提高的中国则是这一地区发展的主要推动力之一，因此，中国成为欧洲共同外交战略关注的重点。

从20世纪90年代开始，欧盟与中国的关系出现了新的格局，双方均致力于建设一种独立的、基于平等关系的战略伙伴关系，并用政治报告与长远战略规划的方式逐步将中欧关系推向深入。1994年，欧盟发表了题为《走向亚洲新战略》的报告，提升了东亚在其全球战略中的地位。1995年，欧盟通过了《有关中欧关系的长期政策》的报告。该报告指出，中欧关系是欧洲对外关系的基石。报告明确提出，欧盟必须与中国建立一种长期关系，而且应保证这种长期关系能够体现中国在世界政治与经济领域中的地位和影响。在这种思想的指导下，文件对中欧关系的内涵作了鲜明的界定：“中国的崛起是第二次世界大战以来其他国家无与伦比的。日本使自己成为一个经济强国，苏联主要是以军事强国的形式存在。而中国则是在军事、政治以及经济领域都越来越强大。中国正在经历一个持续的、剧烈的经济和社会变化的过程。在越来越深的经济相互依赖的时代，在从环境保护到核不扩散的全球问题需要各国政府协调合作的时候，中国正成为国际安全与经济体制的一部分。”② 1998年，欧盟又通过了《同中国建立全面伙伴关系》的政策报告。报告认为与政治、经济权力日益增长的中国接触，并使中国融入国际社会，是欧盟及其伙伴在21世

---

① 相兰欣：“欧洲联盟：对中国的共同战略”，《俄罗斯研究》2002年第2期。

② 欧共体委员会：《中欧关系长期政策》（*A Long Term Policy Paper for Europe – China Relations*），参见《欧共体委员会1995年第279号文件最终文本》，1995 –07 –05。

纪所面对的最重大的对外政策挑战。中国作为一个越来越自信的强国的崛起对欧盟乃至国际社会都有着巨大的历史意义。报告指出，发展中欧关系的主要目的，是“通过提升的政治对话，进一步接触中国”，以及“支持中国在法制和尊重人权的基础上向开放社会的转型”①。此后，在 2001 年《欧盟对中国战略：贯彻 1998 年通报和为了更有效欧盟政策的未来步骤》的基础上，2003 年，欧洲又以欧共体委员会名义通过了《成熟的伙伴关系：欧盟—中国关系中的共同利益与挑战》。这一份文件的独特之处在于，它特意强调了中国与欧盟在国际舞台上的共同战略利益。文件的重点在于指出构建中欧之间战略伙伴关系的必要性，认为：“欧盟与中国作为战略伙伴有着越来越多的共同利益，需要共同维护和促进可持续发展、和平与稳定。”② 欧盟对华政策的新意在于过去从未发表过统一的、系统的联合对华政策，尽管有许多合作事务在中国与欧盟成员国之间确实存在并有一定的进展，但并没有上升到对外郑重宣示的程度，而欧盟一系列对华政策的出台，不仅将这些事务提高到了全欧洲层次，使其规范程度大大提高，而且在内容方面也有所丰富与扩展。“欧盟对华政策反映了欧盟同中国发展长期合作的诚意，是欧盟各成员国重视中国作为政治经济大国的崛起而积极发展对华关系的结果，反映出欧盟各成员国对华政策已有相当一致的共识，其所包含的内容与特征有可能推动中欧关系的发展进入一个新阶段。”③ 这是欧洲共同外交

① 欧共体委员会：《同中国建立全面伙伴关系》（*Building a Comprehensive Partnership with China*），参见《欧共体委员会 1998 年第 181 号文件最终文本》，1998－03－25。

② 欧共体委员会：《成熟的伙伴关系：欧盟—中国关系中的共同利益与挑战》（*A Maturing Partnership－Shared Interests and Challenges in EU－China Relations*），参见《欧共体委员会 2003 年第 533 号文件最终文本》，2003－09－10。

③ 王鹤：《欧洲一体化对外部世界的影响》，对外经济贸易大学出版社 1999 年版，第 37 页。

发展过程中欧洲与中国关系进一步发展巩固的重大进展。

虽然在历年众多的文件与公告推动之下，欧洲与中国的关系出现良好的发展势头，合作与相互理解已经成为双方的主要交往手段。但总体看来，到目前为止，中国与欧洲方面的合作大多停留在认识与预期层次，而实践行动却严重匮乏，甚至在某些时候有较为严重的政策公告与双边行为的脱节现象。对此，德国卡罗洛大学政治系主任尼尔斯·巴德罗分析其原因时认为："面对中国，欧洲有共同的价值观，但却缺少一个共同对华政策。制定共同政策的前提是拥有共同的利益，但在欧洲内部也根本不存在这样的共同利益。例如在人权、对华贸易、取消对华武器禁运问题、台湾问题上，等等。这方面的努力，欧盟近年来才刚刚开始。"[①] 欧洲政策研究中心主席斯坦利·克罗斯科对此也有相关论述，他撰文指出："2004 年 10 月，中欧双方在海牙举办的中欧峰会上达成共识，将致力于建设稳定的战略伙伴关系。随后在 2005 年北京峰会上确定双方的共同目标是为实现崭新的中欧框架协议而及早进入谈判磋商阶段。不过，两次峰会之间的 9 个月，尽管欧方对中国的官方访问达到 200 人次，其中 15 人为欧盟委员会官员，但频繁的接触过程并未产生实质性的合作内容。"[②] 斯坦利进一步指出，中欧关系如要改变这种虚大于实的状况，就必须在如下几个方面构建更为稳固而健康的中欧关系。

第一，中欧战略伙伴关系的参与方不应该仅仅包括双方政府，而应该是所有"利益攸关者"（stakeholders）的参与，其中应该包括商务人士、消费者、环保人士、分析研究人员、律师以及司法工作者。

---

① "中欧正在相互适应'突变'"，《环球时报》2008 年 12 月 26 日第 24 版。

② Stanley Crossick, "The Rise of China and Its Implication for the EU", EAI Working Paper, No. 132, Sep., 4, 2006.

第二，应该制定一项为期10—20年的项目来增进欧洲方面与中国的相互理解。这一点中欧双方已经达成共识。2005年中欧北京峰会也特别指出将大力促进中欧双方的学者与思想库成员的交流。

第三，双边战略对话必须稳定持续地开展下去。目前双方交流中各个层次的对话已经逐步得以开展，但政治对话依然缺乏战略有效性。这一点在北京峰会上也引起中欧双方的注意。为有利于中欧关系的持续发展，政治对话应该主要关注长远问题，并应该对可能发生的问题有所预测，由此才能有利于解除军售和纺织品争端之类问题的解决。①

在欧洲共同外交的框架中，欧洲对华政策将中国定位为“欧盟的主要战略伙伴之一”，认为欧中关系是“成熟的伙伴关系”。这种伙伴关系对欧洲和中国来说，都具有重要的国际影响，因为它能促进双边并带动多边的政治经济合作，促进全球稳定、和平与持续发展。双方还可以通过高层政治对话，在多边论坛中就各种双边以及全球问题进行广泛的协商与合作。由此可见，欧洲共同外交有利于当前一超多强局面向力量对比更为平衡的多极化方面发展，更有助于促进国际格局的转换。当然，欧洲共同外交对中国的和平发展也有限制的一面，例如至今在解除对华军售禁令方面坚持踟蹰不前的态度，频繁地使用反倾销等手段对中国的纺织业、家电制造业进行打击等，都在一定程度上对中国的贸易发展形成了损害。这是欧洲共同外交本身的局限性与多种因素共同作用的结果。但比较而言，欧洲共同外交对中国国际地位的提高，对多极化进程的发展起着积极的主要推动作用。

---

① Stanley Crossick, “The Rise of China and Its Implication for the EU”, EAI Working Paper, No. 132, Sep., 4, 2006.

四　欧洲共同外交与欧俄关系的发展

俄罗斯与欧盟之间在经济上的相互依赖，是影响欧俄双边关系的关键所在。冷战结束之后，俄罗斯继承了前苏联的政治遗产，成为国际政治格局中的一支重要力量。虽然在叶利钦的领导下俄罗斯的对外战略经历了一段剧烈变动的时期，同时在西方国家的遏制之下无法顺利施展自身的外交力量，这对俄罗斯的国际影响力造成了不可忽视的负面效应。但俄罗斯自身的资源与地缘优势，依旧在很大程度上维持着俄罗斯作为一个世界大国的重要条件。而在经济全球化的趋势之中，俄罗斯的资源使其迅速地成为影响与改变世界格局的重要外交力量。众所周知，俄罗斯蕴藏着世界13%的石油和35%的天然气，是世界上第一大天然气出口国和第二大石油出口国。在世界能源供应紧张、中东地区局势长期不稳的情况下，俄罗斯作为能源大国的重要性更加突出。① 而自从普京之后，强调经济振兴已经成为俄罗斯的外交战略重点。普京曾经特别指出："切实的国家利益，其中包括经济利益，应当成为俄罗斯外交家的法则，不懂得实际利益的外交官不具备外交官资格。"②

俄罗斯以能源为重点的经济外交战略，与欧盟的经济需求形成了对接。仅仅从资源方面看，欧洲各国对俄罗斯都有极大的需求。一体化的欧洲所辖人口众多，意味着对自然资源的需求量也十分庞大。按照欧盟提供的数据，欧盟现在所需要的能源有50%以上需要进口，今后的20—30年内，这个数字可能上升到70%—90%。就石油方面来说，除了丹麦和英国是净出口国以外，其他国家都依赖进口。可见，欧洲发展与稳定的根源在于资源的充分供给，而在石油、天然气等战略资源供给方面，俄罗斯是主要的

① 高华："俄罗斯跻身八国集团与能源外交"，《和平与发展》2006年第4期。

② 冯玉军：《俄罗斯外交决策机制》，时事出版社2002年版，第22页。

供应者之一。欧洲对俄罗斯的能源依赖程度之严重，甚至于使欧洲高层意识到，过分的依赖必然导致安全系数的降低。欧盟委员会曾经发出过警告，欧盟国家如不调整能源政策，那么在今后的25年中欧盟的对外能源依赖，尤其是对俄能源依赖程度会大幅提升，欧盟的能源供应安全将更加脆弱，能源将会成为欧盟外交政策中潜在的“软肋”①。当然，欧盟对俄罗斯关系并非单纯地体现为能源依赖，欧盟强大的经济实力和雄厚的科技力量对于俄罗斯的经济转型也意义重大，有学者指出：“欧洲之于俄罗斯，不仅是鼓舞力量之源、科技之源、减免债务之源，而且是文明之源、资金之源、国家振兴之源。”欧盟的市场、资本与技术是推动俄罗斯经济改革的有利杠杆，而俄罗斯丰富的能源与巨大的市场潜力对于欧盟日益显示其重要性。② 因此，欧洲与俄罗斯之间的经济相互依赖是使两者之间开展合作的可能性大大增加的实质基础。特别要看到，欧洲将俄罗斯看作是重要的国际力量，通过经济外交不断增强与俄罗斯的双边关系，这对俄罗斯国际地位的提高无疑是具有积极意义的。

在国际政治层面，欧洲也需要借助俄罗斯的重要国际地位，以增强欧洲共同外交的影响力。一方面，欧盟当前的政治影响与经济影响之间存在较大差距，近期内欧盟的政治影响力难以迅速扩大，而经济实力对政治影响力的支持与扩充过程又较为缓慢，因此，加强与俄罗斯等重要国际政治力量之间的合作，对欧盟来说是快速构建多极世界的一条捷径。特别是在维护正被美国破坏的联合国威信和国际法准则方面，欧俄之间的合作将能迅速地填补国际政治权力的真空，同时又能对美国形成抵制态势。因此，欧俄合作对于欧洲

① 王怀成：“德国推动欧盟采取共同能源外交政策”，《光明日报》2007 年 1 月 11 日第 8 版。

② 许志新：“‘9·11’事件后普京对西方的重大变化”，《欧洲》2002 年第 2 期。另参见范军、刘军“90 年代以来的俄欧关系”，《俄罗斯研究》2003 年第 4 期。

实现成为世界一极的目标是不可缺少的必要条件。[①] 冷战期间，苏联虽然对欧共体建设表示冷淡，但也没有采取强烈的反对措施。冷战结束后，俄罗斯则用宽容、正面的态度面对欧洲一体化的发展，甚至把欧盟东扩看成是稳定欧洲安全的举措。虽然科索沃战争反映出了欧俄双方一定的矛盾，但同时也使得双方认识到彼此合作在维护欧洲安全中的重要性。为发展欧盟与俄罗斯之间长期和稳定的伙伴关系，欧盟于 1999 年 6 月在德国科隆举行欧盟首脑会议，正式采纳了欧盟“对俄罗斯的共同战略”。该战略指出，俄罗斯将成为未来欧洲大陆的重要组成部分，欧盟希望加强与俄罗斯在各个领域的合作并为俄罗斯的民主和市场经济建设提供帮助。共同战略还表示，欧盟各国将在对俄政策上紧密合作，致力于与俄罗斯保持长期的政治和安全政策对话，加强双方公民之间的联系和往来。这是经《阿姆斯特丹条约》确定的欧洲共同外交新机制第一次应用于欧盟以外的国家，得到了俄罗斯的积极响应。伊拉克战争之后，欧洲共同外交给欧俄关系注入了新的内容，它通过几次高级别的政治会议确定了欧俄关系的发展方向，其中在 2003 年召开的两次欧俄峰会上，多个欧盟国家的领导人表达了希望欧俄双方在政治、安全、反恐、经济等领域合作的愿望，所发表的《联合声明》则标志着双方在外交机制化、法律化的道路上迈出了新的步伐。

在欧俄关系中，能源与政治问题紧密相关。实际上，欧俄关系中的能源与政治因素是相互影响的。2008 年发生的欧洲能源供应危机就是鲜明的例证。欧洲的经济稳定在很大程度上依赖于俄罗斯的能源供应，而俄罗斯又希望通过能源手段增强自身对欧洲的政治优势。欧洲各国间对俄罗斯的依赖并不平衡，这又使得欧洲在能源危机时期难以形成对俄罗斯的共同立场，且成员国之间的合作愿望也容易被俄罗斯的能源政策所瓦解。欧洲共同外交的前景虽然客观，

① 罗志刚：“欧美竞争与欧俄合作”，《武汉大学学报》2005 年第 2 期。

但其实现难度之大，从欧俄的能源博弈中可见一斑。

欧亚大陆是国际政治的重心，欧洲联盟和俄罗斯在其中扮演着重要的角色。欧洲共同外交所构建的欧俄关系如能得以实施，从战略层面上消除了欧亚大陆的不利因素，为该地区力量的和平共处设定了基础，有利于世界局势的稳定，也有利于欧洲和俄罗斯在国际社会中的地位提升。

五 欧洲共同外交与欧盟—地中海伙伴关系的调整

地中海位于欧洲、亚洲、非洲三大洲之间，面积约 250 万平方公里，周边有 17 个国家。地中海是沟通大西洋和印度洋的主要通道，西面经直布罗陀海峡通向大西洋，东北以达达尼尔海峡、马尔马拉海峡和博斯普鲁斯海峡连接黑海，东南则经过苏伊士运河出红海，可抵达印度洋，具有非常重要的战略地位。英国前首相丘吉尔曾把地中海比喻为欧洲“柔软的腹部”①。

在欧盟极力拓展自身国际空间的时代，地中海地区对欧盟的政治、经济、安全等各项利益方面的影响更不可忽视。② 早在 1995 年 11 月，欧盟 15 个成员国就和地中海地区的 12 个国家和地区签署了《巴塞罗那宣言》。该《宣言》旨在建立一个和平并共同繁荣的地区，意图促进民众之间的相互了解。随后，双方又出台了一项新的欧盟—地中海“和平与稳定纲要”，以加强双方在禁止毒品走私、打击恐怖主义、移民、防止冲突和人权等领域的政治和安全合作。“巴塞罗那进程”是欧盟 27 个成员国举行部

---

① Mohammed Bedjaoui, *An Epilogue: Malta and the Mediterranean Quest for Peace, in the Mediterranean Institute*, *The Mediterranean In the New Law of the Sea*, Malta, Foundation for Interntainoal Studies, 1987, p. 38.

② Communication from the Commission to The European Parliament and The Council, Barcelona Process, *Union for the Mediterranean*, Brussels, 20/05/08 COM (2008) 319 (Final).

长级会议的唯一论坛，即便在中东和平进程的困难时期也照常举行，足见欧盟国家对地中海地区的共同立场之坚定。欧洲理事会还于2000年6月通过了《关于地中海地区的共同战略》，这是欧盟共同外交与安全政策仅有的三个共同战略之一。[①] 在这一战略考虑之下，2003年，欧盟开始进一步丰富“欧盟邻国政策”内容并深化地中海的合作框架，特别是1995年于巴塞罗那推出的以促进地区和平、稳定和繁荣为目的的“欧洲—地中海伙伴关系”。这一政策面向与欧盟签订有协作协定的地中海沿岸国家、2个东欧国家（摩尔多瓦、乌克兰）及3个南高加索国家（亚美尼亚、格鲁吉亚、阿塞拜疆）展开，旨在通过若干个行动计划，促进包括技术援助、经济财政改革措施、结成姊妹关系等内容的合作框架的发展。特别重要的是，在政治方面，根据双边协定，将继续推进区域问题方面的持续对话、中东和平进程以及鼓励以色列人和阿拉伯人之间在教育和环境方面的区域合作等。从这个意义上说，地中海的安全与欧洲安全紧密相关，地中海地区对欧盟的贸易和经济利益有着非常重要的影响。欧盟与地中海地区的经济贸易关系也在双方的努力下逐年稳步增长。2000年至2006年，地中海向欧盟的出口每年平均以10%的速度递增，而欧盟27国向地中海的出口则以每年4%的速度递增。2007年，欧盟针对地中海地区的出口达到1200亿欧元，占欧盟总出口的9.7%，而从地中海地区的进口达到1070亿欧元，约占欧盟总进口的7.5%。[②]

尽管在共同外交机制之下，欧盟和地中海伙伴关系整体较为稳定，但在这一伙伴关系上，欧盟成员国之间仍存在着不和谐之音，

① 朱明权：《欧盟共同外交和安全政策与欧美协调》，文汇出版社2002年版，第261页。

② EU - editerranean Trade, Reference: MEMO/08/472, Date: 02/07/2008, http://europa.eu/rapid/pressReleasesAction.do?reference=MEMO/08/472&format=HTML&aged=0&language=EN&guiLanguage=en.

有关“地中海联盟”计划的争执就是鲜明的例证。“地中海联盟”是法国总统萨科齐2007年5月竞选法国总统时提出的构想，根据该构想，地中海沿岸的南欧、北非与部分中东国家和地区将组成一个联盟，埃及、阿尔及利亚、以色列和突尼斯等国都将包括在内，并由此建立一个涵盖南欧、北非和部分中东国家的联盟。但是，“地中海联盟”的成员仅限于地中海沿岸国家，这将使包括德国在内的一些欧盟重要成员国被排斥在外。法国与欧盟之间存在明显的分歧。根据法国的计划，首届联盟领导人由法国人和埃及人担任。而2008年3月14日举行的欧盟春季峰会宣布，地中海联盟计划将涉及44个地中海沿岸国家和亚得里亚海沿岸国家。同时，欧盟委员会认为，应根据《里斯本条约》，由全面负责欧盟对外政策的共同外交与安全政策高级代表、欧盟委员会主席和来自地中海南岸国家的代表全权负责地中海联盟的领导工作。

从总体来看，欧盟与地中海国家的关系将会持续向前发展，目前欧盟内部出现的意见不一致仅仅是围绕双边合作的技术层面展开的争执，虽可能使未来地中海联盟计划的实施面临一定的困难，但不会形成实质性的障碍。可以预见，一旦“地中海联盟”计划得以实施，将成为欧洲共同外交体系的重要组成部分。

六　欧洲共同外交在推动国际格局演进中的局限性

欧洲共同外交集中了众多欧盟成员国家的国际理念，力图通过与俄罗斯、亚洲尤其是中国的战略合作，改变当前国际格局中美国倚仗霸权实行单边主义的局面，这种对世界多极化的推动作用已在上文作了说明。但是，欧洲共同外交只是初步构建了改变这一国际格局的战略伙伴关系，但这个战略伙伴关系的网络与实力还不足以迅速地扭转美国单一强大的国际格局。其主要原因在于：

第一，欧洲共同外交只是在有限范围内偏离欧美的大西洋伙伴关系。欧洲共同外交的目标之一是增强欧洲的国际地位，增强欧洲共同的文明特性。从其发展趋势来看，统一的欧洲应该成为世界一极，但是从欧盟条约、领导人讲话以及其他官方文件中来看，只是强调了希望“用一个声音说话”的意图。因此，从理论层面而言，整合欧洲各国的立场与谋求世界格局中的一极地位，都可以被视为欧洲共同外交的目标，但两者的定位差距是悬殊的。此外，欧盟各国内部的外交立场体现出的趋同倾向并不代表各国之间在外交政策上的裂痕已经消失，实际上，共同外交只是构建了一个促进各国合作的平台，奠定了将来外交政策进一步紧密合作的基础。欧盟是西方发达国家组成的联盟，大多与美国有着传统的伙伴关系，此外，西方世界的一系列合作机制，如北约、八国首脑会议等，也会在相当程度上遏制欧洲国家向一个彻底独立于美国之外世界一极的方向发展。至少在可预见的时间内，共同外交只能是在突出欧洲特性的同时，把欧盟塑造成为美国在跨大西洋伙伴关系下的平等竞争者和国际事务的主要参与者。这一特征，在欧洲对华军售解禁的过程中有鲜明的体现。2005 年 2 月，美国众议院以 411 票对 3 票通过一项决议，谴责欧盟计划对华军售解禁的做法。受欧盟共同外交与安全政策高级代表索拉纳之托，负责大规模杀伤性武器事务的吉欧奈拉女士本来是到美国国会去解释对华军售解禁之后所采取的《行为准则》，但却受到美国国会对欧盟解禁计划的激烈攻击。由于美国方面的压力，欧盟内部对华军售禁令解除的速度大大放慢。原本打算在 2005 年上半年取消禁令的承诺不了了之。[①] 从表面来看，军售问题仅仅是欧洲与中国的双边经济与军事事务，但从实际角度来分析，由于军售问题牵涉到了美国在亚太地区的军事势力，也牵涉到大西洋两岸的关系，因而导致该问题的政治因素高度复杂化。

第二．欧洲共同外交对中国和俄罗斯成为世界一极的消极作

① ［比利时］尤利·德沃伊斯特、门镜：《欧洲一体化进程——欧盟的决策与对外关系》，中国人民大学出版社 2007 年版，第 142 页。

用不会很快消失。尽管欧盟对俄罗斯与中国的战略依赖性非常明显，欧洲也意识到增强与改善欧俄、欧中关系对提高自身以及俄罗斯、中国的国际地位都有相当重要的积极意义，但是短期内欧洲与俄罗斯和中国的关系还难以有较大的进展。造成这种现象的原因是多方面的。从内部来看，欧洲一体化的内部事务占据了欧盟的绝大部分议程，因多次规模扩大而带来的“深化”问题成为欧洲当前急需解决的重大事项，导致欧洲各国付诸于共同外交方面的精力相对减少，不能有效地解决彼此之间存在的外交争议。从外部来看，欧洲各国在共同外交上所表达的战略与中、俄方面的战略考虑还存在一定程度的分歧，尤其是在欧盟军事防务能力及其在欧亚大陆的影响方面，三方的观点更是差异颇多，难以形成一致意见。此外，欧洲在诸多国际事务中难以摆脱美国的约束和控制，更无法脱离对美国的依赖性，而且，因受西方国家传统战略思维的影响，欧洲和美国一样，在与中俄合作的同时，还带有压制中俄两国的国际地位与国际空间的成分，所有这些因素都不可避免地使欧俄、欧中双边关系变得复杂化，同时也对欧洲真正成为中、俄的实质性战略合作伙伴产生了相当程度的妨碍作用。[①] 比如，受到欧盟方面的压制性政治影响，俄罗斯方面把欧盟仅仅看成一个经济组织，认为其不具备足够的国际政治影响

---

① 欧洲对中、俄的国际战略中大多带有压制成分，即使在有关面向未来合作的官方文件中也不能避免。例如，欧盟委员会在1998年3月通过的对华战略文件《与中国建立全面伙伴关系》中明确指出：“中国还远没有达到国际公认的人权标准，其人权记录仍有严重的缺陷，存在诸如压制某些少数民族和持不同政见者的自由、强制使用监狱劳工、法制体系仍欠发达、滥用死刑等问题。这些都是欧洲联盟、欧盟机构和欧盟公众舆论感到严重关切的问题。”该文件号为 COM（1998）181final，引自林甦、张茂明、罗天虹主编《欧盟共同外交和安全政策与中国—欧盟关系》，法律出版社2002年版，第293页。对俄罗斯方面，在1994—1995年和1999—2000年两次车臣危机中，欧盟都以人权为借口，对俄罗斯表示了强烈谴责，并将之与对俄的技术援助挂钩。参见 Cliver Archer, *The European Union: Structure and Process*, (3rd edition), London, Continuum, 2000, p. 8。

力，因此俄罗斯并不重视将欧盟作为一个整体来发展双边关系，更未能充分意识到欧盟在新的欧洲政治和安全领域中所发挥的重要性。实际上，俄罗斯更加重视与单个欧盟成员国的双边关系，并把发展与传统的欧洲重要力量——德国、法国、英国的双边关系作为对欧洲外交的重点。① 同样，中国也因为来自欧盟方面的诸多政治措施而降低了欧盟在中国国际战略中的地位。比如，虽然中国强调世界多极化趋势，且表明将在相应程度上重视欧盟作为世界重要一极的地位。但是在实际的政策中，中国依然没有把整体的欧盟放到比较重要的地位来对待，甚至对欧盟的重视还比不上对单个成员国的重视。由于欧洲方面的消极影响因素根深蒂固，难以在短时期内消除，因此欧中、欧俄关系要实现实质上的战略合作以平衡国际力量的布局，还需要很长的一段时间。

综上所述，现阶段的欧洲共同外交作为欧洲国家应对国际社会挑战的一种选择，对国际关系的发展，国际力量的对比变化和国际格局的走势，有着不可忽视的影响。毋庸置疑，欧洲共同外交有其一定的消极影响，但总体上看，其主要作用表现为促使一体化的欧洲在国际社会中地位的提升，推动国际格局向多极化的方向迈进。显然，这是一个必须尊重的客观事实，而且是影响国际格局发展的主要方面。

---

① 范军："欧俄关系：一个共同的家园?"，《华东师范大学学报》2004 年第 1 期。

参考文献

一　中文参考书目

（一）中文著作

1. 陈乐民：《“欧洲观念”的历史哲学》，东方出版社 1988 年版。

2. 王皓昱：《欧洲合众国：欧洲政治统合理想之实践》，台北扬智文化事业公司 1997 年版。

3. 陈乐民、周弘：《欧洲文明的进程》，生活·读书·新知三联书店 2003 年版。

4. 陈铁新：《欧洲一体化新论》，辽宁人民出版社 1996 年版。

5. 浦兴祖等主编：《西方政治学说史》，复旦大学出版社 1999 年版。

6. 沈骥如：《欧洲共同体与世界》，人民出版社 1994 年版。

7. 黄嘉敏等主编：《欧共体的历程——区域经济一体化之路》，对外经济贸易大学出版社 1993 年版。

8. 唐士其：《西方政治思想史》，北京大学出版社 2002 年版。

9. 俞正梁等：《大国战略研究：未来世界的美、俄、日、欧（盟）和中国》，中央编译出版社 1998 年版。

10. 俞正梁：《当代国际关系学导论》，复旦大学出版社 1996 年版。

11. 李少军：《国际政治学概论》，上海人民出版社 2002 年版。

12. 肖宪主编：《当代西方国际关系理论与实践》，云南大学出版社 1994 年版。

13. 倪世雄等：《当代国际关系理论》，复旦大学出版社 2001 年版。

14. 资中筠主编：《冷眼向洋——百年风云启示录》（上），生活·读书·新知三联书店 2000 年版。

15. 刘逊、李绍鹏等：《欧罗巴变奏》，中国人民大学出版社 1997 年版。

16. 陈玉刚：《国家与超国家——欧洲一体化理论比较研究》，上海人民出版社 2001 年版。

17. 钱乘旦主编：《欧洲文明：民族的融合与冲突》，贵州人民出版社 1999 年版。

18. 郇庆治：《多重视角下的欧洲联盟政治》，山东大学出版社 2002 年版。

19. 胡瑾、宋全成、李巍：《欧洲当代一体思想与实践研究（1968—1999）》，山东人民出版社 2002 年版。

20. 胡瑾、郇庆治、宋全成：《欧洲早期一体化思想与实践研究（1945—1967）》，山东人民出版社 2000 年版。

21. 罗建国：《欧洲联盟政治概论》，四川大学出版社 2001 年版。

22. 饶雷：《欧盟委员会：一个超国家机构的作用》，西南财经大学出版社 2002 年版。

23. 阎小冰、邝杨：《欧洲议会——对世界上第一个跨国议会的概述与探讨》，世界知识出版社 1997 年版。

24. 胡荣花主编：《走向新世纪的欧洲联盟》，上海财经大学出版社 2003 年版。

25. 李巍、王学玉主编：《欧洲一体化理论与历史文献选读》，山东人民出版社 1999 年版。

26. 邵景春：《欧洲联盟的法律与制度》，北京人民法院出版社 1999 年版。

27. 王福春、张学斌主编：《西方外交思想史》，北京大学出版社 2002 年版。

28. 方连庆、刘金质、王炳元主编：《战后国际关系史，1945—1995》（上、下），北京大学出版社 1999 年版。

29. 方连庆主编：《现代国际关系史，1917—1945》，北京大学出版社 1990 年版。

30. 周弘、陈乐民主编：《战后欧洲四大国外交》，中国社会科学出版社 1993 年版。

31. 杜厚文、夏庆杰等：《世界经济一体化集团化研究：及关于欧洲经济一体化的特例分析》，中国大百科全书出版社 1997 年版。

32. 裴长洪等：《欧盟与中国：经贸前景的估量》，社会科学文献出版社 2000 年版。

33. 叶江：《解读美欧：欧洲一体化进程中的美欧关系》，上海三联书店 1999 年版。

34. 郭华榕、徐天新：《欧洲的分与合》，京华出版社 1999 年版。

（二）中文译著

1. ［法］德尼兹·加亚尔、贝尔纳代特·德尚：《欧洲史》，海南出版社 2000 年版。

2. ［美］塔夫里阿诺斯：《全球通史——1500 年前后》，上海社会科学院出版社 1996 年版。

3. ［英］汤因比：《历史的研究》（上、中、下），上海人民出版社 1986 年版。

4. ［法］皮埃尔·热尔贝：《欧洲统一的历史与现实》，中国社会科学出版社 1989 年版。

5. ［美］亨利·基辛格：《大外交》，海南出版社 1997 年版。

6. ［法］雅克·勃莱尔等：《欧洲书简》，郭安定译，生活·读书·新知三联书店 2004 年版。

7. ［英］丘吉尔：《欧洲联合起来》，商务印书馆 1977 年版。

8. ［德］贝娅特·科勒—科赫等：《欧洲一体化和欧盟治理》，中国社会科学出版社 2004 年版。

9. ［美］约瑟夫·威勒：《欧洲宪政》，程卫东等译，中国社会科学出版社 2004 年版。

10. ［美］詹姆斯·多尔蒂、小罗伯特·普法尔茨格拉夫：《争论中的国际关系理论》，世界知识出版社 2003 年版。

11. ［美］卡尔·多伊奇：《国际关系分析》，世界知识出版社 1992 年版。

12. ［英］约翰·平德：《联盟的大厦》，潘棋译，辽宁教育出版社 1998 年版。

13. ［美］A. W. 德波特：《欧洲与超级大国》，中国社会科学出版社 1986 年版。

14. ［意］玛丽娅·格拉齐娅·梅吉奥妮：《欧洲统一 贤哲之梦：欧洲统一思想史》，陈宝顺、沈亦缘译，世界知识出版社 2004 年版。

15. ［美］戴维·卡莱欧：《欧洲的未来》，冯绍雷等译，上海人民出版社 2003 年版。

16. ［意］萨尔沃·马斯泰罗内：《欧洲政治思想史——从十五世纪到二十世纪》，社会科学文献出版社 1998 年版。

17. ［德］《阿登纳回忆录》第三卷，人民出版社 1972 年版。

18. ［挪威］托布约尔·克努成：《国际关系理论史导论》，

余万里、何宗强译，天津人民出版社 2004 年版。

19. ［美］亚历山大·温特：《国际政治的社会理论》，上海人民出版社 1999 年版。

20. ［意］萨尔沃·马斯泰罗内： 《当代欧洲政治思想：1945—1989》，社会科学文献出版社 2001 年版。

21. ［美］亨利·基辛格：《大外交》，海南出版社 1997 年版。

22. ［比］古斯塔夫·盖拉茨、陈志敏：《欧洲联盟对外政策一体化——不可能的使命?》，时事出版社 2003 年版。

二　英文参考书目

1. Dawson, Christopher, *The Making of Europe: an Introduction to the History of European Unity*, Washington, D. C. : Catholic University of America Press, 2002.

2. Ernest L. Bogart, *Economic History of Europe, 1760—1939*, New York, Longmans, Green and Co. , 1942.

3. Brent F. Nelsen and Alexander Stubb edited, *The European Union: Readings on the Theory and Practice of European Integration*, Lynne Rienner Publisher, 2003.

4. Anthony Pagden edited, *The Idea of Europe Frome Antiquity to the European Union*, Woodrow Wilson Center, 2002.

5. Michael Burgess, *Federalism and European Union: Political Ideas, Influences, and Strategies in the European Community*, London: Routledge, 1989.

6. Michael Burgess, *Federalism and European Union: the Building of Europe, 1950—2000*, London: Routledge, 2000.

7. Michelle Cini edited, *European Union Politics*, Oxford Univer-

sity Press, 2003.

8. William Wallace, *The Dynamics of European Integration*, New York: Pinter Publishers for the Royal Institute of International Affairs, 1990.

9. Alain – Marc Rieu and Gerard Duprat edited, *European Democratic Culture*, the Open University, 1993.

10. Douglas Brinkley and Clifford Hackett edited, *Jean Monnet: the Path to European Unity*, Macmillan Academic and Professional Houndmills, 1991.

11. Kevin Wilson and Jan van der Dussen edited, *The History of The Idea of Europe*, the Open University, Walton Hall, Milton Keynes, MK7 6AA, 1993.

12. Pegg, Carl H., *Evolution of the European Idea, 1914—1932*, Chapel Hill: University of North Carolina Press, 1983.

13. Derek Heater, *The Idea of European Unity*, London: Leicester University Press, 1992.

14. Jytte Klausen, and Louise A. Tilly edited, *European Integration in Social and Historical Perspective: 1850 to the Present*, Rowman & Littlefield Publishers, Inc. 1997.

15. Ben Rosamond, *Theories of European Integration*, Macmillan Press Ltd., 2000.

16. Christopher Dawson, *The Making of Europe—An Introduction to the History of European Unity*, London: Sheed and Ward, 1932.

17. Derek W. Urwin, *The Community of Europe: A History of European Integration since 1945*, New York: Longman, 1991.

18. Wayne Sandholtz and Alec Stone Sweet edited, *European Integration and Supranational Governance*, New York: Oxford University Press Inc., 1998.

19. Bernard Waites edited, *Europe and the Wider World*, Open University, 1993.

20. M. L. Smith, and Peter M. R. edited, *Making the New Europe: European Unity and the Second World War*, Pinter Publishers Limited, 1990.

21. Craig Parsons, *A Certain Idea of Europe*, Cornell University Press, 1993.

22. David Galloway, *The Treaty of Nice and Beyond—Realities and Illusions of Power in the EU*, Sheffield Academic Press Ltd., 2001.

23. Alex Warleigh, *Flexible Integration—Which Model for the European Union*, Sheffield Academic Press Ltd., 2002.

24. Neill Nugent, *The Government and Politics of European Community*, Duke University Press, 1991.

25. Michael Newman, *Democracy: Sovereignty and the European Union*, New York: St. Martin's Press, 1996.

26. Milward, Alan S., *The European Rescue of the Nation—State*, London: Routledge, 2000.

27. Stephen George and Ian Bache, *Politics in the European Union*, Oxford University Press, 2001.

28. Robert Keohane & Stanley Hoffman, eds., *The New European Community Decision—Waking and Institution Charge*, Westview Press, 1991.

29. David de Giustino, *A Reader in European Integration*, Addison Wesley Longman Limited, 1996.

30. Knud Erik Jorgensen eds, *Reflective Approaches to European Governance*, New York: St. Martin's Press, Inc., 1997.

31. Koji Fukuda and Hiroya Akiba, *European Governance After Nice*,